M. MANILII ASTRONOMICON

LIBER QVINTVS

M. MANILII

ASTRONOMICON

LIBER QVINTVS

RECENSVIT ET ENARRAVIT

A. E. HOVSMAN

EDITIO ALTERA

CANTABRIGIAE
TYPIS ACADEMIAE
MDCCCCXXXVII

CAMBRIDGE UNIVERSITY PRESS
Cambridge, New York, Melbourne, Madrid, Cape Town,
Singapore, São Paulo, Delhi, Tokyo, Mexico City

Cambridge University Press
The Edinburgh Building, Cambridge CB2 8RU, UK

Published in the United States of America by Cambridge University Press, New York

www.cambridge.org
Information on this title: www.cambridge.org/9781107648050

First published by Grant Richards, 1930
Second edition (Cambridge University Press) 1937
First paperback edition 2011

A catalogue record for this publication is available from the British Library

ISBN 978-1-107-64805-0 Paperback

NOTE TO THE SECOND EDITION

The fifth volume of Housman's Manilius was published by the Richards Press in 1930. The present edition is issued by the Cambridge University Press, which, since the editor's death, has taken over the publication of the whole series.

In the first edition pp. 100–161 of this volume were occupied by Addenda to the first four volumes. In the second these have been incorporated in the volumes to which they belong; they are therefore omitted here. In addition to these changes a number of corrections have been made from Housman's own copy of vol. v, which is in the library of Trinity College, Cambridge. Since this edition is produced photographically it has not as a rule been possible to incorporate his additions. These are not numerous or important and consist for the most part of illustrative matter, but it should be mentioned that Housman, if he had had the opportunity, would have somewhat increased his list of orthographical variants on pp. 110–116, and that at 205 there should be a note *proprios* **M** *proprias* **GL**.

In the comprehensive index to the five volumes references to the Addenda have been adjusted to their position in this edition and a few headings have been added from Housman's own copy.

A. S. F. GOW

Trinity College
Cambridge

The first volume of the edition of Manilius now completed was published in 1903, the second in 1912, the third in 1916, and the fourth in 1920. All were produced at my own expense and offered to the public at much less than cost price ; but this unscrupulous artifice did not overcome the natural disrelish of mankind for the combination of a tedious author with an odious editor. Of each volume there were printed 400 copies : only the first is yet sold out, and that took 23 years ; and the reason why it took no longer is that it found purchasers among the unlearned, who had heard that it contained a scurrilous preface and hoped to extract from it a low enjoyment.

A preface to this Fifth book shall follow, but first I will take a retrospective survey of the period ; and I begin with the question of the MSS.

Of β, the second of the two families, now shrunk to a single representative M, I need here say little beyond what will be found on pp. 101 sq. and 104 *. I have satisfied myself by comparison that U and R throughout, and V so far as it concerns us, are scions of M, and I have no doubt that H, though I have not read it through, is another. They all proffer its Italian corrections as well as its original text. But, although M is thus left alone in the witness-box, the sign β may usefully be kept to denote its lost exemplar, the MS discovered by Poggio ; for a vast number of the corruptions in M have sprouted from the pen of its ignorant and unpractised scribe and are no part of an ancient tradition.

Of the other family, α, there are three representatives, L and G and Gronouius' imperfect collation of the lost cod. Venetus. The cod. Cusanus is none. This MS was brought into use by Jacob in 1846 and retained in the apparatus criticus by Bechert in 1900 : in 1903 I set it aside, but Breiter, unwilling to learn from one so much younger than himself, brought it back in 1907. It is now gone for ever. As I explain on pp. 102 † sq., it is a copy of L, and is itself the parent of Voss. 1 and of the first portion of V, which therefore follow it into exile.

Of the three surviving witnesses L is much the most faithful, and there is no reason to doubt that it was copied straight from α, whereas G and Ven. must be copies of copies. The superiority of L

* [Vol. I, pp. 83, 86 in this edition.]
† [Vol. I, p. 84 in this edition.]

as a representative of α is acknowledged by G and Ven. themselves, for they much oftener side with L against one another than they side with one another against L ; but it is sometimes further confirmed by the adherence, entire or partial, of M, representing α's brother β.   For example : II 958 *consummat* LM, *consumat* G Ven., III 635 *status* M, *satus* L, *situs* G, *satis* Ven., IV 23 *an*] *ad* LM, *aut* G, *id* Ven., 453 *tu* L, *tri* M, *tum* G, *tunc* Ven., 489 *septima fertur* M, *sexta fertur* L, *sexta feretur* G, *sexta refertur* Ven., 524 *dote* M, *docte* L, *nocte* G Ven., 525 *cum profert unda* M, *profert cum unda* L, *profert cum uincla* G, *profert quando unda* Ven., 580 *babiloniacas sum mersa profugit* M, *babilonia casum mersa profugit* L, *babilonias casus profugit* G, *babilonia casum mutauit* Ven., 677 *orbes* LM, *urbes* G, *orbem* Ven., v 57 *decuma lateris*] *deus malateris* L, *deus mala terris* M, *summa lateris* G, om. Ven., 137 *ingenita est*] *ingeniest* M, *ingeniem* L, *ingenium* G, *ingentem* Ven., 487 *rorantis*] *rotantis* LM, *portantis* G, *potantis* Ven.   Beside these places, where the reading of α, preserved by L, was true or close to the truth, there are others where it was false or inferior, but where it is equally possible to see, or reasonable to suspect, that L has preserved it, and that any true or superior reading presented by G or Ven. is derived either from conjecture or from some source other than α.   Such are II 259 *pede* G, *per de* LM, *pes* Ven., 449 *per* Ven., *fer* L, *fers* M, *fert* G, IV 223 *peragrant* Ven., *perarant* LM, *pererrant* G, v 41 *rector* G, *pector* M, *pectus* L, *uectus* Ven., 392 *senibus* GM, *sensibus* L, *sensus* Ven., 403 *merces est parua* GM, *parua merces est* L, *parua mercede* Ven., 407 *mutat* GM, *mittat* L, *mittit* Ven., 525 *imperat* GM, *imperit* L, *imperio* Ven.

Before I proceed to G I must interpose a narrative.

In 1903 G was the sovereign MS.   Bentley had called it so ; and although he did not treat it as such, but made more use of V in restoring the text, his words outweighed his actions, as words generally do, and as they did again when he preached one thing and practised another in his dealings with the Blandinianus uetustissimus of Horace.   Jacob in 1846 pronounced it interpolated, degraded it to the third place, and exalted V to the first ; but he gave no reasoned and ordered proof of his assertion, and succeeding critics * one after another, from Breiter in 1854 to Bechert in 1900, condemned his judgment and upheld the primacy of G.   Bechert's devotion exceeded all precedent, and M stood low in his esteem : ' codicibus ita usus sum, ut a G libro in textu constituendo proficiscendum ratus huius codicis memoriam in textum reciperem, reliquorum codicum testimonia non nisi speciosiora proferens. ubi autem G lectio

* Ellis in 1891, though placing G first, allowed much weight to V ; and in 1893 both he and Breiter recognised, though not sufficiently, the value of M.

deprauata esse mihi uidebatur, LC libros arcessiui ; sed ne his quidem sufficientibus adii VM libros in extremo potissimum carmine haud spernendos '. But even this idolatry was not abject enough for Vollmer, who in Berl. Phil. Woch. 1900 pp. 1292–4 might be seen defending interpolations and corruptions abandoned by Bechert himself.

In 1903, on pp. xxvi–xxviii of my first volume, I demonstrated the truth which Jacob had in vain asserted, and showed that G is a much interpolated MS, inferior in sincerity to L and still more to M. This is now denied by nobody and only ignored by the ignorant. The revolution was immediate and complete, and the revulsion excessive. In 1904, Berl. Phil. Woch. p. 104, Vollmer rose from his knees, renounced his faith, and stamped upon the altar ; nam cupide conculcatur nimis ante metutum. The slaves of words, for whom interpolation is a name of superstitious terror, set to and disparaged G as hard as they could ; and incompetent critics, conscious of their own inability to extract truth from interpolated MSS, began to insist that it should be used as little as possible. M and L were now to be the sole authorities ; where they agreed, that gave the tradition ; where G in contradiction gave the truth, that was conjectural emendation ; and ' hätte Housman eine Ahnung von Überlieferungsgeschichte ' he would have come to the same conclusion.

If so, my sad deficiency is a blessing in disguise. Unable to soar in the void, I creep upon the earth ; and there I make the acquaintance of stony facts. They teach me, and in this preface I will teach the teachable, tnat G is not merely an independent witness to the text of α but much more than that. For the moment however I am considering it in this aspect only, as one of α's three representatives.

The revolution of which I was the guilty author attained its culmination in a boastful article * ' de librorum Manilianorum

---

* Mr Thielscher made the impression which he desired and had no cause to be dissatisfied with his reception. ' Es war das Verdienst Paul Thielschers, in das Chaos der M.-Überlieferung Licht gebracht zu haben ' said Mr M. Schuster in Burs. Jahresb. vol. 212 p. 89. Mr Schuster could not be expected to know the facts, but an editor of Manilius showed equal ignorance : van Wageningen p. iii ' ex iis quae Paulus Thielscher de librorum Manilianorum recensione disputauit, satis apparet omnes illos libros . . . ex uno eodemque exemplari fluxisse ' etc. The obvious truth that the MSS of Manilius, as of most authors, are descended from an archetype was demonstrated by Jacob in 1846 and at greater length by Bechert in 1878. That they form two families was demonstrated by Bechert at the same time. The chief novelties in Mr Thielscher's article were the errors which I am about to refute.

recensione' published by Mr Paul Thielscher in Philol. LXVI (1907) pp. 106–125, where he undertook to support by theory what Vollmer had recommended in practice. He contended that G was a copy of L as corrected by L². On p. xxv of my first volume I had tacitly and incidentally refuted this theory before ever it was propounded ; but it was nevertheless embraced in 1915 by van Wageningen in the preface to his recension : in the preface only, for in his recension itself he treated G throughout as an independent authority and sometimes allowed it too much weight. To prove his contention Mr Thielscher on pp. 123–5 selected 75 examples. They are simply examples compatible—though one at least, IV 414, is not compatible—with his hypothesis ; and he might easily have cited 750 or 7500. Every one of them is equally consonant with the true hypothesis, that G and L are derived from a common source ; and most of them, being cases of simple agreement, are equally consonant with a third hypothesis, that L is derived from G. If L, as Mr Thielscher supposes, is older than G, and this hypothesis therefore impossible, that only makes the futility of such argument more obvious. That L's corrections are not all of them older than G he himself admits * ; some of them are in fact much later ; and one of these he has had the ill luck to include among his proofs of G's derivation from L. It is at I 684, where L has *positos* with *a* added above, and G *positas* : the superscript *a* is in the hand of which I speak on p. 100, a hand of the 13ᵗʰ century or later ; so that if, as Mr Thielscher will have it, one is derived from the other, G must be the source. This mischance may perhaps bring home to him the truth, which should have been self-evident, that simple agreement between two MSS is no proof that either is derived from the other ; and most of his examples are of this kind,—places where G and L² have the same reading, as III 2 *saltos* LM, *saltus* GL², or where G and L have the same reading, as I 520 *puncto* L²M, *ponto* GL. Another such, IV 422 *ponti* L²M, *christi* GL, is paraded by van Wageningen † p. vi, who calls it, heaven knows why, ' ex omnibus grauissimum ' ; and Mr M. Schuster in Bursian's Jahresbericht vol. 212 p. 90 unreservedly agrees with him and says ' dieses eine Beispiel mag genügen '. The argument is that

* About *albanas* IV 659 he is of two minds : on p. 110 it ' transiit in Gemblacensem ', on p. 116 it is ' Gemblacensi posterior '.

† Van Wageningen on the same page makes the false and calumnious statement, repeated by Mr Bickel Rhein. Mus. 1926 p. 333, that Traube, like Mr Thielscher, held G to be an apograph of L. Traube was guilty of no such impertinence : he knew that this was a question not for him but for scholars conversant with Manilius. What he said, Philol. 1907 p. 122, was what a palaeographer could say without immodesty : that L seemed to him, so far as he could judge from photographs, rather older than G.

because G was not copied from L after *christi* had been corrected to *ponti*, therefore it was copied before : that is how we prove that G was copied from L.

The case would be altered if there were truth in the assumption made by Mr Thielscher pp. 112–5 and swallowed whole by van Wageningen, that the MS discovered by Poggio was the Manilian archetype and that L as well as M was directly copied from it. But there is none : it is a second hypothesis in aid of the first, and a false one. The number and magnitude of the differences between L and M make it incredible that they are sons of one sire, and it is easy to show that they are not. Some of their divergencies are manifestly progressive, and have a history behind them. In v 389 Manilius wrote *angui-tenens* and the archetype had the corruption *arquitenens*; but neither the *arcetenens* of L nor the *et qui tenens* of M came immediately from this : *arcetenens* came through *arcitenens* and *et qui tenens* probably through *at qui tenens*. In I 163 the original *saccata* passed straight into the *siccata* of L, but into the *fetata* of M it passed through such stages as *saecata* and *faetata*. At v 443, where M has the true reading *molliter* and L the corruption *tollitur*, we could guess, even if Ven. did not preserve *mollitur*, that this had been an earlier step on the downward way. The verse III 7 is given by M in its true place and with its true reading, ' non *coniuratos* reges Troiaque *cadente* '; in L it stands between 37 and 38 with *curatos* and *cadentes*. The writer of L did not make all these changes : the transposition was an accident, the alteration *cadentes* was subsequent, consequential, and deliberate, the misinterpretation of *ciuratos* was heedless and stupid. How, at I 517, could the one scribe copy as *xutas uariam* what the other copied as *iunariam exutam* ? Who will believe that when the scribe of L twice, in II 172 and 190, had mistaken the abbreviation of *hominis* for *oris*, the scribe of M, ' ignorantissimus omnium uiuentium ', twice expanded it correctly ? or that he in the 15th century could decipher *minor ibi touit* at IV 414, where L in the 11th could get no nearer than *minoribus* ? or that the verses IV 10–313, which L in the 11th century found standing between III 399 and 400, had returned to their proper place by the 15th century, or were restored to it by the illiterate copyist of M ?

That G was not copied from L I shall prove by evidence of very different validity from Mr Thielscher's ; but before producing the whole of it I may as well decide the question at one stroke. II 153 :

L cernis ut aduersus redeundo surgat in arcum
G cernis ut aduersus   surgat in arcum.

G has a blank space just sufficient to hold *redeundo*. In L *redeundo* is as clearly written as any word in the verse ; it is as plain as print. It is also perfectly intelligible ; though that has no bearing on the question, since G is not one of those MSS, like Ven. and Vrb. 667, which omit words because of their unintelligibility. The case is clear : G was copied from a MS in which *redeundo* was illegible. And there's an end on't : G is not a copy of L.

L and G are not father and son but uncle and nephew. G was copied from a MS, I will call it γ, much resembling L, which had been corrected by a hand somewhat resembling L². But it had many corrections which L² has not, it lacked many which L² exhibits, and its corrections were often different from those of L²; and the primitive substance of its text was derived not from L but from α. For example in IV 318 ' extremam *Erigonae* tribuit ' L has *erigonem*, G *trigone*. Neither is derived from the other; they are equidistant from the truth, and point to *erigone* or *erigonē* in the common source.

To determine in such cases the reading of α we can sometimes employ the joint witness of M to the reading of the archetype. IV 414 :

> M quaque minor ibi touit namque omnia mixtis
> G quaque minor   namque omnia mixtis
> L quaque minoribus namque omnia mixtis.

α had *ibi touit* or something of the same length ; γ could not read it and left the proper space ; L read it wrong and reproduced it inexactly.*

III 432 *munere*] *munero* M, *numero* L, *munera* G. α, like M, had *munero*, which in L and G is corrupted separately and differently.

IV 519 *feminei incedunt nec*] *feminea iuceat nec* M, *feminea iace* (space of 3 letters) *nec* G, *feminea iacet nec* L. α had *iaceat* (as L² corrects) or *iaceant*.

IV 894 *mundus in ipsis* L, *mundus ipsis* GM and almost certainly α ; for it is evidently much more probable that the unmetrical reading was in the archetype and that L made the obvious correction, than that *in* was twice omitted. ' Liesse sich etwa zeigen, dass M und G in Korruptelen übereinstimmen, die in L von erster Hand durch Konjektur behoben sind, so wäre ich ins Unrecht gesetzt ' said Mr Thielscher Philol. LXXXII p. 173.

The many cases—far more than are registered in my apparatus criticus or need to be registered in any—where GM agree in truth and L is in error are not certain proof of G's separate derivation from α; for it will appear hereafter that G has derived true readings from β or some source other than α, and some of its true readings are such as may be due to conjecture. But a valid argument may be drawn from sundry agreements in orthography.

G's orthography in general, compared with L's, is modernised and vulgarised. It tends to assimilate the preposition in compounds where L does not, and to give *-es* in accusatives plural where L gives *-is*. It is natural to infer that in such places the spelling of α was that of L and not of G ; and the inference becomes more than natural, it becomes virtually certain, in the many places where M agrees

---

* L² wrote *ouit* overhead, of which more anon.

with **L**. In the few places where **M** agrees with **G** in the older form and **L** presents the later, it is a still more certain inference that **G** is preserving, and **L** has altered, the spelling of α; for **L** sometimes modernises, giving *affectus* and *similes* where **M** has *adfectus* and *similis*, but **G** never gives the old forms where **M** has the new. Therefore at v 38 *in ignis* **G**, *unguis* **M**, *in ignes* **L**, the spelling of **G** comes from α; and so too at III 269, 663, v 98 *inp-* **GM**, *imp-* **L**.

The adverb *idcirco* appears in 12 places. In all of them it is so spelt by **M**, and in 11 by **L**; and when **G** in 8 of the 11 offers *iccirco* we set its testimony aside. When therefore at III 525 **L** gives *iccirco* and **G** together with **M** *idcirco*, against its usual inclination, we infer that **G** and not **L** is here true to α.

The nominative or vocative of *Iouis* occurs 10 times. **G** and **L** agree once in *Iuppiter* and once in *Iupiter*. In 4 verses **L** has *pp* and **G** *p*; and **M** (except once where it is quite corrupt) agrees with **L**. In 4 other verses **L** has *p* and **G** *pp*, and in all of them **M** agrees with **G**, though in one it has *ippiter*. It is to be concluded that in all 8 verses α had the true spelling and that **G**'s *pp* is thence derived.

Even outside the department of orthography there is at least one place where the agreement of **M** with **G** in a true reading conducts us to the text of α. I 520:

> nec motus *puncto curuat* cursusque fatigat.

puncto curuat **M**, *ponto curuat* **G**, *ponto currat* **L**, *ponti curat* Ven. **G**'s *curuat* is no conjecture, for it needs *puncto* to make it intelligible: it is the reading of α, diversely corrupted in **L** and Ven.; for I already assume, what I shall presently prove, that Ven. also is independently derived from α.

Mr Thielscher himself allows, or rather did allow in 1907 (Philol. LXVI pp. 114 sq.), that some of **G**'s capitula must have come not from **L** but from the archetype. Most of **L**'s capitula are of later date than **G**, and some of **G**'s differ from **L**'s and agree with **M**'s. The two most noteworthy examples are II 297 *de mensura eorum signiliter atque partiliter* **GM**, *de mensura trigonorum et quadratorum in partes* **L** (not only at the verse but in the list prefixed to book II), and IV 866 *fatorum rationem perspici posse* **GM**, *quomodo possimus fatorum rationem perspicere* **L**. In 1926 (LXXXII pp. 174 sq.) he preferred to hope that these capitula may have been on the first leaf of **L**, now lost, and that **G** went there to find them.*

---

* Bechert de Man. em. rat. p. 10 n. 9 had more reasonably suggested that this leaf contained a list of the capitula of book I like that prefixed to book II.

Having established that G is no copy of L but a separate scion of α, I will now produce a few examples of what may seem at first sight to be contrary evidence; and they shall be more plausible than any of Mr Thielscher's.

Mr Thielscher's best was v 101 *notanda*] *conanda* M, *cǫnąnda* L, *cananda* G, where it is possible and even probable that G has negligently copied a MS which gave just what L gives; but there is no reason why that MS should not have been γ. The following case is similar but more striking, v 326 *oeagrius* M, *oegrius* L, *oe graius* G: the correction in L might well be thus misinterpreted by a scribe who knew the word *Graius* and did not know *Oeagrius*. But on the other hand *oegrius* may have been the reading of γ and even of α as it was of L, and γ² may have corrected it as L² did; or again α may have had *oeagrius*, and γ or G may have transposed one letter in the fashion which I illustrated so copiously on pp. liv sq. of my first volume. v 536 *alterum* M, *alīum* L, *altū ni* G: this is evidently a misunderstanding of the abbreviation found in L; but that abbreviation may have been also in α and even in the archetype. v 715:

M *flexos per lubrica terga*
L² *flexos in lubrica terga*
      flexos in
L *lubrica* ∧ *terga*
G *lubrica flexos in terga.*

Certainly if G had been copied from L it would be expected to give just this reading (though the Cusanus, indisputably copied from L, gives *flexos lubrica in terga*); but *lubrica flexos in terga* may have been the reading of α, better copied in G than in L; and that the reading of α was indeed unmetrical or somehow faulty may be surmised from the fact that Ven. omits the words. IV 796 *aestibus* M, *astibus* L, *ictibus* L², *letibus* G is peculiar in that the Cusanus also gives *letibus*. But its scribe was much to blame, for in the *ictibus* of L² the *c* at any rate is so good and clear that it might be thought unmistakable, and it is hardly possible that another scribe miscopied it in the same way.

As a warning against hasty inferences from such examples I add a case which likewise at first sight may seem to indicate that G was copied from L but which on examination is found to be part of the evidence that it was not. IV 164 *reflecte* L, *reflectit* L², *reflectiet* (*reflecti;*) G: G's reading is a misapprehension of *reflectẹ*[it]; that is how the correction was made in its exemplar. But in L it is not so made: the *e* is altered into *i* and *t* is added, and the Cusanus consequently has *reflectit*.

But, apart from this detailed refutation by an adversary, Mr Thielscher's theory that G is an apograph of L will have to fight for its life against two other of his theories: the equally false theory that Ven. was an apograph of L, and the true theory that the Cusanus is. If these three MSS had been copied from any one MS, the width of their divergency, which no apparatus criticus reveals, would be inexplicable. Its explanation is that they are copies of three several copies of α; that they have not a common parent but only a common grandparent. And the reason why the Cusanus is so much closer to L than the others are is that it was really copied from L and they were not.

And now for the third and least faithful representative of α, the cod. Venetus, of which I give an account on pp. 103* sq. That in spite of its corruption and interpolation it is independently though not immediately derived from α can most clearly be shown by v 443 ' molliter ut liquidis per humum ponuntur in undis ' : *molliter ut* **MG**, *tollitur ut* **L**, *mollitur* Ven. The reading of α must have been *mollitur ut*, rightly corrected by **G**, whether from conjecture or another source, wrongly and diversely altered by **L** and Ven. Again at II 368 ' alterius ductus locus est per transita signa ', where **LG** have *alternis* and Ven. *ulterius*, it appears that α, like **M**, had *alterius*.†
Against Mr Thielscher's particular theory (Philol. LXVI p. 119), which he supports with no proof or argument, that Ven. was an apograph of **L**, there can be adduced also this example : III 487 *multiplicans deciens*] *multiplicans decens* **M**, *multiplicatis decens* **L**, *multiplica* (space) *dece* (space) **G** Ven. The reading of **L** is clearly legible, and, although it is unmetrical, **G** does not thus omit letters for that reason, and Ven. omits wholesale and not piecemeal. The letters were obscure in α : the parents (γ and δ) of **G** and Ven. could not make them out at all ; **L** deciphered them imperfectly. In cases such as II 665 *nec iungitur* **G** Ven., *ne ciugitur* **M**, *nec pingitur* **L**, it might possibly be contended that the true reading was restored by conjecture and was not in α. But, as I said above, if the Cusanus is an apograph of **L** (and it certainly is), then Ven. was not. The theory that Ven. was derived from **G** has not yet been propounded.

I have now shown that **G** is an independent authority, separately derived, like **L**, from α. But this, though true, is not a truth of the first importance ; for the chief value of **G** lies in what it has derived from a source other than α. Whereas **M** and **L** are simple MSS, **G** is a compound, and must be considered twice. I now leave behind the division between **M** (or β) and **GL** (or α) and come to another line of severance no less deep though formerly much less evident. It was in 1907 that Breiter's full though very inaccurate collation of **L** disclosed what neither Jacob nor even Bechert had enabled us to see : the division between **LM** and **GL²**.

Some of the many readings common and peculiar to **G** and **L²** are certainly false and obviously conjectures. Others are no less certainly true ; and certainly true are likewise a few readings peculiar to **L²** and a large number peculiar to **G**. Some of these are doubtless also conjectures, and others may be ; and critics who

---

* [Vol. I, p. 85 in this edition.]

† That the Cusanus also has *alterius* is a delusion of Breiter's, repeated as usual by van Wageningen.

dislike the labour, for which they are ill qualified, of patient and impartial examination—critics who thirty years ago would have accepted G's lections in the lump—now wish to believe that all these readings are conjectures. But a great many of them are incredibly good for the 11th century, and some of them are demonstrably drawn from an ancient source.

That source may sometimes be β. In IV 414, where L has *minoribus*, G *minor* with a blank space following, and Ven. nothing, L² writes *ouit* overhead. This, being meaningless, can be no conjecture, and it is in fact part of the reading of M, *minor ibi touit*. In II 372, where GL have *inclinat anne*, L² underlines *anne* and writes *uel ac* above *an* : this makes no sense, but is nearly identical with the *inclinata cue* of M. In I 520, where GL have *ponto*, L² writes *puncto*, which is meaningless with the *currat* of L and is part of M's true reading *puncto curuat*. The same tale is told by IV 422 *ponti* L² et corr. ex *pontu* M, *christi* GL, II 744 *uires* L²M, om. GL, IV 573 *animus* L²M, om. GL. It is therefore arbitrary to suppose that the following lections of L² are not also a part of the tradition : I 470 *conditur* L²M, *caeditur* GL, 616 *uestigia* L²M, *fastigia* GL, 820 *torridus* L²M, *cordibus* GL, 863 *cum* L²M, *ne* GL, II 728 *quia* L²M, *que* L, *quae* G, 756 *per* L²M, *et* G, *t* L, IV 541 *reuocet* L²M, *reticet* L, *retitet* G, V 528 *perfundit* L²M, *perfunto* L, *perfuncto* G ; I do not add II 880 *monte sub aethna* L², *montes subetna* M, *montes* ceteris omissis GL, for there the true emendation was not hard to find.

At IV 245 the reading of L Ven., and therefore presumably of α, is *flumina* : GL² have *munera*. This is the reading of β or of the archetype, corrupted in M to *numera*. At IV 851

> *luna uotum* tantum deficit *in orbes* L
> *luna nouum* tantum deficit *in orbem* Ven.,

whatever the reading of α may have been, it certainly was not

> *luna suo tunc* tantum deficit *orbe* GL² ;

but this is virtually the same as

> *lunas uotum* tantum deficit *orbe* M.

At V 41 L has *pectus* erit *puppim* and Ven. had *uectus* . . . *puppi* : by comparing the *pector* . . . *puppi* of M it can be inferred that α had *pectus* . . . *puppi*. GL² have *rector* . . . *puppis*. This, if a correction, is a correction not of α's reading but of β's ; and it is more probably the reading of β itself or of the archetype, transmitted without mistake.

In some cases the source seems to lie even beyond the common parent of α and β. In vol. I p. xxv I gave a small selection from the many readings offered by G alone which are accepted, and must be, by all editors ; and together with them I cited three significant corruptions.

> II 494–6 :
> Cancer et aduerso Capricornus conditus astro
> in semet *uertunt oculos, in mutua* tendunt
> auribus.

uertitur oculis in muta M, *uertitur oculis immutaque* L ; whence it appears that not only β but the archetype had the same as M, and that L or rather α made a faint attempt to better the metre. The 11th century, continuing the effort, made the transposition *uertitur in semet* L². G has *uertunt oculusque* (-*us* corr. in -*os*) *in mutua*. This is not a conjecture, for the scribe himself could not interpret it : he has underlined *uertunt* and written the sign of query in the margin. It is a slight corruption of the true and original reading, otherwise and worse corrupted in the source of α and β.

> IV 282 :
> iamque huc atque *illuc agilem* conuertere clauum.

illuc aligem G, *huc caliginem* L, *huc caligine* M. α and the archetype had the same as L, β or M subtracted a letter. The reading of G is an earlier stage of the corruption.

> V 545 sq. :
> hic hymenaeus erat, *solataque* publica damna
> priuatis lacrimans ornatur uictima poenae.

solaque G, *solaque in* LM. The unmetrical reading of G was the first error, and the reading of LM is an attempt to correct it.

It is therefore clear that G preserves truth not preserved elsewhere ; and when, for instance, G alone offers the true reading *Iouis et* for *iuuisse* at II 15 or *peploque fluenti* for *populoque fluentis* at V 392, those are much rather portions of this truth than emendations anticipating in the 11th century the perspicacity and deftness of the 15th ; or again when GL² offer *exterius mirantur* for *exterminantur* at II 168 or *uictricem Ebusum* for *uictrice mebus usum* at IV 640 (where M² even in the 15th century could do no better than *melius*) or *terga* for *aer* at V 104.

If any future editor should seriously attempt what van Wageningen merely professed to do, and try to carry out in his recension the precepts of Vollmer and Mr Thielscher, he would find a formidable task confronting him. For his benefit and intimidation let me point out one small part of it. The following words, II 750 *cuncta*, III 32 *casus*, 274 *ora*, IV 680 *hanc*, V 157 *uero*, 198 *sese*, and many lesser ones, now printed in all editions, are absent from **LM** and repose on the sole authority of **GL²**.

What may be the origin of genuine readings which were neither in α nor in β, and how they found their way into **G** or **GL²**, I do not know, and therefore, having no inkling of *Ueberlieferungsgeschichte*, I will not pretend to know. If I formulate an hypothesis which would explain the facts, I beg that it may not be called my hypothesis. These readings, then, may have been in the margin of the archetype; they may thence have been copied into the margin of α and not of β, and thence into the text of γ and not of **L**. Catullus affords a parallel. The variants in the margin of his archetype were ignored by O but survive in the margins of G and R, whence some of them, even though obviously corrupt, have found their way into the text of later MSS. At 64 23 O has simply *mater*, G and R have *mater* with the variant *matre*, which is nearer to the true reading *matrum* preserved in the Veronese scholia of Virgil; and this *matre*, though meaningless, appears in the text of Laur. XXXIII 12. At 1 8 O has *libelli*, G *libelli al. mei*, Laur. *mei*, unmetrical though it is. At 64 324 O has only *tutum opus*, G and R have also the marginal variant *tu tamen opis*, which a few MSS therefore exhibit in their text. And in Manilius three or four of **G**'s true and unique readings are offered by itself as variants: I 26 *munera uel e*, II 584 *leuis uel lis*, V 372 *nitidos clamare uel nidis damnare*, 408 *insitor uel institor*. This hypothesis however will hardly account for what we find at V 545, where the virtue of **G** resides in the mere absence of an interpolated word; and there it is conceivable that *solaque* without *in* was the reading of the archetype, preserved in α and transmitted to **G**, and that β and **L** hit independently on the same false conjecture.

There are about 20 MSS of the 15th century beside **M**. **M**'s only progeny are **URH** and the latter and larger part of **V**. All the rest, so far as known, are descendants of α and apparently of the Cusanus.* This strain is pure, or virtually so, in the first part of **V**, in Voss. 1, and in the Venetian cod. Marc. XII 69 whence some lections are

---

* There are none of **G**, and the Venetus seems to have perished without issue; for its agreement here and there with later MSS, I 90 *alias* Flor. Bodl., II 565 *agitat* Par., III 4 *indictos* Par. Bodl. Caesen., 607 *per* Flor., 641 *riget* Flor., V 223 *concita* Bodl. may easily be coincidence in conjecture. Mr Garrod's statement, p. liv, that Bentley's δ has I 13 *altum*, 813 *euentus*, II 29 *solantem*, is an error.

extracted by Mr Thielscher Rhein. Mus. 1907 pp. 50 sq.; to which
may be added a lost MS called δ by Bentley in his marginalia and
known to him from a collation in a Bodleian copy (identified by Mr
Garrod as auct. O. 5. 17) of the ed. Bononiensis.* The remainder
(again so far as known) are also of this strain in the staple of their
text, but more or less improved by an admixture of the tradition
of M. Among these the Florentine Laur. xxx 15 and the Oxonian
Bodl. auct. F. 4. 34 are rich repertories of the emendations made by
Italian scholars.†

Those emendations, as usual, are very numerous, and often
brilliant though of course often obvious; and the editors before
Scaliger, excepting Regiomontanus,‡ made no large addition to
them : Scaliger himself and Bentley are the great augmenters of
the sum.§ I have made a fairly diligent count of the corrections
adopted in my text or approved in my commentary, arranging
them in chronological order because emendation grows ever more
difficult and success therefore more meritorious; and here it is.
Cusanus 16, Itali 330, Regiomontanus 53, ed. Bononiensis 2, Bonin-
contrius 19, Dulcinius 11, ed. quaternaria (see p. 105) 4, ed. Aldina 3,

---

* Bentley once by a slip of the pen calls it ' δ Pithoei ', and hence springs
the confusion on p. xiv of his nephew's preface which is noted by Mr Garrod
p. xliii.

† I grudge space to matter so immaterial, but Mr Thielscher's list in Philol.
1907 pp. 126–9 can be supplemented and Mr Garrod's classification on pp.
lv–lvii corrected by two pieces of precise information.

The cod. Caesenas an. 1457 (bibl. Malatest. 11ᵃ Fila, xxvᵒ Pluteo, vᵒ in
ordine), of which Ellis sent word to Mr Thielscher, has one of these blended
texts and is akin to the Bodleianus and to the MS next to be mentioned. I spent
a couple of hours looking it through and collated the first hundred lines or so.

The α of Bentley's margin is described by him as ' cod. P. Pithoei Luyerii
ad oram ed. Scalig. 1600 ', which book Mr Garrod p. xliv identifies as Linc. D.
5. 13 in the Bodleian library. The MS there collated is probably now extant
as G. 38. 46 in the public library of Boston in Massachusetts (Philological
Quarterly I p. 105). It was written at Ferrara in 1461 by Peregrinus Allius,
once belonged to Pithoeus, and was sold among the Barrois MSS of the Earl of
Ashburnham in June 1901. It is akin, as I have said, to the Caesenas, and
in both of them Manilius is followed by Q. Serenus.

‡ Regiomontanus has so many corrections which have not been found in
any MS that they must apparently be his own. Corrections which he shares
with a MS should be assigned rather to it than to him unless its date is ascertained as later; for if the scribes had borrowed anything from him they must
have borrowed more.

§ It is to be remembered, not in derogation of their merits, that Scaliger,
as the first editor to use G, and Bentley, as the first to use V, found virgin soil.
Breiter and Ellis found virgin soil again when M was discovered, but bequeathed
it not much impoverished to me.

Prucknerus 3, anonymus Ellisii (noct. Man. pp. 212–4) 6, Turnebus 4, Susius 2, Scaliger 220, F. Iunius 7, Lannoius 3, Columna 1, Grotius 1, Barthius 11, Salmasius 4, I. Vossius 5, G. Vossius 1, Gataker 1, Gronouius 15, N. Heinsius 2, Vlitius 1, Bullialdus 1, Reinesius 4, Huetius 10, Fayus* 24, P. Francius 2, Burman the elder 1, Markland 3, Jortin 1, Bentley 238, Heringa 2, Dorville 1, Oudendorp 1, Ruhnken 1, van Jever 2, Schrader 3, Burton 1, Pingré 4, J. L. Hug 1, Jacob † 40, Unger 2, Buecheler 2, L. Mueller 4, Munro 1, Woltjer 3, P. Thomas 5, Breiter 12, Rossberg 3, Ellis 16, Cartault 1, Tappertz 1, Postgate 8, Bechert 5, Immisch 1, Garrod 4, van Wageningen 1.

The archetype need not have been older than the 10th century. Words were sometimes separated (IV 692 *stupe facta* **LM**), sometimes continuous (V 366 *nitidis olore uolantis* **L**, *uttibi solore uola talis* **M**). Indications of its script, as usual, are uncertain. Such a confusion as V 544 *teneros* **L**, *tenepos* **M** might seem to signify that it was Irish or at any rate insular ; but similarly such confusions as Lucr. I 830 *homoeomerian* Q, *homofomerian* O and V 1337 *eorum* O, *forum* Q were taken by Lachmann for evidence that the Lucretian archetype was in capitals, whereas there is much more reason to think that it was not. That the text of Manilius has passed through an insular stage is likely enough, and such errors as V 655 *porulum* for *populum* and 687 *aepa* for *area* may be traces of it, though *pompa rependit* for *roma pependit* in I 917 is probably a case of transposition.

Some scholars think that they know much more than this about the archetype, especially about its pagination, and fancy that light is thrown upon this subject by certain transpositions in the first book, detected and corrected by Scaliger and recognised by Jacob in progr. Lubec. 1832 pp. 18–21 as transpositions of entire leaves. My observation saved me from this mistake, and my kind heart made me wish to save others ; so in my note at I 529 I issued the warning that the leaves transposed were not leaves of the

---

* Fayus' emendations, to which in 1903 I did less than justice, for they excel Huetius' both in number and in quality, present something of a puzzle. He lays explicit claim only to nine of them ; one, IV 781, he ascribes wrongly to others ; one, II 268, he ignores in his paraphrase ; and the rest he treats as if they were MS readings.

† My praise of Jacob's emendations, which annoyed Ellis, was thoroughly deserved, and I have a good reason of my own for respecting them. When I first sat down to read Manilius through, I provided myself with the Delphin edition, Thomas's collation of G, and Ellis's so-called collation of M ; and thus equipped I found out for myself more than half of those emendations of Scaliger which Fayus did not record, about one third of Bentley's, and almost all of Breiter's and Ellis's and their fellows' ; but of Jacob's hardly one or two.

archetype but of an ancestor of the archetype. For the text exhibited by the archetype was a sequel and consequence of antecedent transposition, and also of a second antecedent, the ensuing and intervening loss of some of the verses which had been transposed. But I might have spared my pains. Bechert (de Man. em. rat. pp. 22–4) had come too soon to profit by the admonition, and Messrs Thielscher (Philol. LXVI pp. 129–32) and Garrod (pp. xix–xxv), notwithstanding their chronological advantage, profited no more than Bechert.

Verses 355–398 stand after 399–442, and verses 530–565 (to which M adds 565A and a repetition of 567) stand after 566–611. The first transposition is simple. Jacob observed that 355–398 and 399–442 are sets of 44 verses, presumably therefore a couple of leaves with 22 verses to the page ; and this presumption is confirmed by the fact that the preceding verses 1–354 (38 and 39 being interpolations of the 15th century) are 352 in number, apparently therefore, as Bechert remarked, 8 leaves of 44 verses each.* Now in the archetype, though the verses were 352, the lines were 354 ; for the archetype, elicited from the agreement of GLM, had titles in its text, and two of these, *de origine mundi* and *quare terra sit rotunda*, stood before 118 and 194 respectively. 354 is not a multiple of 44, and therefore these 8 leaves do not appear to have been leaves of the archetype. If the archetype had leaves of 44 lines, the contents of its 9th and 10th leaves were not 355–442 but 353–440, and the sets of verses transposed would have been 353–396 and 397–440.

The verses 443–529, intervening between this transposition and the next, are 87 in number, only one short of 44 × 2 ; and the number 88 may be obtained by supposing that a verse was lost, as other verses certainly were, between the date of the transposition and the date of the archetype,—perhaps, as I suggested, after verse 463, where the present text is awkward. The alternative hypothesis, that the title *de aeternitate mundi* before 483, present in the archetype, already existed in this earlier MS, which had no titles at 118 and 194, is less probable.

That the second transposition, involving the verses 530–611, can have been a transposition of two leaves of 44 verses in the archetype is quite clearly impossible. In the archetype, inferred from comparison of GL with M, the verses between 529 and 612 were not 88 in number but 84 at the utmost. The addition of the three titles before 539 and 561 and 566 will raise the number of lines to 87, or even to 88 if the first occupied two lines as it does

---

* The words *quam ... cui* in 350 sq. are probably later than the transposition : if so, there were 351 verses and one line for the title of the poem.

in M; but one of those titles was inserted in consequence of the transposition and therefore after it, and so were at least three—in my opinion five—of the verses themselves. The genuine verses, existing at the time of the transposition, are 81 or fewer, and the addition of two titles will make only 84 lines at most; so that if the leaves transposed were leaves of the archetype they cannot have had 44 lines apiece. The leaves actually transposed, leaves of the archetype's ancestor, probably had: at any rate there is nothing to forbid that supposition, and I will give a conjectural picture of their contents.

530 sed dimensa	552 hinc igitur	568 alter	590 circulus
531 non casus	553 qua per	569 in quo	591 hic quoque
532 haec igitur	554 binis	570 tardaque	592 et quantum
533 ignibus	555 efficiunt	571 aestiuum	593 distat
534 altius	556 bis sex	572 temporis	594 sic tibi
535 publica	557 nec mirere	573 solis	595 diuisus
536 finibus	558 et mixtum	574 et quinque	596 et per
537 omnia	559 singula	575 tertius	597 his eadem
538 qua semel	560 tempore	576 ingenti	598 inclines
539 ipse	561 restat	577 parte	599 quandoquidem
540 obtineat	562 filaque	578 componit	600 fila
541 finibus	563 per quae	579 ueris	601 interualla
542 claustra		580 cum medium	602 diuisosque
543 omnia		581 quattuor	603 sunt duo
544 nam quantum		582 proximus	604 inter se
545 tantum		583 ultima	605 seque
546 per medium		584 inuida	606 transuersoque
547 exiguo		585 dat per	607 tempora
548 summum		586 quos super	608 quattuor
549 astra		587 uixque	609 alter
550 sed quia		588 bisque	610 Serpentis
551 binis	567 sexque	589 unus	611 et iuga

That the verses between 563 and 567, since lost and therefore absent from the archetype, were 9 in number is a conjecture based on the common assumption of a leaf of 44 lines; but that some verses have been lost at that point is certain.* They contained Eudoxus' division of the distance between the poles into 30 parts, without which the following verses 567–593 would have been unintelligible. Why they exist no more, which of many possible accidents swept them away, there is no means of determining.

The transposition of these two leaves brought 567 † into immediate contact with 612: there it stood in the archetype, and

* A verse has probably been lost also after 560, as Jacob saw; but that may have happened earlier.

† I formerly, on p. 53 of my first volume, expelled 567, together with the spurious 566, for an insufficient reason, declaring at the same time that it was quite a good verse in itself. Let me also here call attention to the corrections [on pp. 98 sq. of vol. i] in my notes on i 529, 611.

there it still stands in **M**. A corrector of the archetype with some knowledge of astronomy perceived that it had nothing to do with 612 sqq. and the colure of the equinoxes, that it could only refer to the arctic circle, and that its right place therefore was before 568, where *alter* is the second parallel circle, the tropic of Cancer. He accordingly marked it for deletion here and added it in the margin at that place, prefixing a bad verse of his own, 566, to complete the sentence ; and in the margin at 612, to complete the sentence 612–7, he wrote three verses, 564 565 565A, descriptive of the colure of the equinoxes and equivalent in their contents to the genuine verses 609–611, which by reason of their transposition escaped his notice.* These corrections were received into α and β, but not all of them into both. In α the verse 567 was abolished where it stood, and 566 and 567 were inserted before 568, but only 564 and 565 were inserted before 612. In β the verses 566 and 567 were similarly inserted before 568, but 567 was not deleted in its original place ; all the three verses 564 565 565A were inserted, but above 567 and not below it, and so not immediately before 612.†

To the same corrector I attribute certain phenomena presented by the titles ‡ in this part of the poem. The title *de magnitudine et latitudine* (**GL**, *latitudine et magnitudine* **M**) *mundi et signorum* before 539 is one of the ordinary series and correctly states the

---

* The numeration of verses in this neighbourhood, which we inherit from Jacob, may mislead, nay it has misled, the unwary ; so let me say that 564 and 565 do not stand before 566 in the MSS but are put there by Jacob : in the MSS they stand before 612, though separated from it in **M** by two verses, 565A (to which I gave that number because it follows Jacob's 565 and belongs to it) and 567, which in **M** occurs here as well as before 568.

† Not even when I had thus explained on p. 53 of my first volume the origin of 564 565 565A and their cohesion with 612 did Mr Thielscher comprehend it. Hypnotised, I suppose, by Jacob's numeration, he imagined that 564, genuine in his opinion, cohered with 563 and referred (which it cannot) to the arctic circle, that 565 was interpolated to fill a gap at that point and also referred to the arctic circle (which again it cannot), and that 565A was added (with what conceivable motive or meaning ?) after the transcription of α (or as he says **L**) and so found its way only into β (or as he says **M**). I may remark here that one of the leaves of Mr Thielscher's archetype contains 45 verses instead of 44, so that precise calculation ceases ; the same leaf of Mr Garrod's has room for 46. But Mr Garrod's whole disputation on the form of the archetype, pp. xix–xxv, is futile ; not only nor chiefly because of its mistakes in fact and arithmetic, but because his pagination habitually ignores the space occupied by the titles which the archetype is known to have contained, and only takes account of them when it happens to suit his purpose.

‡ If the titles before 539 and 561 existed in the MS whose leaves were transposed, which we have seen to be unlikely, that will not disturb the reckoning ; it will only reduce the number of missing verses from 9 to 7 or perhaps 6.

contents of 539–560. But between 560 and 561 **M** has *de circulis caelestibus : de coluris.* The former title is right ; it states the contents of 561–804. The latter, *de coluris,* is wrong ; the right place for it would be before 603 *sunt duo,* and it states the contents of 603–630. But the verses between 563 and 567 had been lost, and the transposition of leaves had carried away 568–611, so that 612–630, describing the colures, followed on 563 (with only the intervention of 567, which this corrector was removing), and the colures were therefore the first circles occurring after 561. The corrector accordingly wrote *de coluris* before that verse, beside the older title *de circulis caelestibus.* In β both were reproduced ; but α took *de coluris* to be a correction of *de circulis caelestibus,* and so **L** gives *de coluris* only. (In **G** there is no title and no space for it ; *de coluris* is added by a later hand in the margin.)

Between 529 and 566 **L** and **M** have the title *de parallelis circulis,* and **G** has it in the margin, apparently from the first hand. It has no business to follow 529, but it is appropriate to 566–602, and was probably added by the corrector together with his own verse 566 when he inserted 567 at this place.

The transpositions in book I are thus seen to have been earlier than the archetype. Another, the great transposition of III 400–IV 9 and IV 10–313, is later, and found only in MSS of the family α. The verses IV 10–313 are 304 in number, that is 38 × 8 ; and III 400–IV 9, together with the 9 titles, occupying 10 lines, which existed in this portion of the archetype, are nearly the same, 302. It looks therefore as if a quaternio * of 38 lines to the page had here been folded inside out, so that its last half came first, as I suggested in my note at III 399. This suspicion I can now confirm. In **L**, our best representative of α, the number of lines in the preceding part of the poem, I 1–III 399, verses and titles and spaces for titles together, is 2364 ; and its text, as was pointed out by Bechert de Man. em. rat. p. 10 n. 9, begins on the 2nd leaf of its 1st quaternio, the 1st leaf, now lost, having contained no verses. If α resembled it in these features, and had 38 lines to the page, the number of lines preceding III 400 was about 2440 (2364 + 76) ; and 608 × 4 (4 quaternios) is 2432. It becomes pretty clear that III 400–IV 313 were the contents of the 5th quaternio of α.

But Bechert p. 23 and Mr Thielscher Philol. LXVI pp. 131 sq. refer this transposition, though only one family is affected by it, to their imaginary archetype. For Bechert the interchanged

---

* Mr Garrod p. xix saw that the transposition must have been later than the archetype, and found the number 38 ; but beside overlooking the titles he went astray in his arithmetic and operated with ternios.

members (304 and 302 lines) are two sets of 7 leaves ($44 \times 7 = 308$) :
how sets of 7 leaves could be interchanged he does not explain, nor
what has become of the superabundant verses. For Mr Thielscher,
whose archetype is wax in its creator's hands, these are two ternios
of about 48 ($48 \times 6 = 288$) * or 50 ($50 \times 6 = 300$) lines to the leaf.
How it happens that β was unaffected by the transposition Bechert
did not enquire ; but this was a very serious question for Mr Thielscher, who is committed to the false assumption that L and M are
direct copies of the archetype. That false it is I have already
shown on p. ix ; the glimpse which we have just caught of α is
another nail in its coffin ; and the shift to which it here reduces
Mr Thielscher ought to make even him distrust it. If M and not L
were the MS with the wrong order, he would have no trouble ; he
could say that the transposition took place between the 11th and
the 15th century. But now he is forced to suppose that the leaves
of his endlessly subservient and obliging archetype, after having
been astray in the 11th century, were consecutive in the 15th.

From the MSS I now proceed to the efflorescence of editions
which has enriched the opening of the 20th century.

In 1907, his 83rd year, Breiter published the first volume, text
with apparatus criticus, of the edition which he had been meditating
for a lifetime ; the second, a commentary, followed in 1908, a few
months before his death. Though slender in bulk and unpre-
tentious in character they were hailed by his countrymen as a
' gigantisches Lebenswerk ' and a ' monumentum aere perennius
deutschen Gelehrtenfleisses ' ; ' Durch ihren hohen wissenschaftlichen Wert tritt Br.'s Ausgabe den Arbeiten Scaligers, Bentleys
und '—eloquent conjunction—' Pingrés würdig zur Seite ' ; ' Die
Wissenschaft ist um ein monumentales Hilfsmittel für das Ver-
ständnis dieses schweren Dichters bereichert, der Studierende hat
einen zuverlässigen Führer gewonnen : immensus labor est et
fertilis idem ! ' This ought not to be forgotten, and the reader
should bear it steadily in mind as he peruses what I am about to say.

Breiter's papers in Fleckeisen's Neue Jahrbuecher, vol. 139 (1889)
and vol. 147 (1893), were the most estimable contribution made to
the study of Manilius after Jacob's edition. The corrections of Ellis
were rather more numerous, and one or two of them were very
pretty, but his readers were in perpetual contact with the intellect
of an idiot child : in Breiter's articles the good preponderated, and

---

* The explanation of this low figure is that he has overlooked the titles and
so reckons III 400–IV 9 as 292 lines.

he thought and wrote like a sane man and a grown man. His edition therefore, when at last it came, was a severe disappointment ; and on a general view it detracts from his merit. It was not senile, but it showed that an edition was an undertaking beyond his powers.

His recension is to be commended in so far as it maintains a fairly just balance between the rival MSS and avoids the bias of Bechert on one side and of Jacob on the other ; but his use and choice of emendation was haphazard, and his own new conjectures, extorted by the task of editing, were without exception worthless. In his apparatus criticus he persisted in retaining the cod. Cusanus, because he was much too old to take example by me ; he wantonly deceived the less wary of his readers with an inaccurate collation of G, which others had collated accurately ; and his collation of L, which should have been a boon and a blessing, because much fuller and more minute than Bechert's, was an insidious peril and a pernicious nuisance. His eyesight was evidently feeble, and did not serve him well in collating MSS or correcting proofs ; but that is not enough to account for the bucketfuls of falsehood which he discharged on an ignorant and confiding public. In book III, which is much the shortest book, his apparatus, consisting of fewer than 350 lines, contains more than 110 definitely false statements : I do not reckon its frequent and deceitful omissions, nor the equally deceitful consequences of the editor's ignorance of his trade.* He says in vol. I pp. x sq. ' sedulo caui, ne, ubi textus coniecturis mutatus esset, quid codices exhiberent, ignoraretur ' ; but it is far from the truth : he has silently substituted *pristis* for *cetus* I 433, *fugientis* for *fulgentis* 583, *atque* for *que* 801, *ubi* for *ubique* 808, *demissus* for *dimissus* 821, *pectore* for *lumine* 845, *f. non umquam* for *numquam f.* 876, *tibi* for *sibi* II 223, *ferae* for *suae* 533, *quae* for *qua* 849, *furuum* for *fuluum* 912, and so forth. The authorship of emendations

---

* As when at III 52 he implies, without intending it, that half his MSS omit *undam*. For a tiny sample of this ubiquitous inexpertness take the apparatus of his first page, just over four lines in length : I should premise that it contains three misprints, which are corrected at the end of vol. II with a new misprint to keep the pot boiling. Verse 1 : text *artes*, note ' *artes* glcu ' : those four are all his MSS, why then the note ? because, like many another, it is a note not on his own text but on Jacob's, which here has *artis*. Verse 5 : text *nutantis*, note ' *nutantis* lu $_2$, *imitantis* u $_1$ ' : what then have gc ? Verse 21 : text *aestu*, note ' *estu* l u ' : who wants to know that ? and gc have the same. Verse 22 : text *rerum*, note ' *circum* u $_2$ *circum* u $_1$ (in marg. *rerum*) *rerum* ω ' : wrong end foremost, with the lemma at the tail. Verse 23 : text *inmenso*, note ' *inmenso* l ' : what then have the other MSS ? and why was there no note at 14, where again the text has *inmenso* and the MSS have just what they have here ? Verse 24 : text *inmittit*, note ' *inmittit* l ' : again, what have the others ?

accepted is never mentioned in the apparatus and not usually in the commentary either ; hundreds which belong to others are thus tacitly claimed for his own, and a good few even explicitly. The verse v 17 has totally disappeared.

The commentary is plain and concise, but meagre, and a student without other resource would starve on it. It makes no pretence whatever to ' wissenschaftlichen Wert '. Breiter's chief purpose was to explain for novices the astrology of the poem, but his knowledge of the subject was neither original nor adequate. Verbal interpretation is often lacking, critical discussion is generally shunned, and Latinity gets little attention. Falsehoods, blunders of every sort and size, self-contradictions, misinterpretations, miscalculations, misquotations and misprints leave few pages undisfigured.

In 1911 an elaborate edition of the Second book was produced by Mr H. W. Garrod. I declined to review it on its publication, leaving it a fair field in which it received no competent criticism except from Mr J. G. Smyly in Hermathena 1912 pp. 137–68. Mr Garrod brought to his task activity and energy, a brisk intelligence, and a strong desire to shine. His book, unlike the work of a later editor, was the fruit of independent investigation, diversified reading, and genuine industry. The most valuable part of its contents was the new and enlarged knowledge of the cod. Venetus provided by his discovery of Gronouius' collation in the margin of a book of Bentley's. There is one passage, 681 sq., which Mr Garrod, though not the first to understand it, was the first to explain, because the interpreters had not understood it ; but I do not think that any other of his interpretations is both new and true. His conjectures were singularly cheap and shallow, and his impatience of more circumspect emendators, such as Bentley, broke out at 689 in insolence. The apparatus criticus is neither skilful nor careful, often defective and sometimes visibly so ; I have counted more than 60 positive misstatements, of which only a minority can be laid at Breiter's door. The translation is dexterous and serviceable, but has an average of more than three false renderings to the page, not counting the suppression of inconvenient words and the insertion of convenient ones. Some of his interpretations were so little pondered that he changed them in the course of his work without perceiving it : there are more than a dozen places where translation and commentary contradict one another, and at 409 discrepancy is not confined to them. An astrological figure on p. 146, borrowed from others, is false in four particulars to the editor's own text. The commentary, which is full and mainly original, contains much more truth than error, but it contains so much error that the only readers who can use it with safety are those whose knowledge extends beyond Mr Garrod's ; though even a student quite ignorant of the subject must discover, if intelligent and attentive, that some things which the editor tells him, for instance at 361–70, cannot possibly be true. What is taken at second hand is not always verified, and Bouché-Leclercq's prodigious blunder (astr. Gr. p. 374) about Hor. carm. ɪ 12 50 *orte Saturno* is introduced at 509 as if original. Unconscious ignorance here and there exults too merrily, and it cannot be said that Mr Garrod's attainment in scholarship corresponds to his pretensions. Few will listen to a lecture at 747 sq. on elision in Latin poetry from a metrist who has not found time to read even his own text of one book of Manilius, and does not know what he has printed at 3 and 275 and 341 and 385 and 542 and 860. Few at 740, in a note which is to supersede the authority of Lachmann, will want to read further than the words '*fluuii* in Aen. ɪɪɪ 702 = *fluuji*, cf. Georg. ɪ 482 *fluujorum*'. But this seems to be a sort of English book which Germans admire, as they once admired Wakefield's Lucretius, and it was greeted as ' Garrods trefflicher Kommentar ', ' das herrliche Werk ', ' das vortreffliche Buch '. There were no such bouquets for me ; and perhaps the reader will do well to consider how far my judgment of Mr Garrod's performance may have been warped by the passion of envy.

It is comprehensible that Breiter and Mr Garrod should aspire to edit Manilius, or a book of Manilius, and should attempt the enterprise ; but why Jakob van Wageningen took it into his head that the world would be the better for an edition from him, and fetched his paste and scissors to this particular spot, I cannot imagine.

For the text which he published with Teubner in 1915 he professed to have collated **G** and **L** himself and to have procured photographs of **M**. Yet the apparatus criticus contains more than 200 false reports of the ᴍss, and much of this falsehood is borrowed falsehood. In book ɪɪɪ alone there are 25 places where he has copied Breiter's mistakes instead of consulting the ᴍss themselves ; and some of those mistakes are gross indeed : at ɪᴠ 585 tit., where **L** has *distributis ad signa*, Breiter, and therefore van Wageningen, cites *ad signa descriptis*. The number of conjectures which he ascribes to those who were not their authors is nearer 300 than 200 ; and although my editions of books ɪ and ɪɪ had already appeared, and correction was there if he wanted it, he would not look. He had not learnt to write an apparatus criticus. ɪ 521 text *idem semper erit quoniam semper fuit idem*, note *idem* **G**, *isdem* **ML** : in which place ? the same unanswerable question will be asked at III 242 *sex* and IV 86 *omne*. v 261 text *conseret et ueris depinget prata figuris*, note *consereret* **M** : instead of what ? most will guess wrong, and again at 684 *quoqueret*. He had not even learnt to read an apparatus criticus : he shows ignorance of the lections of the cod. Flor. in dozens of places where Bechert's silence had made them known to every instructed student. The text is neither conservative nor intelligently amended ; conjectures are admitted without respect of merit, the last dregs of Breiter and the topmost froth of Mr Garrod are gulped down together, and the MSS are nowhere more readily deserted than where their tradition is sound. Of his own conjectures, which are few, I can accept only one. The index is almost as full of errors as the apparatus criticus, and p. 187 reveals that in the verse *qualis Erectheos pestis populata colonos* he supposed *Erectheos* to be a genitive of the 3ʳᵈ declension.

The Latin commentary was separately published in 1921 with no small magnificence by the royal academy of sciences at Amsterdam. What it most resembles is a magpie's nest. With the rarest exceptions, all that it contains of any value, whether interpretation or illustration, is taken from others, and usually without acknowledgment. A reader new to the author and the editor might mistake van Wageningen for a man of learning ; but with my knowledge of both I can trace every stolen penny to the pouch it came from. On p. 41 the note of seventeen lines upon verses 149–166 may seem to indicate a considerable amount of reading, and so it does, for it is from Ed. Mueller de Pos. Man. auct. p. 2. On pp. 43 sq. thirty-three consecutive lines, equally impressive, are a mosaic put together from pp. 3 and 4 and 7 of the same treatise and from F. Malchin de auct. quib. qui Pos. libr. met. adhib. pp. 15 sq· P. 178 consists of thirty-seven lines : seventeen of them are mine. From those of his predecessors who wrote in Latin he copies many whole sentences word for word, especially from Fayus and me.* I am his chief resource in books I and III ; my fourth volume appeared when his compilation was nearing completion and is therefore plundered less ; in book II his wants were so abundantly supplied by the ampler and more elementary commentary of Mr Garrod that he left mine unread, only dipping into it here and there.

The true character of his activities peeps out amusingly in trifles. At II 175–7 ὁρῶν for ὡρῶν is a misprint of Bouché-Leclercq's, at 468 *haerent* for *haerens* is a misprint of Mr Garrod's, at v 605 ' Col. XII 48 2 ' is a false reference

* Where he professes to be quoting he is less faithful, and at I 313, in four lines attributed to me and enclosed within inverted commas, he has made six alterations.

from Georges' lexicon. On p. 116, having copied much incorrect information about the contents of II 150–264 from Scaliger, Jacob, and Bouché-Leclercq, he proceeds ' nomina Graeca, quae addidi, . . . partim apud Ptolemaeum Tetrab. I 12, II 175–196, 664–670 inueniuntur (Bouché-Leclercq l'astr. Gr. p. 153).' There are no such places in Ptol. tetr. as ' II 175–196, 664–670 ': in Bouché-Leclercq these are references to Manilius. At III 221 my words ' quam sol orbem suum diurnum incipiens tenuerit ' are transcribed in such a hurry that he has written ' diuturnum '. At IV 206 *Palamedeis* he has ' Firmicus Libram fingit ab homine portatam, qui homo Palamedes, bilancis inuentor, esse dicebatur a nonnullis (Ampel. lib. mem. 2 7) '. Ampelius calls him not Pala-medes but Mochos : van Wageningen has blundered in copying from Bouché-Leclercq astr. Gr. p. 141 n. 2, and van Wageningen's blunder is copied by Mr J. G. W. M. de Vreese Petron 39 u.d. astr. p. 132. At V 155 he says ' *ambitio* : cupiditas alios alliciendi, aliis placendi, cf. Hor. C. I 36 20 : lasciuis ederis ambitiosior '. The explanation is Breiter's, the citation Huet's, and they obviously conflict ; but he was too busy with his fingers to notice that.

Some of his thefts he took measures to dissemble. Sextus empiricus, whose polemical treatise is the best introduction to Greek astrology, he had never read, and almost every word of that author which appears in his notes has been taken from mine. But he had enough originality to alter my references, and if I wrote πρὸσ ἀστρ. 70 he substituted ' adu. math. 70 ', which he supposed to mean the same thing. It does not even mean anything : ' adu. math.', if the poor pilferer did but know it, is a work in six books, of which πρὸσ ἀστρ. is the fifth. But envy rather than shame is his usual motive for disguise, and he will name a false source to conceal the true. At I 424 *non posse timens* I had noted that *non posse* meant *ne non posset* and had remarked upon this rarer sense, neglected by grammarians and lexicographers, of the infinitive after *timere*. Thereupon he wrote ' *non posse timens* pro *ne non posset*, cf. Kühner L.G. II² i 667 *a* ', where of course there is not a word on the subject. At I 871 I said ' *modo*, postmodo ', citing parallels, unknown to the dictionaries and grammars, from Lucr. II 1133–5 and other classical poets. Eight years later Mr Loefstedt explained the word in Lucretius similarly, citing no parallel from any classical author. This enabled van Wageningen to write ' *modo*, postmodo, Lucr. II 1133–1135 (Löfst. Per. 242) '. At III 257 his inapposite references to Bouché-Leclercq and Boll are means of diverting attention from the fact that his note is a reproduction of mine.

In adorning her humble home with extraneous objects the magpie is not more helped by her freedom from scruple than she is hindered by her defects of taste and judgment. Diamonds and broken glass are all one to her, and she picks up and carries off what a discriminating thief would leave in the gutter. At II 1 Mr Garrod had made the irrelevant and unhappy remark that Homer was held by some to be ἀστρολόγοσ : a fact which Manilius, if it occurred to him, took good care not to mention. Van Wageningen, having read this note and forgotten his own text, said ' 1–11 Homerus laudatur primus uates et astrologus '. At II 31 sq. the devoted daughter of Icarius is described as *pietate ad sidera ductam* | *Erigonen*, on which Mr Garrod wrote ' *pietate* : because Erigone = Virgo = Iustitia '. This is a mistake which can never have been made before, but van Wageningen hastens to make it again, ' *Erigonen* = Virginem = Iustitiam '. At II 41, where *motus* means emotions, Mr Garrod in his translation rendered it by ' notes ', but cited in his commentary Verg. georg. I 350 and Hor. carm. III 6 21, where it means dances. Van Wageningen mixes the two mistakes : ' *motus* =modos, modulationes, cf. Verg. G. I 350, Hor. C. III 6 21 '. At II 43 Mr Garrod, misled by its title, supposed Nicander's θηριακά to be a book about hunting, and van Wageningen therefore expresses the same opinion. At III 13 he writes ' quos ex Iasone filios susceperat Medea, eos membratim discerptos in illius conspectu ex alta turri deiecit ' : this is credu- lously copied from Fayus, with three verbal alterations. At III 296 he volunteers the statement ' uerbum ὡροσκοπεῖν apud Sextum Empiricum '— whom, as I said before, he never read—' significat horam partus obseruare, sed uerbum Latinum aliam uim assumpsit '. This gratuitous falsehood he took from the lexicons : the truth is that Sextus uses ὡροσκοπεῖν just as Manilius uses *horoscopare*, and so do the Greeks in general. At IV 231-3 he writes ' *subiungere currus* sc. equis, constructio inuersa pro uulgari : equos currui ', ' *ad frena*, praepositio modum et rationem indicat =habenis flexibilibus ', ' *totis* =omnibus ' : Fayus made these three mistakes in these three verses, so van Wageningen must make them anew.

His own original contributions offer little temptation to larceny, and he might say with Iago ' who steals my purse, steals trash '. He writes for readers who crave such lore as ' *Colchida* : Medeam.—*parentis* : Aeetae ' or ' *Chelarum* =Librae ' (at v 295, after the word has occurred a dozen times), or ' *diuersā* ' I 248, ' *rĕdŭces* ' III 12, ' *mixtā* ' 133, ' *sinuantis in undam* ' IV 604, ' *et sōlă uos* ' 757, ' *sociā per mutuā dote* ' v 680. Well for them if all the information supplied them were equally true ; but they have an ignorant instructor. Ignorant of fact : he thinks that the southern hemisphere of stars is invisible from the north pole for half the year only (III 378 ' *effugit* : sc. pars inferior '), that nights are shortest when the sun is in Capricorn (III 639 ' *tenebrasque resoluit* sc. in minimum horarum numerum '), and even apparently that midsummer comes 365 times a year (III 420 ' *usque . . .* indicat . . . id quod cotidie solet fieri '). Ignorant of fable : v 92 ' hoc alibi non traditur, a Salmoneo pontes aeneos factos esse, per quos quadrigam suam ueheret ' : no editor of Manilius had cited Seru. Aen. VI 585, so how was he to know of it ? Prodigiously ignorant of Latin. At I 926 he explains *non quaerat* as ' desideret ', i.e. *quaerat*. At III 296 he talks of an interrogative adverb *quandoque*. III 527 *nec in cunctos seruat fortuna tenorem*, ' erga cunctos fortuna se infidelem praebet '. IV 77 sq. *degenerant nati patribus uincuntque parentes | ingeniumque suum retinent* : ' *ingenium* a patribus acceptum (*suum*) '. IV 138 sq. ' *in trepido . . . pectore* : quale in oue est ' : the *ouis* is proverbially *placida*, but he thought that *trepidus* meant *timidus*. IV 168 *annonae incendia*, ' robiginem in frumento '. IV 655 ' *radicis odores* : arbores odoriferas '. IV 829 ' *natat* : σαλεύεται '. v 577 ' *concitat aerios cursus* : cito cursum per aera conficit. Accusatiuus uerbalis est '. v 652 *tenuis ausus . . . gressus* (funambulus), ' lente audens procedere '. His grammatical obtuseness is perhaps best displayed by the things which he takes for parallels. I 908 ' *iurata . . . arma* : bellum iure iurando susceptum, cf. Cic. ad Att. I 1 1 : *iurauit morbum* ' : he found this in the dictionary, and did not know that it meant ' morbum iuratus excusauit '. At II 468 sq. *auribus haerent | aut odium foedusue gerunt*, where *aut* and *ue* are not coordinate, he quotes (from Kuehner's grammar) a passage of Cicero where they are. III 679 *in auersum* LM, *in aduersum* G : the sense should be ' in the reverse direction ', and I gave *in auersum*, pointing out that I 684 is different : van Wageningen writes ' *in aduersum* (I 684) fere idem atque *contra*, cf. Verg. Aen. IX 211 si quis *in aduersum* rapiat casusue deusue ', where *aduersum* means adversity. At IV 182 *uiuere uicto* he says ' *uicto* pro rapto, cf. Plaut. Rud. 621 :

facite hic lege potius liceat quam ui uicto uiuere ' : he sees there the same two
words side by side, and how should he know that *uicto* is not abl. neut. with
uiuere but dat. masc. with *liceat* ? IV 683 ' *ignis* pro puella amata etiam
apud . . . Hor. . . . Sat. II 3 276 ' : that is *ignem gladio scrutare*, which he
evidently connects with *Hellade percussa* in the next verse. IV 909 ' *et* post *nec*
habet uim aduersatiuam ' : this I had pointed out, citing a parallel ; but van
Wageningen proceeds ' cf. Ou. Met. XIV 842 ', a passage where *nec* . . . *et*
correspond like *nec* . . . *nec* or *et* . . . *et*.

Such a scholar cannot hope to understand the language or follow the
thought of a Latin author. If a schoolboy were shown the words *tantae molis
minimum deprendere punctum*, even without their context, he would probably
translate them right ; but van Wageningen's note on III 215 is ' *tantae molis*
sc. est, cf. Verg. Aen. I 33 '. If a schoolboy were shown the words *animis
haerentia pectora*, especially in their context at II 676, he might well wonder
what they could possibly mean ; but he would not think, as van Wageningen
did, that they could possibly mean ' *pectora quae* facile se cum aliis iungunt '.
If he were shown the verses II 849–51, he would not indeed understand them,
but he would have the wit, which van Wageningen had not, to construe the
exercita of 851 with the *tempora* of 850 and not with the *pars* of 849. In an
enumeration of the four elements, I 249 *aeris atque ignis, terrae pelagique
iacentis*, who else, even if he had not read 536 *pontum terrasque iacentes*, would
think that *iacentis* meant *quiescentis* ? Who else, even if he had not read I 297
septem . . . stellae certantes lumine, would miss the sense of V 141 sq. *certantes
luce . . . Pleiadas* and explain ' omnes conantes simul reddere lumen ' ? But
van Wageningen could miss the sense of anything. At II 603 sq. Manilius, having
filled some 50 verses with the various and complicated enmities subsisting
between the several signs of the zodiac, and consequently between the men
born beneath them, makes the remark *in multis quoniam discordia signis | cor-
pora nascuntur, pax est sublata per orbem*. Van Wageningen interprets ' cum
multitudo signorum magna sit '—there are only 12—' h.e. cum tanta sit copia
horoscoporum '. At III 265 *ibi* means ' in octaua parte Cancri ' : he explains
it as ' ab initio Cancri ad Capricornum ', which not only is manifestly impossible
but makes outrageous nonsense. IV 836 *fugeruntque nouas ardentia sidera
flammas* : ' *ardentia sidera*, cf. Ou. Met. II 171–177 ; Man. I 748 ' : in vain
did Manilius think out his pretty conceits, and in vain do I explain them. At
II 805 he joins *uincula bina*, which Bentley had put asunder, and as this is
arithmetically false he says ' bis (proprie quater) '. At IV 46 (Marius) *consul
totiens* (i.e. sexies) *exul . . . adiacuit Libycis . . . ruinis* he writes ' *consul totiens*
sc. septies . . . sed sexies consul fuerat, cum exul in Africam fugit '. IV 711–4,
because different lands belong to different signs, *idcirco*, says Manilius, *in uarias
leges uariasque figuras | dispositum genus est hominum, proprioque colore |
formantur gentes sociataque iura per artus | materiamque parem priuato foedere
signant*, i.e. sociata per artus iura paremque materiam signant priuato foedere,
the human form common to all is varied by national peculiarities. Van
Wageningen construes and interprets thus : ' *sociata iura . . . priuato foedere
signant*, societatem ineunt, quam foedere sanciunt, ut priuati in pace inter se
uiuant.—*per artus materiamque parem* (adiectiuum *parem* ad utrumque substantiuum pertinet) : propter similitudinem corporis atque indolis '. On the
other hand he can construe what others cannot. At I 455 the antarctic sky
is *cardine tam simili fultum quam uertice*, which puzzles us much, because
cardo and *uertex* are synonyms. But van Wageningen comes to our rescue :

he informs us that *uertice* means *uertice septentrionali*, that *quam uertice septentrionali* means *quam est uertex septentrionalis* (this he calls 'comparatio compendiaria', which is the name for κόμαι Χαρίτεσσιν ὁμοῖαι, but he is confusedly thinking of the ablatiuus comparationis, *melior fratre* for *melior quam frater est*, and thence creating a third form *melior quam fratre*), and finally that *cardine tam simili quam uertex septentrionalis est* means *cardine uerticis septentrionalis simili*.

He does not shrink from open falsehood. I 432 'ut olim, cum Iuppiter Aram constituit, maxima erant sidera, quibus usus est, sic nunc quoque maxima manserunt (moneo propter Bentleium, qui legit: *fulget*)'. To have written this under any circumstances would have been to profess gross and wilful ignorance of the starry heavens: to write it after Bentley's note is something worse. III 325 'qui fastigia terrae rotundae conscendit, ei motus grauis est'. Not only do we all know from experience that this is false, but Manilius himself in this very passage, 328 sq. *orbem scandens . . . rotundum | degrediere simul*, and in three other verses, I 205, 233, 241, has taken the trouble to say that the curve of the globe is no more uphill than downhill. But van Wageningen had to choose between contradicting the notorious truth and abandoning a stupid conjecture which he had formerly adopted from Breiter; and this is how he chose. IV 606-9 'mare per fretum Siculum se effundit in mare apertum Ionium, sed prius pontus mare Hadriaticum efficit'. If he is willing to say this for the sake of a conjecture of his own, it is only bare decency to do as much for a lection of the MSS; and at IV 637 he again ventures to hope that his readers have no maps, and tells them that the Cyclades are 'inter se congruentes magnitudine'.

His opinions, not being his own, were not permanently held, but picked up and dropped again, and he lived from hand to mouth on the borrowed beliefs of the moment. On p. 263 he says of book V 'occasuum commemoratio, quae fortasse ducentos uersus complectebatur, interiit'; on p. 265 he repeats the statement, 'haec pars libri quinti, ut iam supra animaduerti, in lacuna, quae uersum 710 excipit, interiit'; but when he comes to that verse, on p. 317, he says, 'de occasu . . . siderum . . . nihil erat in hac parte carminis, ut optime demonstrauit Bollius'. I 801 '*et . . . que* non defendi potest': II 851 '*et* respondet sequenti coniunctioni *que* (cf. I 801)'. II 501 'Libra . . . se ipsam uidet': on the same page 'Libra se ipsum audit, Arietem uidet.' At III 189 he gives *ducere* a particular sense and renders it by ἀπολύειν; on the same page he says that ἀπολύειν has only the opposite sense, citing Bouché-Leclercq as his authority; and what Bouché-Leclercq says is that it has both senses equally. IV 186 *mores lucrentur*: 'e moribus suis lucrum faciant, cf. V 320: poenamque lucretur': when he gets to that verse he explains it not as 'e poena lucrum faciat' but as 'scelus impune committat'. At IV 283 *de* says that *effindere* depends on *necesse est* 281, not knowing that in his text he has given Jacob's punctuation, which obliges it to depend on *attribuunt* 289. IV 797-9 'supra Aegyptus (752) sub Ariete erat, mox sub Scorpione (779)': but at that verse he had said '*Aegypti latus*: Cyrenen'. V 45 'cf. IV 109: *fraudare in praemia*': turn thither, and you find *in praemia* explained as depending not on *fraudare* but on *donis*.

Hitherto I have been ranging through the commentary at large and culling samples of its quality: now, to show that I have made no unfair selection, I will examine its texture in the first two pages. I 1: he cites 'II 105 quis caelum possit nisi caeli munere nosse': the verse is 115 and his own text gives *posset*, but he has copied 105 and *possit* from Bouché-Leclercq. 1–2 : the reference to Virgil is from Scaliger (I am not implying that acknowledgement was due). 2 : the references to Plotinus and Augustine are from Bouché-Leclercq astr. Gr. p. 600 n. 2 and p. 620 n. 3. 3 : he says that *caelestis rationis opus* means ' laborem deducendi et aggrediendi ' in apposition to the sentence, because I said that it did not ; but at IV 390 he forgets that fact and therefore abandons that opinion. 4–6 *aggredior primus . . . nouis Helicona mouere | cantibus, . . . hospita sacra ferens nulli memorata priorum* : Manilius says, as he says again in books II and III, that he is the first poet to sing of astrology, a theme new to Helicon. Van Wageningen understands him to mean that he is the first Roman poet to sing of astrology, a theme new to Italy. This mistake he inherited from Fayus and Breiter, and was confirmed in it by his oracle Boll, who said that *hospita* meant ' hellenisch ', as if Helicon itself were not Hellenic. 4–5 : the three references to Virgil are from Cramer de Man. eloc. p. 62. 5–6 : he argues against Gronouius' conjecture *ad* in a way which shows that he had not read Gronouius and only knew of it from others. 7 : he says that Horace carm. I 2 50 called Augustus *pater patriae*, which Horace did not.

In my addenda to books I–IV I have borrowed from van Wageningen and Mr Garrod whatever I thought worth borrowing ; and my superstitious practice of acknowledging obligations will enable anyone to see how little it is. I will now end with a few remarks, particular and general, on my own work, first referring the reader to vol. I pp. lxxii sq., where I stated its design.

The true rule of numeration in a poet's text is that the verses, whatever their order, should be numbered according to their order in the MSS ; but it is now too late for applying it to Manilius. Lachmann could apply it to Lucretius in 1850, because the primitive sequence had not been much disturbed in the editions and his readers would not be much incommoded by the reform. But in Manilius, whose editors have been forced to make great changes of order, and have habitually ignored them in their numeration, reform would bring chaos. The early editions are without numeration ; Scaliger numbered by the lines of his own pages ; continuous numbering began with Fayus and followed the printed order of verses in each successive recension, concealing the transpositions which had brought it about. From 1846 to the end of the 19th century the text in common use was Jacob's, and references to Manilius in the learned literature of all that age are according to his numeration. I therefore, had I been his immediate successor, should have followed it, deceptive though it was, without any divergence. But Bechert in 1900 deserted it in a few places and substituted a numeration corresponding to the sequence of verses in the MSS : at I 742 743, II 673–686, IV 666 667, V 264–510, 514 515, 529 530,

543–728. These improvements, because such they are, and because the change is small and not confusing, I have adopted ; and I have proceeded to others * in the same direction at I 805–812 and III 468–474. Breiter in 1907 reverted to Jacob's numeration ; van Wageningen wavers between Breiter and Bechert.

The apparatus criticus is embedded in the commentary and the two are closely interwoven ; and that is as it should be. The usual separation of inseparable things, interpretation and criticism, is injurious to both but especially to the latter. It is the expedient of editors who wish to shirk discussion of their text because they fear that they could not defend it. Criticism apart from interpretation does not exist ; and ' critical edition ' is the most inappropriate of all names for the thing to which custom applies it, an edition in which the editor is allowed to fling his opinions in the reader's face without being called to account and asked for his reasons.

Most of the errors of an author's MSS have no place in what Cobet calls an ' apparatus uere criticus ', and mine excludes them. Variations of orthography are collected in an appendix. An evidently false reading given by a single MS, where the rest are agreed upon an evidently true one, I seldom record unless the difference is in some way noteworthy ; but since M is the sole survivor of one family, and L in places may be the only true witness to the archetype of the other, I mention their peculiar errors oftener than those of G or L². A false reading found in two authorities, as many are found in GL or GL² or LM, I always register unless the error is insignificantly small. From the Venetus I cite only true readings, readings which support another MS where MSS disagree, and readings conspicuously divergent and indicative of its character. Readings of the Cusanus and the later MSS I mention only as I mention the conjectures of editors ; except that where M is not clearly legible I sometimes adduce the decipherments of its apographs.

' Operam maximam eamque satis fastidiosam posui in primo emendationis cuiusque auctore inuestigando '. I am one of the few who can echo these words of Lachmann's : most editors have souls above such things, and some of them so much prefer error to knowledge that even when we patient drudges have ascertained the facts for them they continue to disseminate misinformation. There is another set of facts which I am almost alone in commemorating, for it is desired to suppress them. Many a reading discovered by conjecture has afterwards been confirmed by the authority of MSS ; and I record the occurrence, as instructive, instead of concealing it,

* At I 314–316, because I was not sure of the order of verses in M, I numbered them according to their order in GL, which I now regret.

as deplorable. The resistance of conservatives to true emendation is perpetual, and to enjoy credit in the future they must obliterate their past. When therefore a conjecture has turned out to be a manuscript reading, and they have gnashed their teeth and accepted it as such, they try to make the world forget that they formerly condemned it on its merits. Its author, who bore the blame of its supposed falsehood, is denied mention after the establishment of its truth ; and the history of scholarship is mutilated to save the face of those who have impeded progress.

There is an industriously propagated legend that many of my own corrections are ' violent ' or ' palaeographically improbable ', by which it is merely meant that they alter a good number of letters.* Violence and palaeographical improbability do not consist in that : they consist in ignoring the habits of copyists ; and the terms should not be used by those to whom the habits of copyists are imperfectly known. A conjecture which alters only a single letter may be more improbable palaeographically than one which leaves no letter unaltered. The greatest change which I have admitted is none of my own but Breiter's *quaeue* (*iacent*) for *contra* (*iacet*) in II 253, which is what Manilius must have written. It is less violent, presumes less unwonted behaviour in the scribes, than the universally accepted conjecture *quorum* for *quarum* in III 300 ; and *quorum* has worse features than violence. If I had to name three of my own conjectures which I judge to be quite certain, I should be inclined to choose I 423 *equit Ioue* for *esurcione*, IV 800 *ubi ab his ope sumpta* for *ubi pisces uruptor*, and v 461 *uix una trium* for *atri luxum* ; two of which, I can well believe, will make the hair stand up on many uninstructed heads.

The first virtue of an emendation is to be true ; but the best emendations of all are those which are both true and difficult, emendations which no fool could find. It is humiliating to reflect how many of the type commonly called brilliant,—neat and pretty changes of a letter or two—, have been lighted upon, almost fortuitously, by scholars whose intellectual powers were beneath the ordinary. Textual criticism would indeed be a paradise if scribes had confined themselves to making mistakes which Isaac Voss and Robinson Ellis could correct. But we know by comparing one MS with another that they also made mistakes of a different character ; and it is these that put a good emendator on his mettle. First he must recognise them, then he must deal with them suitably. Anxious

---

* Sometimes it is merely meant that they are mine. ‘nullam reperiri posse audaciorem libidinosioremue’ is not language which would be used of the conjecture *Caesar melius* for *Caesarque meus* if it were anyone else’s.

adherence to the ductus litterarum is the fruitful parent of false conjectures. It seduced even such men as Scaliger and Porson : it led Scaliger to write *ultimus ex solido tetrans* in IV 757 ; it made Porson spoil his famous correction of Eur. Ion 1115 by omitting a necessary particle. The merits essential to a correction are those without which it cannot be true, and closeness to the MSS is not one of them ; the indispensable things are fitness to the context and propriety to the genius of the author. The question whether the error presupposed was great or small is indeed a question to be asked, but it is the last question. With vulgar judges it is the first, though usually the last as well. This detail is their favourite criterion, because it can be discerned, or they think it can, by a bodily sense, without disturbing the slumbers of the intellect.

It surprises me that so many people should feel themselves qualified to weigh conjectures in their balance and to pronounce them good or bad, probable or improbable. Judging an emendation requires in some measure the same qualities as emendation itself, and the requirement is formidable. To read attentively, think correctly, omit no relevant consideration, and repress self-will, are not ordinary accomplishments ; yet an emendator needs much besides : just literary perception, congenial intimacy with the author, experience which must have been won by study, and mother wit which he must have brought from his mother's womb.

It may be asked whether I think that I myself possess this outfit, or even most of it ; and if I answer yes, that will be a new example of my notorious arrogance. I had rather be arrogant than impudent. I should not have undertaken to edit Manilius unless I had believed that I was fit for the task ; and in particular I think myself a better judge of emendation, both when to emend and how to emend, than most others.

The following stanza of Mr de la Mare's ' Fare well ' first met my eyes, thus printed, in a newspaper review.

> Oh, when this my dust surrenders
> Hand, foot, lip, to dust again,
> May these loved and loving faces
>   Please other men !
> May the rustling harvest hedgerow
> Still the Traveller's Joy entwine,
> And as happy children gather
>   Posies once mine.

I knew in a moment that Mr de la Mare had not written *rustling*, and in another moment I had found the true word. But if the book of

poems had perished and the verse survived only in the review, who
would have believed me rather than the compositor ? The bulk of
the reading public would have been perfectly content with *rustling*,
nay they would sincerely have preferred it to the epithet which the
poet chose. If I had been so ill-advised as to publish my emendation,
I should have been told that *rustling* was exquisitely apt and
poetical, because hedgerows do rustle, especially in autumn, when
the leaves are dry, and when straws and ears from the passing
harvest-wain (to which ' harvest ' is so plain an allusion that only
a pedant like me could miss it) are hanging caught in the twigs ; and
I should have been recommended to quit my dusty (or musty) books
and make a belated acquaintance with the sights and sounds of the
English countryside. And the only possible answer would have been
ugh !

My first reception was not worse than I expected. I provoked
less enmity and insolence than Scaliger or Bentley in proportion as
my merits were less eminent and unbearable than theirs. But my
disregard of established opinions and my disrespect for contemporary
fashions in scholarship made the ignorant feel sure that I was
greatly and presumptuously in error and could be put down without
much difficulty ; and critiques were accordingly published which I
do not suppose that their authors would now wish to rescue from
oblivion. Not by paying any attention to any of them *, not by
swerving an inch from my original principles and practice, but by the
mere act of living on and continuing to be the same, I have changed
that state of things ; and the deaf adder, though I can hardly say
that she has unstopped her own ears, has begun to stifle her hisses
for fear that they should reach the ears of posterity. Perhaps there
will be no long posterity for learning ; but the reader whose good

* Mr M. Schuster in Burs. Jahresb. vol. 212 p. 92 writes of my book III as
follows. ' Mit Befriedigung nimmt man hier gegenüber den beiden voraus-
gehenden Teilen ein gesteigertes Streben des Herausg.s wahr, dem überlieferten
Wortlaut nach besten Kräften Treue zu halten. Vollmer hatte in seiner
Besprechung der Ausgabe des ersten Buches die allzugrosse Freigebigkeit
H.s mit Konjekturen bemängelt ; das verdross Herrn H. und ebenso unwillig
wie ungebührlich sprach er von einen " stolid conservatism " Vollmers : indes
hat er doch nachträglich, wie es scheint, aus seines Rügers Mahnung die
gebührende heilsame Lehre gezogen, so dass die Kritik in diesem Falle die
besten Früchte trug, die sie überhaupt bringen kann.' Dulce et decorum est
pro patria mentiri. ' Stolid conservatism ' is a phrase which I have never
used in my life. The hard things which I did say of Vollmer were said not
after his review, on which I made no comment, but before it ; they were said
in the work which he reviewed. And, far from employing conjecture with
less freedom in the later books, I employed it with more, because they are
more corrupt.

opinion I desire and have done my utmost to secure is the next
Bentley or Scaliger who may chance to occupy himself with Manilius.

My thanks are due to the Earl of Leicester and the authorities of
the Bodleian Library for sending MSS to Cambridge for my inspection,
and to Professor A. C. Clark, Mr F. W. Hall, and Mr R. A. Wilson,
who from time to time have answered my enquiries touching books
in Oxford and in the British Museum.

In his Fifth book Manilius rehearses the diurnal risings of the extra-zodiacal constellations, specifies or forgets to specify the degree of the ecliptic which rises simultaneously with each, and describes the various qualities engendered by these postures of the heavens in children born at the moment of their occurrence. Here therefore the horoscope or ascendant, first made prominent in IV 502–84, has become the controlling element in the geniture, although in IV 122–293, as I have now pointed out, the sign occupied by the Moon appears to be that which stamps its character on the native. The zodiacal signs are here δωδεκατημόρια, not ζῴδια (ἀστερισμοί), or they would not contain, as they evidently do, 30 degrees each.

The συνανατολαί and ἀντικαταδύσεισ of the northern and southern constellations, their rising with and setting opposite the several signs of the zodiac, are the subject of Arat. 559–732. But the aim of Aratus in writing that section of his poem is that men may be able to tell the hour of the night if the zodiacal sign itself is hidden by clouds or mountains, and he is content to name the sign without specifying the degree. Both he and his authority Eudoxus, whom he did not rightly understand, are sharply criticised and convicted of much grave error by Hipparchus in his Ἀράτου καὶ Εὐδόξου φαινομένων ἐξήγησισ, where he professes to set forth the true συνανατολαί and a great deal else with a precision which takes count even of half-degrees of the ecliptic.

συνανατέλλειν has a later synonym παρανατέλλειν (Seru. georg. I 218 Canis paranatellon est Cancri, id est cum eo oritur), and this was the term employed by those astrologers who took into account the influences of extra-zodiacal constellations and made them ingredients in the geniture. Its meaning was rightly explained by Salmasius ann. clim. p. 586, and on pp. 554 sq. he cited from

Porph. isag. p. 200 and Psell. περὶ παραδ. ἀναγν. (Westermann
p. 147) statements that the παρανατέλλοντα (or -εσ) were made to
serve the purposes of astrology by Teucer Babylonius. This author,
perhaps of the 1ˢᵗ century after Christ, is more than a mere name
to us now that Boll in his sphaera pp. 16–58 and 490–538 has published from Greek and Arabic MSS substantial relics of his doctrine.
In these a number of northern and southern constellations, part
Greek part Egyptian, are brought in as παρανατέλλοντα to the
several signs of the zodiac, or, with more precision, to the several
δεκανοί or thirds of those signs (pp. 16–21, 494–538) and even to
definite degrees of the ecliptic (pp. 41–5). In the excerpts printed
on pp. 41–52 astrology is added to astronomy, and the influence
exerted by the rising of these constellations upon the character and
fortunes of the native is particularised as it is by Manilius. Cases
of agreement I have noted in my commentary : they are not remark-
able, the alleged effects being such as the names of the constellations
would suggest to any astrologer.*

It is not correct to say that the συνανατολαί of Manilius are
generally false, for in strictness they are neither false nor true, but
indeterminate. When it is declared that such and such a constellation rises with such and such a degree of the ecliptic, the
statement has no meaning until we know the latitude and the date
to which it applies. If Manilius' statements apply to his own
date and to the latitude of Rome, then indeed most or all of them
are false ; but he is not so imprudent as to be explicit, and he never
specifies either latitude or date. His latitude may be as far off as
Alexandria, his date may be as far off as Eudoxus. Some of his
statements are statements made by competent astronomers in other
climes and times, but no competent astronomer ever or anywhere
made them all, and whatever truth they originally had is necessarily
lost by transference. When Scaliger says at v 39 ' Manilius nesciebat
quid scribebat ' his judgment is sounder than his grammar. Manilius
either gathered his συνανατολαί from various sources without grasping
their irreconcilability, or else he found them already gathered by
some astrologer who was no better an astronomer than himself.

---

* Equally without significance are the agreements between Manilius and
C.C.A.G. v i p. 188 11–21, where we have prognostics drawn by Ἀσκληπιάδησ
ὁ Μυρλεανὸσ ἐν τῇ βαρβαρικῇ σφαίρᾳ not from παρανατέλλοντα but ἐκ τῶν τῇ σελήνῃ
παραβαλλόντων, all exceedingly obvious : ἁρμόσει ἡ . . . Ἀργὼ πλοιζομένοισ (Man.
v 40–56), . . . κυνηγοῖσ . . . ὁ Κύων (228–33), ὁ Ὠρίων (175–88), αἰπόλοισ . . . οἱ
Ἔριφοι (115–7), . . . εὐωχίαισ ὁ Κρατήρ (244–6), . . . ὁ Ἀριάδνησ στέφανοσ . . .
ἡδυπαθέσιν (267–9), . . . ἱερεῦσι τὸ Θυμιατήριον (344–7), . . . ἱππεῦσιν ὁ Κένταυροσ
(350–2), ἱπποδρομίαισ ὁ Πήγασοσ (636–41), . . . ἀκοντισταῖσ . . . ὁ Οἰστόσ (294–7),
. . . μουσικοῖσ ἡ Λύρα (329–36), . . . γεωργοῖσ . . . ὁ Στάχυσ (271–5).

For he, when he came to write his fifth book, no longer possessed even so much astronomy as had sufficed him for writing his first; and the celestial globe which he had then borrowed from a friend to teach him how the constellations lay and save him from lifting his eyes to heaven had long been restored to its owner. He makes the Hyades rise 9 degrees in advance of the Pliades, when the Pliades in any latitude must rise first. He makes the Haedi rise 10 degrees in advance of Capella, when in reality their risings are necessarily almost simultaneous. Only in five cases, Heniochus, Canicula, Crater, Cycnus, Cetus, do his statements approximate to experience or agree with the doctrine of any astronomer; and in Argo, Orion, Sagitta, Ara, Arcturus, Ophiuchus, Piscis Notius, Cepheus, Aquila, Equus, Engonasin, he is extravagantly astray.

In five of these instances, Argo, Sagitta, Arcturus, Ophiuchus, Engonasin, the extent of his error happens to be about a quarter of the heavens, so that these constellations are really crossing the meridian, either above or below the earth, when the portions of the zodiac with which he connects them are rising. Hence it is inferred by Boll sph. pp. 381 sq. that Manilius' authority had here used the word παρανατέλλειν in a loose sense, to include μεσουρανεῖν and ἀντιμεσουρανεῖν and καταδύεσθαι; and he shows on pp. 86 sq. that Teucer Babylonius makes some statements which are gravely erroneous unless he is stretching the word to that wider signification. When Boll attempts on pp. 88 and 364 sq. to establish this sense by citing Procl. in Plat. remp. ed. Kr. vol. II pp. 56 sq., he is guilty of imprudence or effrontery, for Proclus carefully distinguishes, διαφερόντωσ μὲν ἐν τῷ παρανατέλλειν, πάντωσ δὲ καὶ ἐπὶ τῶν ἄλλων κέντρων, οἷον ἐν τῷ συμμεσουρανεῖν ἢ συγκαταδύεσθαι; but in a passage which he adduces on p. 87 from an astrologer of the 4th century after Christ, C.C.A.G. I p. 113 13, παρανατέλλειν is made equivalent to ἐπικεῖσθαι and comprises appearances in the μεσουράνημα and δύσισ and ὑπόγειον. There is however no reason to suppose that Manilius' authority or authorities thus misused the word παρανατέλλειν, if they even used it: the assumption would explain only five out of his many errors; and there is only one of these five, the case of Engonasin, in which his statement coincides with Teucer's.

Scaliger in his second edition imposed on this book the title of sphaera barbarica, which is doubly a misnomer. The book is no sphaera or description of the heavens, and, if it were, it would be a sphaera Graecanica, like the first book. sphaera Graecanica and sphaera barbarica were the titles of two works by P. Nigidius Figulus, and of the latter we have one fragment from which we can learn its subject: Seru. georg. I 19 ' Nigidius sphaerae barbaricae: sub

Virginis signo arator, quem Horon Aegyptii uocant, quod Horon Osiridis filium ab hoc educatum dicunt.' Nigidius said that under (south of) * the zodiacal sign Virgo there was a constellation having the figure of a ploughman and the name of Horos. On the celestial globe of the Greeks this constellation did not exist ; but the figure of a ploughman stands in this place, under (south of) Virgo, on a relief in the temple of Hathor at Denderah (Boll sph. taf. III). It was a constellation on the celestial globe of the Egyptians. *sphaera barbarica* means a plan of the heavens, especially an Egyptian or Chaldaean plan, which groups the stars into constellations other than the Greek.† This appears from the examples of the term collected by Boll sph. pp. 350–66, whence I take the following. Proclus in Plat. remp. ed. Kr. vol. II p. 318 11 sq. σφαίραισ βαρβαρικαῖσ Αἰγυπτίων καὶ Χαλδαίων, Ioh. Philop. de opif. mundi VII 14 p. 307 21 sqq. ed. Reichardt ἡ βαρβαρικὴ σφαῖρα . . . ἑτέροισ ὀνόμασί τε καὶ σχήμασι παρὰ τὰ Ἑλλήνων χρησαμένη, Syrian. comm. in Arist. Gr. VI 1 p. 191 19 sqq. ed. Berol. παρ' Αἰγυπτίοισ μὲν ἄλλωσ, παρὰ Χαλδαίοισ δὲ ἡ Ἕλλησιν ἑτέρωσ εἰσὶ συντεταγμένοι οἱ ἀπλανεῖσ, Achill. isag. comm. Arat. Maass. p. 75 12–5 ἐν . . . τῇ τῶν Αἰγυπτίων σφαίρᾳ οὔτε ὁ Δράκων ἐστὶ νομιζόμενοσ ἢ ὀνομαζόμενοσ οὔτε Ἄρκτοι οὔτε Κηφεὺσ, ἀλλ' ἕτερα σχήματα εἰδώλων, καὶ ὀνόματα τεθειμένα . . . οὕτω δὲ καὶ ἐν τῇ τῶν Χαλδαίων, Prob. Verg. georg. I 229 ' Septentriones, quos Graeci duas ursas uocant, Helicen et Cynosuram, in barbarica sphaera plaustrum esse, quod ducatur a bubus iunctis '.‡ A work with the title σφαῖρα βαρβαρική by Asclepiades Myrleanus is mentioned in C.C.A.G. v i p. 188 22 sq. : of its nature I will speak below.

Scaliger applied the name to this book of Manilius because of what he found in Firmicus. The twelve chapters Firm. math. VIII 6–17 are derived from Man. V, and Firmicus concludes them by saying ' haec sunt . . . barbaricae sphaerae principia, haec est Chaldaici operis disciplina '. But in the next chapter 18 he proceeds

---

* Schol. Germ. ed. Brieg. p. 173 9 sq. *sub Ariete et Piscibus super Fluuium Cetus in caeli regione collocatus est*, Germ. phaen. 87, 343, 433.

† Scaliger Man. V praef., Buecheler opusc. I pp. 108 sqq., and Swoboda quaest. Nigid. p. 48 were perversely wrong about the meaning of the term : Salmasius ann. clim. pp. 592 sq. was nearly right, for he said that Nigidius in his *sphaera barbarica* ' opinionem Aegyptiorum sacerdotum perscripsit, qui alias causas commenti sunt τῆσ καταστερίσεωσ corporum eorum caelestium aliasque illorum appellationes habuerunt '; but he did not understand that the constellations themselves were in many cases different, not having the same forms and boundaries as the Greek constellations, nor consisting of the same stars.

‡ In this sentence there are two obvious blunders, but it is still apposite.

to ' sequentes partes sphaerae barbaricae ' and sets forth in 19–30 the effects of all the 360 degrees of the zodiac when found in the horoscope, with the addition here and there of a few παρανατέλλοντα, some of them the same as those already mentioned in 6–17 ; and in c. 31 he enumerates what he calls the ' clarae stellae ' of the zodiac, with their effects when found in the horoscope, adding in the next chapter that this also is the doctrine of the sphaera barbarica. He therefore does not use the term as equivalent to the contents of Man. v, but in a wider acceptation ; and Man. v must not be called *sphaera barbarica* because Firmicus accounts its doctrine one portion of what he designates by that name.

Nor must it be called *sphaera barbarica* because it is concerned with παρανατέλλοντα. Boll sph. pp. 353–6 contends that the *sphaera barbarica* of Nigidius was also concerned with these. It probably was, for his *sphaera Graecanica* certainly was * ; but Boll's method of proving his point is to ignore the plain sense of Nigidius' words ' *sub* Virginis signo ' and their exact agreement with the relief at Denderah, and to pretend that Nigidius means something which he does not say and the monument something which it does not show. Be that as it may, concern with the doctrine of the παρανατέλλοντα can form no part of the definition of the term *sphaera barbarica*, since Nigidius' *sphaera Graecanica* likewise contained that doctrine ; and the *sphaera Graecanica*, or heaven of Greek constellations, which is the background of Man. v does not become *barbarica* because the παρανατέλλοντα are the chief theme of the book. The σφαῖρα βαρβαρική of Asclepiades (containing Greek and barbaric constellations mixed) was not concerned with παρανατέλλοντα but with τὰ τῇ σελήνῃ παραβάλλοντα, C.C.A.G. v i p. 188 11–23.

Though the sense which Firmicus attached to *sphaera barbarica* was far removed from the proper and original sense, it may yet be possible to explain the error or to trace the change. From Procl. in Plat. remp. ed. Kr. vol. ii p. 318 11 sqq. ἐνετύχομεν σφαίραισ βαρβαρικαῖσ Αἰγυπτίων καὶ Χαλδαίων κατὰ τὰσ μοίρασ τοῦ ζῳδιακοῦ τὰσ τῶν βίων διαφορὰσ ὁριζούσαισ it would appear that the astrologers who taught the doctrine set forth in Firm. viii 19–30 made use of a celestial globe with barbaric and not Greek constellations : Firmicus then may have thought *sphaera barbarica* a good enough name for this doctrine, and may have stretched it to include the doctrine of Man. v, which he sets forth in 6–17, because in that doctrine also the degrees of the zodiac have a part to play. And indeed the lists of παρανατέλλοντα from Greek astrologers published by Boll sph.

---

* Seru. georg. i 218 ' Nigidius commentario sphaerae Graecanicae : *oritur enim Canicula cum Cancro, in columen uenit cum Geminis, occidit cum Tauro.*'

pp. 16–58 contain many constellations with outlandish names and shapes, though the familiar Greek constellations are mixed up with them.

That Firmicus in writing VIII 6–17 had this book of Manilius before him was observed by Scaliger ; and denial is idle. The proof lies not in the similarity or identity of the information, true or false, which they profess to impart, for in this they might be borrowing from a common authority, but in the cases where the choice vocabulary and ornamental flourishes of the poet reappear in Firmicus' prose. Man. 65 sq. ' *limina peruolitans* unumque *per omnia* uerbum | *mane salutandi* portans ', Firm. 6 2 ' *per omnium limina matutinis* semper *salutationibus peruolabunt* ' ; Man. 128 sq. ' ultima Lanigeri . . . *pars* . . . *quae totum ostendit terris* atque eruit undis ', Firm. 6 7 ' Arietis parte XXX, *quae pars totum signum supra terram* semper *ostendit* ' ; Man. 145 ' *sale mordaci* dulcis quaerentia *risus* ', Firm. 7 1 ' qui *salsi* sermonis *mordacibus* dictis *risus* hominibus concitare consueuerint ' ; Man. 220–5, Firm. 10 1–2. Some of Firmicus' statements are mere misinterpretations of Manilius' flowers of speech : Man. 105 sq., Firm. 6 4 ; Man. 113, Firm. 6 5 ; Man. 124, Firm. 6 6. Manilius however was not the sole source from which these chapters of Firmicus are drawn. The proof of this does not lie in their divergencies. Many of these may with certainty or probability be laid at the door of Firmicus' scribes : Man. 175 *Iugulae* (Firm. *eamae*), 197 *Procyon* (*argion*), 633 *Equus* (*aes* or *aces*), 39 *quattuor* (om.), 197 sq. *uicesima* . . . *septimaque* (XX), 339 *octo* (I), 365 *ter decuma* (X), 631 *uicesima prima* (XX). Some seem to be Firmicus' conjectural attempts at repairing Manilius' obvious negligences : Man. 174 (I add. Firm.), 311 (XV), 389 (*primis*), 416 (VIII). Others, more serious, are apparently deliberate alterations by Firmicus of what he found in Manilius. In Man. 449 Cepheus rises with Aquarius, but Firm. 15 4 ' in XV parte Capricorni ', which is not quite so bad. In Manilius Lyra rises with Libra at 324 and Fides with Capricorn at 409 : Firmicus omits Lyra in the one place and gives its name to Fides in the other, refusing to recognise the distinction. In Manilius the Piscis Notius rises at 394 and Delphinus, after Fides, at 416 : Firmicus omits the Piscis Notius and puts Delphinus in its place, thinking them too similar in their nature and effects to be worth discriminating. But Firmicus in addition makes mention of astronomical objects, and their astrological effects, which are not to be found in Manilius and which would cause some surprise if they were. 7 5 ' in *fissione ungulae Tauri* si fuerit horoscopus, et una hunc eundem locum beniuolae et maliuolae pariter aequata radiatione respexerint, pictorem facient, sed quem hoc studium famoso honore nobilitet. si uero sine testimonio beniuolarum stellarum hunc locum maliuolae solae minaci radiatione respexerint, gladiatores famosi nascentur, sed qui post multas palmas innumerabilesque uictorias in isto pugnarum studio minaci gladio cum magno spectantium plausu ac fauore moriantur ' : this is lore which I have learnt from no other teacher. 12 2 ' in hac parte (Librae VIII) *Styx* esse perhibetur ' * : this comes from the barbaric sphere, Teuc. Boll sph. p. 48 2 sq. (Ζυγῷ παρανα-τέλλει) Στυγὸσ ὕδωρ. There is therefore no reason to suspect that the verses of Manilius lost between 709 and 710 contained the constella-tion *Lychnus* which appears in Firm. 17 8 and seems to be also barbaric, perhaps identical with ὁ τὰ λύχνα φέρων C.C.A.G. v i p. 188 21, Boll sph. p. 42 2 sq., ὁ κυνοκέφαλοσ ὁ τὰ λύχνα φέρων VII p. 195 4 sq., Boll sph. p. 16 fin., ὁ κυνοκέφαλοσ ὅσ ἐν μὲν τῇ ἀρισ-τερᾷ αὐτοῦ χειρὶ κατέχει λύχνον, ἐν δὲ τῇ δεξιᾷ ἀνοικτήριον C.C.A.G. v i p. 157 5 sq., which is a παρανατέλλον of Aries ; and moreover the effects which Firmicus attributes to this *Lychnus* are those which Manilius attributed to Cassiope in 522–36 and which Firmicus at that place (16 3) omitted, whereas ὁ τὰ λύχνα φέρων according to Ascle-piades ἁρμόσει δᾳδουχίαισ and according to Teucer δηλοῖ κανδηλάπτασ.

Of the northern and southern constellations which he enumerated in I 315–442 Manilius in this book omits five, Deltoton, Perseus, Hydrus, Coruus, Flumina ; which is the more discreditable to him because he has again mentioned three of them, Flumina and Hydrus and Perseus, in his prooemium, uu. 14 and 16 and 22. On the other hand he adds the Iugulae, which are part of Orion, the Hyades and the Pliades † and Spica, which are parts of zodiacal signs, and a Haedus and a Fides which are phantoms.

Boll's contention at sph. pp. 266 sq. that the *Fides* of Man. v 409 is ἡ δυσώνυμοσ λύρα of Teucer ib. p. 50 19 and the λύρα of p. 20 and p. 49 33 I have refuted in my note on the verse ; but the other apparition is more of a puzzle. At 311 there rises with Libra a third *Haedus*, two having already risen, as they should, with Aries at 102. Boll sph. pp. 298 and 386 explained this interloper by reference to Teucer Babylonius ib. pp. 47 sq. τῷ Ζυγῷ παρανατέλλει . . . ἡνίοχοσ καὶ τροχὸσ καὶ τ ρ ά γ ο σ and p. 19 = C.C.A.G. VII p. 204 (where ὁ τράγοσ τῆσ δωδεκαώρου is among the παρανατέλλοντα of

---

* What follows should be corrected thus : ' inde (id est *codd.*) alteram (*Traube*, terram *codd.*) Stygem esse nulla dubitatio est, ⟨quae de caelo lapsa terrenorum corporum sustentationibus applicatur⟩. caelestia numina (*Boll*, num in *codd.*), exemplum timentes (*al.* -is : *ne timentia requiras uide e.g. Luc. VIII 474 sq.*), animo perhorrescunt [quae . . . applicatur].

† The Hyades and Pliades are mentioned in the spurious verses I 371 sq.

Libra), and to the marbles of Bianchini and Daressy (sph. taf. v and vi) where an inner circle (the δωδεκάωροσ) shows a goat in the place which corresponds to the place of Libra in the circle of the zodiac ; and this τράγοσ again accompanies Libra in C.C.A.G. viii iv p. 198 15–7 (ἀσελγὲσ ἀπὸ μέρουσ) Ζυγὸσ διὰ τὸν τράγον τὸν παρανατέλλοντα. The δωδεκάωροσ is a circle composed of the figures of twelve animals native to Egypt, not constellations, but apparently symbolising divisions of time, perhaps the stages of the lunar month : Teucer however is pleased to treat them as παρανατέλλοντα of the zodiacal signs.

To Boll's identification of *Haedus* with this τράγοσ, accepted, like everything else of Boll's, with shut eyes and open mouth by editors of Manilius who cast all their care upon him, there are obvious objections. First, the figure is named τράγοσ and not ἔριφοσ,* and the name is more frequent than the figure. Second, its effects answer to its name : they are not the busy alertness and sprightliness described by Manilius, but ἀσέλγεια and πολυγονία (C.C.A.G. vii p. 205 1 sq., viii iv p. 198 15–7). Third, the supposed blunder is extraordinary even in a poet and even in this poet. No other figure of the δωδεκάωροσ has wandered into his pages, and there is no other indication that he had ever so much as set eyes on this Nilotic menagerie ; and, if he had, why was he deluded by this figure only of the twelve ? It will not do to say with Boll p. 387 that it was because the τράγοσ was 'fast ganz gleichnamig' with a Greek constellation ; for other of the figures were absolutely synonymous, κύων, ὄφισ, λέων, ταῦροσ.

But to account for this *Haedus* otherwise is no less difficult. It will apparently be necessary to postulate two errors, neither probable. First we must suppose that he misunderstood the occasional use of *Haedus* and Ἔριφοσ instead of the plural (Hor. carm. iii 1 28 *orientis Haedi*, Prop. ii 26 56 *purus et Haedus erit*, Ouid. art. i 410 *mergitur Haedus*, Lyd. ostent. Wachsm. ed. 2 p. 135 i ὁ Ἔριφος ἀνίσχει, sphaer. Empedocl. 23 Ἔριφοσ, C.G.L. iii p. 293 31 Ἔριφοσ *Haedus*) and imagined that it was a separate star, perhaps further confused by coming across the term ὁ ἑπόμενοσ (the second of the two, e.g. Ptol. synt. vii 5, ed. Heib. vol. i ii p. 66 12 sq.) and failing to grasp its meaning. Then, to explain why he should connect Libra with this imaginary object, I can make no better suggestion than that he was vaguely conscious of the irrelevant fact that the evening rising of Haedi or Haedus took place when the sun was

---

* If Manilius did mistake a goat for a kid, the object in question might be Uza (the Goat), the Babylonian name for Lyra (Pauly-Wissowa xiii pp. 2490 sq.), which according to some, Manilius among them, rises with Libra.

in that zodiacal sign (Colum. xi 2 73, Lyd. ostent. Wachsm. ed. 2 pp. 147, 149, 184, 291, 297).

In verse 28 we are promised an account of the effects produced by the northern and southern constellations not only at their rising but also ' cum merguntur in undas ', that is, as Firmicus says viii 6 10, ' in occasu geniturae,' ἀντικαταδύνοντα. This promise, if performed at all, can hardly have been performed in this book. Considering the length of the other books, we cannot assume that more than some 200 verses of this have been lost in the gap after 709 ; and these would not afford room for the missing matter. Scaliger supposed that it was treated in a sixth book, and that Firmicus derived from this source those sentences of his exposition which deal with the setting of the constellations. The second of these opinions is rightly rejected by Boll in sph. pp. 401–4. The effects of ἀντικατάδυσισ in Firmicus, chiefly and almost wholly confined to the manner of death, are meagre and perfunctory inventions, conceived in his own dull verbiage, and not conveyed from the lively and pictorial pages of a Manilius. But Boll's argument at sph. p. 388, that because Firmicus shows no knowledge of a sixth book of Manilius therefore Manilius wrote none, would prove that Manilius wrote no first or second or third or fourth book.

In 710–745 we come suddenly and unexpectedly upon a truncated piece of information which was never promised us and which has no proper relation to the theme of the book : a classification of the fixed stars in six orders of magnitude. This is not astrology but descriptive astronomy, and would have found an appropriate place in book i. And we have no true certainty that these verses are in fact a portion of book v and not of some later book. The mss do not so inform us, for GLM have no *subscriptio* at the end ; and the dimensions of the gap after 709 are undiscoverable. But the last 65 lines of book iii have little more business in that place than these have here : both passages are terminal ornament, and this passage is undeniably ornamental.

NOTAE CODICVM SECVNDARIORVM

Bentlei α : uide p. xvii

,,   δ :   ,,

Bodl. :   ,,

Caesen. :   ,,

coll. corp. Chr. Oxon. : numero 66 (Ellisii noct. Man. p. xi)

Cus. : Cusanus Bruxellensis 10699 (I p. ix)

Flor. : uide p. xvii

H : Holkhamicus 331 (I p. 86)

Monac. : Monacensis 15743 apud Bechertum

Pal. : Palatinus (1711 ?) apud F. Iunium, Scal. ed. 1590

Par. : Parisinus (8022 ?) apud Stoeberum

R : Vrbinas 668 Vaticanus 802 (I p. x)

U : Vrbinas 667 Vaticanus 803 (I p. x)

V : Vossianus 390 Leidensis 3 (I p. viii) eiusue pars posterior

v : eiusdem pars prior

Ven. : Veneti nunc amissi collatio Gronouiana (I p. 85)

Voss. 1 : Vossianus 237 Leidensis 18 (I p. ix)

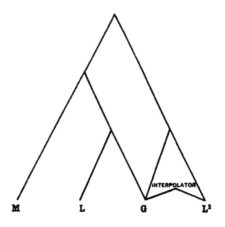

INTERPOLATOR

M   L   G   L²

G   Gemblacensis, Bruxellensis 10012, saec. XI

L   Lipsiensis 1465, saec. XI

L²   eiusdem corrector non multo minus antiquus

M   Matritensis M 31, scriptus circa an. 1417

*   editoris coniecturae, partim anno 1900 prolatae in Journal of Philology uol. XXVII pp. 162–165

M. MANILII

ASTRONOMICON

LIBER QVINTVS

Hic alius finisset iter signisque relatis
quis aduersa meant stellarum numina quinque
quadriiugis et Phoebus equis et Delia bigis
non ultra struxisset opus, caeloque rediret
5 ac per descensum medios percurreret ignes
Saturni, Iouis et Martis Solisque, sub illis
post Venerem et Maia natum te, Luna, uagantem.
me properare *etiam* mundus iubet omnia circum

1–29 prooemium. absoluta duodecim signorum relatione, antequam ad
planetas pergat, de sideribus ab utraque zodiaci parte positis se tractaturum
dicit, eaque quid ortu et occasu efficiant expositurum ; quibus promissis aut
non stetit aut perierunt de occasibus tradita. praeterea ex eis quae I 315–442
enumerauit sideribus desiderantur Deltoton et Coruus et quae iterum hoc
exordio commemorat Perseus Hydrus Flumina, accedunt autem Iugulae et
in ipso zodiaco positae stellae Hyades Pliades Spica et nomina potius quam
sidera Haedus tertius ac Fides   **1** finisset **GL²**, finis sed **LM**   relatis **LM**,
relictis **G**   **4** struxisset **GM**, strinxisset **L** cod. Venetus   **5** percurreret **M**,
decurreret **GL** uel ex *descensum* uel ex uersu 9   **6 et 7** si, ut I 807 sq., nec
numeris nec oratione commendabiles sunt, hoc est quod tali condicione expectari
iusserat poeta III 31–9. certe non sine sententiae detrimento Bentleius
5–7 deleuit ; quod uero Breiterus unum ex tribus **5** retinuit, is solus per se uix
sufficit. interpunxerunt edd. uett., quam distinctionem Scaliger ed. 2 in deterius
mutauit alterius loci immemor   **8 etiam *,** uiam libri : contraria mutatione
Petr. 2 **5** *et ideo* pro *uideo* codd. plerique item praecedente *e* ; Ouid. her. VII 55
etiam in *uiam* mutauit Bentleius collato met. XIII 418. non properat uiam
qui, cum planetis percursis ad terram redire possit, omnia sidera circum-
uectari mauult et toto caelo decurrere : properare id facere dici potest, urgente
proximo officio de planetis docendi. sic autem facilius quam *et* uersui 9 in-
culcando tollitur asyndeton quod non ferenti Bentleio cum plerisque adstipulor
    iubet Voss. 1 aliique, libet **GLM** ut IV 578.   *iubet* inuitante rerum splendore
et materiae ubertate : ita 12 *uocat*   circum **GL,** circa **M,** quam praepositionem

A

sidera uectatum toto decurrere caelo,
10   cum semel aetherios aussus conscendere currus
summum contigerim sua per fastigia culmen.
hinc uocat Orion, magni pars maxima caeli,
et ratis heroum, quae nunc quoque nauigat astris,
Fluminaque errantis late sinuantia flexus
15   et biferum Cetus squamis atque ore tremendo
Hesperidumque uigil custos et diuitis auri

significatione alterius propria, de orbe rerum lustrando, aliquotiens Liuius, ut
XXVI 13 1 *circa domos eorum ituros se*, et post eum alii posuerunt, Manilius
et poetae non item. qui quod numquam praeterea *circum* praepositionem
usurpauit, nisi forte V 558, *circa* autem ter, similiter Martialis quater
circa, semel I 76 13 *circum pulpita nostra* dixit, propter sonum ut suspicantur,
qui etiam in *omnia circa sidera* non nullos offensurus erat   **9 uectatum**
Regiomontanus, **uectantur** libri, *uectantem* Breiterus, quod longius a codicibus
recedere non intellegebat   **10** imitatur Lucretii locum nunc mutilatum
VI 46 sq. *quae restant percipe porro,* | *quandoquidem semel insignem
conscendere currum*   **aussus ***, iussus libri, ut Sen. Med. 475 *iussas*,
ubi Heinsius *ausas* restituit; Lucr. VI 473 *augendas* O, *iugendas* Q, Ouid. art.
I 373 *iure* R pro *aure*, Man. III 385 *quinto* libri pro *quanto* et V 732 *delibia* et
deliba pro *delabsa*, ib. 336 *iuris* M pro *auris*. Mar. Vict. G.L.K. VI p. 8 *antiqui
. . . ausus . . . per duo s scribebant, aussus* : uide etiam ad IV 890 adnotata.
nullius se iussu sed dante animum Caesare mundoque ipso fauente opus aggres-
sum dicit I 7–12, II 136 sq. cupere carmina ad caelum ferre ; nam longe aliud
est quod IV 437 sibi *ad iussa loquendum* esse ait, hoc est ipsa sacrae artis tra-
denda praecepta neque liberum ingenio cursum permittendum. contra
maiora se uiribus ausum fatetur III 1   **11 fastigia LM, uestigia G**. *sua per
fastigia*, accliuia quibus rite aditur emensus : uide ad III 325   **12 hinc GL,
huic M**. *hinc*, ab australi zodiaci parte, 19 *illinc*, a septentrionali   **12 13
magni . . . heroum** om. **GL**. paene suspiceris scriptum fuisse *heroon* et uerba
ob homoeoteleuton excidisse ; sed Graeca talium genetiuorum forma apud
poetas rarissima est, habeturque Latina *cercopum* IV 668   *pars maxima
caeli*, maxima ex eis caeli partibus quae signa appellantur : Luc. VIII 465
diuidui pars maxima Nili | *in uada decurrit Pelusia septimus amnis*. quamquam
Ampelius 3 2 *Orion, qui magnitudine sua dimidiam caeli obtinet partem* ; cuius
ineptias superat ab Iacobo progr. Lubec. an. 1832 p. 5 adlata Manilii imitatio
anth. Lat. Ries. 723 1 *Luna, decus mundi, magni pars maxima caeli*   **13 heroum**
Vrb. 667, **heorum M**   **quae LM, qui G** ob omissa uerba interpolatus
   14 *Flumina*, ' et Eridanus et effusiones Aquarii ' Fayus : uide I 439–42
   15 cetus (sed etiam *biferus*) Regiomontanus, **cecum M, caecum GL**, *cetum*
cod. Flor., qua nominis forma nemo poetarum usus est, ne quinto quidem
saeculo Auienus ; de genere dixi ad I 435, de biferi uoce ad IV 230 *bifero Centauri
corpore*, ubi hunc uersum explicaui. ceterum haud scio an recte Iacobus
progr. Lubec. an. 1836 p. 3 (etsi postea aliter iudicauit) sic uerba coniunxerit,
biferum squamis atque ore, cuiusmodi esse uidetur Verg. Aen. I 655 *duplicem
gemmis auroque coronam*   **ore GM, ora L**   **tremendo GLM, tremendum**
cod. Venetus   **16** ' nota, Nostrum de australi serpente hoc dicere, quod

et Canis in totum portans incendia mundum
araque diuorum, cui uotum soluit Olympus ;
illinc per geminas Anguis qui labitur Arctos
20 Heniochusque memor currus plaustrique Bootes
atque Ariadnaeae caelestia dona coronae
uictor et inuisae Perseus cum falce Medusae
Andromedanque necans genitor cum coniuge Cepheus,
quaque uolat stellatus Equus celerique Sagittae

reliqui mythologi de boreali dicunt ' Bentleius.   ex duobus unum fecisse
uidetur Statius Theb. v 529 sq.   **auri GL, detauri M**   18 *ara diuorum*,
ut 13 *ratis heroum*, recto et simplici iudicio coniunxerunt edd. uett., *diuorum
uotum* Iacobus, quasi non idem et nuncuparint uotum et soluerint ; quod
restabat, id sibi Wageningenus faciendum duxit, ut genetiuum ad *Olympus*
referret, quemadmodum dicitur Lugdunum Batauorum   **20** *memor currus*
' roulant encore son char ' Pingraeus.   uterque antiquas artes etiam in caelo
exercet, 68–72, I 314–7   **21** *dona*, uide ad 254 sq.   **23 necans** cod. Venetus,
negans GLM, idem error Ouid. amor. II 14 15, her. x 115, fast. IV 648, pan.
Mess. 168, contrarius Man. v 380 in **LM**.   illud non omnino certum est, sed
necare, quantum in se sit, dici posse uidetur qui τὴν αὐτοῦ θυγατέρα δοκεῖ
παραθεῖναι τῷ κήτει βοράν : uide 540 sq. *hanc quondam poenae dirorum culpa
parentum* | *prodidit*, Eur. frag. 120 Nauck. (schol. Ar. Thesm. 1022) ἀνοικτοσ
δσ τεκὼν σὲ τὴν πολυπονωτάτην βροτῶν μεθῆκεν Ἅιδᾳ πάτρασ ὑπερθανεῖν, Non.
p. 400 *stupidus, stultus et inicus : Varro* περὶ ἐξαγωγῆσ ' *Andromeda uincta
et proposita ceto non debuit patri suo, homini stupidissimo, in os spuere uitam ?* ' :
adde Hor. serm. II 3 292–4 *casus medicusue leuarit* | *aegrum ex praecipiti, mater
delira necabit* (*negabit* E) | *in gelida fixum ripa febremque reducet* et Man. v
188, ubi uenatores feras non modo ferro sed canibus necare dicuntur.   *negans*
Scaliger sine ulla iuris specie *abdicans* interpretatur, nec uerecundius Ed.
Muellerus philol. an. 1903 p. 85 *sponsam Perseo denegans*, neque enim aut
ἀστροθεσία eiusmodi est aut omitti potuit datiuus.   Wageningenus centonarius
hic Scaligeri sententiam, ad 616 Muelleri suam facit.   ceterum ne quis forte
Cepheus (*cetpeus* L) in *Ceto* mutari uelit, Cephea filiam Pistrici negantem ab
Arato induci opinatus 630 sq. ἀντία δ' αὐτὸσ|Κηφεὺσ ἐκ βορέω μεγάλῃ ἀνὰ χειρὶ
κελεύει, ea uerba recte enarrant scholiastes ἐκτείνει τὴν χεῖρα ὥσπερ παρακελευόμενοσ
τῇ παιδὶ ἐκκλίνειν τὸ κῆτοσ et Auienus Arat. 1162 *saeuam pelagi monet
adfore pestem*, et *Cepheus* tuetur Germ. phaen. 184 *cum coniuge Cepheus*
    24 quaque, eaque pars caeli qua.   uide Prop. III 22 1–4 *placuit tibi Cyzicus . . .
et . . . Cybebe* | *raptorisque tulit qua uia Ditis equos*, Culic. 13–6 *siue educat
illum* | *Arna . . . seu decus Asteriae seu qua Parnasia rupes . . . praepandit
cornua*, Ouid. amor. II 13 8–10 *Memphin palmiferamque Pharon* | *quaque
celer Nilus . . . in maris exit aquas*, 16 23–6 *non quae uirgineo portenta sub
inguine latrant* | *nec timeam uestros, curua Malea, sinus,* | *non qua* (ita P)
submersis ratibus saturata Charybdis | *fundit . . . aquas* (ubi subito experrecti
editores ad emendationem decurrunt), fast. IV 471–3 *liquerat Ortygien Megareaque
Pantagienque* | *quaque Symaetheas accipit aequor aquas* | *antraque Cyclopum,*
477 sq. *Camerinan adit Thapsonque et Heloria tempe* | *quaque patet Zephyro
semper apertus Eryx*, ex Pont. II 10 25 sq. *Hennaeosque lacus et olentis stagna*

4   M. MANILII

25 Delphinus certans et Iuppiter alite tectus,
    ceteraque in toto passim labentia caelo.
    quae mihi per proprias uires sunt cuncta canenda,
    quid ualeant ortu, quid cum merguntur in undas,
    et quota de bis sex astris pars quaeque reducat.
30 [ab stellis proprias uires et tempora rerum

Palici | *quaque suis Cyanen miscet Anapus aquis,* Stat. silu. I 3 44–6 (dicam)
balnea et . . . ignem | *quaque . . . amnis* | *ridet . . . nymphas* (ubi *qui* et *quas*
coniciunt, Vollmerus autem aliena confert), II 6 67 sq. *Cretaque Cyreneque
et qua tibi cumque beato* | *larga redit Fortuna sinu,* Tac. hist. III 42 *occupantur
plana Vmbriae et qua Picenus ager Hadria alluitur,* ann. III 1 3 *complentur . . .
moenia ac tecta quaque longissime prospectari poterat* ; adde quae ad Luc. I 405
et VI 355 collegi. *quique* Fayus, quae coniectura ab Hauptio opusc. II p. 344
iterata uulgo recipitur. ceterum uolandi uerbum etiam ad *Delphinus* (uolare
enim imitantia illum membra 442–5 atque adeo I 319 Corona dicitur) et ad
Iuppiter pertinere puto ; nam haec quattuor sidera, Equus Sagitta Delphinus
Cycnus, in eadem caeli parte collocata sunt   *stellatus,* ἠστερωμένοσ, stellis
ornatus, nisi fallor, quarum quinque claras praedicat Aratus 206–13. ita
etiam I 679, contra V 131 κατηστερισμένοσ, inter sidera relatus ; de I 341
incertum   **25** *certans* celeritate : recte Pingraeus, quam interpretationem
Wageningenus cum Fayi errore in unum confudit.   Plin. n.h. IX 20 *delphinus
ocior uolucre, acrior telo,* Ael. n.a. XII 12 τὸ σῶμα ὡσ βέλοσ ἀφιᾶσιν   *Iuppiter
alite tectus,* Cycnus Ledaeus Ioui indutus, uide I 337–41, V 381 *ipse deum
Cycnus condit,* Germ. phaen. 277 *furta Iouis falsa uolucer sub imagine texit,*
qui proprie *Ales* uocatur Cic. Arat. 46 et pluribus locis in thes. ling. Lat. I
p. 1528 26–31 relatis (etiam *Auis,* quamquam in thes. II p. 1441 51 erratum
est de Ouid. fast. II 266, ubi *auis* appellatiuum est Coruumque significat),
'Ορνισ ubique apud Aratum, uelut 691 'Ορνισ τ' Αἰητόσ τε. hoc cum recte
cepisset Pingraeus, Bonincontrii errorem Aquilam intellegentis sequi maluit
Bollius sphaer. p. 115 eique emancipati Manilii editores Breiterus et Wageningenus   **28** *merguntur.* significatur ἀντικατάδυσισ τῇ ὡροσκοπούσῃ μοίρᾳ τοῦ
ζῳδιακοῦ siderum *occasui geniturae* (Firm. VIII 6 10 et passim) a dextra uel
laeua collocatorum, quae res interdum minus proprio uocabulo συγκατάδυσισ
appellatur, ut Hipparch. II 1 1   **29** quoto cum gradu zodiaci quodque
signum oriatur ; quos numeros interdum ponere oblitus est, uelut quater
in Capricorno.   Hipp. II 4 1 περὶ ἑκάστου τῶν ἀπλανῶν ἄστρων . . . τίνι . . .
τῶν δώδεκα ζῳδίων συνανατέλλει . . . καὶ ἀπὸ πόστησ μοίρασ τοῦ ζῳδίου
ἀρξάμενον . . . ἀνατέλλει   quota de Bentleius, quodade L, quod ade M, quod de
GL², quota e cod. Venetus   pars Turnebus adu. XXIII c. 27 (*quid de bis sex . . .
pars quaeque*), par libri   quaeque Fayus (ut alio casu numero genere iam
Turnebus), quemque GLM cod. Venetus, quodque cod. Flor. : de plurali uide
II 745, III 564. masculinum non tuentur II 664–7 *simplicibus signis stat
forma quadrata ;* | *nam neque Taurus habet comitem . . . nec metuit . . .
quemquam* | *Scorpius*   **30 31** uersus nec oratione nec sententia huic
loco accommodatos Scaliger ed. 1 una uoce nouata (scripsit enim *has stellis*)
post 709 traiecerat, ut huius partis carminis epilogus esset. ei uero ne sic
quidem recte habent, quae enim 32–709 enumerantur sidera paucis exceptis
signa sunt, non stellae, quamuis ita appellentur a Firmico VIII 5 3 ; neque

constituit magni quondam fabricator Olympi.]
uir gregis et ponti uictor, cui parte relicta
nomen onusque dedit nec pelle inmunis ab ipsa,
Colchidis et magicas artes qui uisere Iolcon
35 Medeae iussit mouitque uenena per orbem,
nunc quoque uicinam puppi, ceu nauiget, Argo

ulli huius libri loco congruunt *tempora rerum,* id est κατάρχαί. deleuit eos
Bentleius. sunt uero Maniliani, huc peregrinam in sedem delati ob eam
causam quam ad II 232 et 330 significaui, cum et in 27 et in 30 haberetur
proprias uires. sic Germ. phaen. 387–393 pars codicum post 285 collocauit
propter duplicem Aquarii mentionem, Lucr. VI 102–107 loco non suo positi
sunt ob bis scriptum *denso . . . nubes,* uersibus 100 et 102. sed hi duo 30 31
ubi initio scripti sint et quomodo inde exciderint nunc ad III 155 disserui
  32–709 paraphrasi uertit Firmicus VIII 6–17   **32–139** cum Ariete orientia
sidera, Argo Orion Heniochus Haedi Hyades Capella   **32–56** cum quarta
Arietis parte oritur Argo ; quod nulla cum parte eius ullo climate ullo post
hominum memoriam saeculo fecit. cum Virgine eam Aratus 604, cum Leonis
parte sexta Hipparchus III 1 14 oriri dicit. sed aliorum auctorum dissensionem
posthac omittam, consensum etiam in erroribus adnotabo   **32 33** IV 744–8
Laniger . . . adserit in uires pontum quem uicerat ipse, | *uirgine delapsa cum
fratrem ad litora uexit* | *et minui defleuit onus dorsumque leuari,* II 34   *parte*
sui *relicta,* amisso cornu, quod Helle sinistra tenuisse dicitur Ouid. fast. III 869 ;
nec pelle inmunis ab ipsa, tergore quoque spoliatus, quod II 532 significatum
est. Erat. catast. 19 οὗτοσ ὁ Φρίξον διακομίσασ καὶ ῞Ελλην· . . . διακομίζων δὲ
αὐτοὺσ κατὰ τὸ στενόρατον τοῦ πελάγουσ τοῦ ἀπ' ἐκείνησ κληθέντοσ ῾Ελλησπόντου
ἔρριψεν αὐτὴν καὶ τὸ κέρασ ἀπολέσασ . . . τὸν δὲ Φρίξον εἰσ τὸν Εὔξεινον πόντον
σωθέντα πρὸσ Αἰήτην διεκόμισεν, ᾧ καὶ ἐκὸὺσ ἔδωκε τὴν χρυσῆν δοράν. uulgo
parte relicta ad *onus* referunt, quod fieri non patitur interiectum *nomen,*
et Hellen significari uolunt, cum tamen eius quod parte relicta datur alicui
ea relicta pars est quae non datur, ut Phrixus potius intellegendus fuerit
  32 ponti uictor LM, uictor ponti G   **relicta** GL, dicta M sed postea corr.
  33 onus L²M, honus L, honos G   **34 uisere** M, uestre L, uertere GL², quam
coniecturam posthabui Bentleianae   iolchon Turnebus adu. XXVIII c. 15,
colcon L, **colchon** L²M, **cholchon** G.   prope sollemnis error redit Hor. epod.
5 21, Prop. II 1 54, Ouid. met. VII 158, Sen. Med. 457   **35 medeae** Bentleius,
medeam (mediam M) libri propter *iussit*   **36 uicinam** Arieti Argonem esse
adeo non uerum est ut quarta fere caeli parte distent, quod uel ex I 216 sq.
intellegi potuit ; sed poeta cum hunc quintum librum conscriberet nec caelum
suspicere dignatus est nec sphaeram saltem adhibere   **puppi***, **puppim**
libri, ut L etiam 41, quod uocabulum si nauem significat abundat : debet eo
ostendi, cuius frequens in hoc sidere oriente mentio est, πρύμνα nauigii ἡμιτόμου
et auersi surgentis, qua duci dicitur. Arat. 342–4 ἕλκεται 'Αργὼ | πρυμνόθεν·
οὐ γὰρ τῇ γε κατὰ χρέοσ εἰσὶ κέλευθοι | ἀλλ' ὄπιθεν φέρεται, schol. φέρεται
γὰρ ὡσ ἐπὶ πρύμναν, Cic. 126 sq. *prolabitur Argo* | *conuersam prae se portans
cum lumine puppim,* Germ. 346 *puppe etenim trahitur,* Auien. 765 *sic Argo
rutilans* (ita scribo, *rutilam* libri, uide 1100 *Orion rutilans ardentia cingula* et
Arat. 349 sq.) *tantum inter sidera puppim* | *ducitur.* Manilius *igni* atque etiam
parti ablatiuum habet, *puppe* non habet   **ceu** Flor. et Bodl., **celi** M, **caeli**

a dextri lateris ducit regione per astra.

sed tum prima suos puppis consurgit in ignis

quattuor in partis cum Corniger extulit ora.

40 illa quisquis erit terris oriente creatus

rector erit puppis clauoque immobilis haerens

mutabit pelago terras uentisque sequetur

fortunam totumque uolet transnare profundum

classibus atque alios menses altumque uidere

GL, om. cod. Venetus, qui nauigat praebet   argo GL, arco M   37 a LM,
ac G, item L² sed rursus corr.   dextri lateris. immo sinistri, ut uersu 57
Orion ; utrumque enim sidus Aries in occidentem means a laeua atque australi
parte habet.   schol. Arat. 69 ἡμῶν γὰρ ἱσταμένων πρὸσ τὴν τοῦ παντὸσ κίνησιν
τὰ δεξιὰ μέρη ἐστὶ τὰ βόρεια, τὰ δὲ ἀριστερὰ τὰ νότια.   qua ratione cum
haec tria uerba, dexter sinister laeuus, per totum hunc librum usurpentur,
uersibus 57, 105, 131, 174, 505, 539, 647, 656, frustra Huetius ad 57 dextrum
Argonis latus hic significari contendit, satis refutatus ipso illo simillimo uersu
decuma lateris surgens de parte sinistri, Arietis uidelicet.   iterum aberratum
est uersu 486, et tam aperte ut Huetio tacendum fuerit   ducit Scaliger,
ducat libri propter nauiget ; ductat Immischius apud Bechertum, qua coniectura Breiterum et Wageningenum ductauit, imperitos homines quique nec
ducem sui dissimilem sequi uellent nec ipsi quaerere quot qualesque poetae
ductandi uerbo usi essent   38 tum Bentleius distinctione mutata, cum
libri, quod praeter Pingraeum omnes retinent ; cui enim inlitterato haec non
placeat oratio, cum puppis consurgit, cum Corniger extulit ora, quisquis
illa oriente creatus erit etc. ? quamquam Iacobum quidem suppuduisse
ex eius interpunctione colligo   prima puppis, prima eius pars, τὸ βόρειον
καὶ ἡγούμενον πηδάλιον, Ptol. synt. viii 1 (Heib. uol. i ii p. 152)   in ignis G,
in ignes L, unguis M   suos in ignis, ita ut stellarum lumen ostendat : uide
ad i 341 adnotata   39 ora GL², hora M, horas L   40–56 facit Argo nauium
rectores et mercatores.   Teucer Boll. sphaer. p. 45 ἡ Ἀργὼ ναύτασ, ναυαγούσ
     40 illa Bentleius, illis libri propter terris   quisquis erit L²M, quisque erit
L, quisque erit in G interpolate   terris creatus recte coniunxit Fayus : uide
491 et ii 642   41 rector GL², pector potius M (ita certe Vrb. 668), pectus L,
uectus cod. Venetus   puppis GL², puppi M cod. Venetus, puppim L
     42 mutabit GL², mutauit LM   uentis sequetur fortunam, uide iii 151 et
ad iv 402 adnotata   43 totum GL, nitum uel intum M, hoc est tutum, quod
habet Vrb. 668   transnare M cod. Venetus, trans mare GL, tranare L²
     44 classibus GL, clauibus M   altum*, alium libri propter alios, quamquam
et passim haec confusa sunt et iv 308. Val. Fl. iii 501 Phasidis alti, Theocr.
xiii 24 βαθὺν δ᾽ εἰσέδραμε Φᾶσιν. alios menses recte interpretatus est Turnebus adu. xxviii c. 15 ' regionis diuersam temperiem diuersumque caelum
. . . nam qui menses aestuosi sunt in Thessalia alii sunt in Colchide, nec ita
feruent sed leuiter tantum tepescunt ', quamquam magis ad rem pertinere
puto quod in Colchide hiemps et longior et frigidior est : idem sonat, quod
Bentleius attulit, Val. Fl. vi 323–5 tu, qui faciles hominumque putasti | has,
Argiue, domos, alium hic miser aspicis annum | altricemque niuem féstinaque

45 Phasin et in cautes Tiphyn superare trementem.

tolle sitos ortus hominum sub sidere tali,

sustuleris bellum Troiae classemque solutam

sanguine et adpulsam terris ; non inuehet undis

Persida nec pelagus Xerxes facietque tegetque ;

taedia uitae ; adde Luc. IX 872 *Europamque alios* (atque Libye) *soles Asiamque uidentem.* admodum inconsiderate ipse Bentleius *alios Minyas*, quasi Argonautae, ut Phasin, ita Minyas uiderint atque adierint, non ipsi fuerint Minyae. sed illud sane Bentleius sensit, quod non sensit qui eum ad Prop. I 1 12 reprehendit Lachmannus, haec duo, *alios menses* et *alium Phasin*, non coire, cum menses alii dicantur quam quos hic homo domi nouit, Phasis autem alius quam quem uiderunt Argonautae. neque intellegitur cur alium nescioquem ac non eundem Phasin uisurus sit ; is enim extremus maris ab oriente terminus habebatur, sicut ab occidente columnae Herculis, Strab. p. 497 τὸ παροιμιακῶσ λεχθὲν . . . εἰσ Φᾶσιν ἔνθα ναυσὶν ἔσχατοσ δρόμοσ, Apoll. Rhod. II 1261 Φᾶσίν τ᾽ εὐρὺ ῥέοντα καὶ ἔσχατα πείρατα πόντου, Plat. Phaed. p. 109B μέχρι Ἡρακλείων στηλῶν ἀπὸ Φάσιδοσ ; adde Prop. III 22 7-12 *tu licet aspicias caelum omne Atlanta gerentem . . . tuque tuo Colchum propellas remige Phasin | Peliacaeque trabis totum iter ipse legas*   45 *cautes* Cyaneas   **trementem** LM, triremem G (scilicet scriptum uisumue fuerat *trememem*), tumentem cod. Venetus. tremuisse non solum ceteros sed ipsum Tiphyn credibile est, scripsitque Seneca Med. 346 *palluit audax Tiphys*, Sidonius carm. XI 5 *dum fugit, et fixit trepidus Symplegada Tiphys* ; sed huius structurae, *tremere in cautes* (ita enim accipiunt, etsi paulo minus mirum esset *superare Tiphyn in cautes*), nihil simile aut interpretes, hebetes grammatici, aut Iacobus p. 210 attulit, neque ipse quod propius accedat inueni quam Tac. ann. IV 74 5 *anxii erga Seianum.* sed huic loco non tam timoris mentio quam audaciae conuenit, ut scribendum existimem aut, quod Ellisius noct. Man. p. 160 proposuit, *tenentem* (nam ea permutatio etiam alibi facta est, uelut Verg. Aen. VIII 350 et Luc. VI 237) aut, quo uerbo Valerius in hac historia usus est IV 676, *ruentem*, quod cum in *mentem* abiisset metri causa correctum sit sicut Mart. XII 61 5 *in tauros Libyci ruunt* (αγ, fremunt β) *leones*   46 *sitos* *, *istos* libri, quod non scripsisse poetam ostendit adiectum *sub sidere tali.* *sita* in *ista* mutatum est Sidon. ep. VIII 6 9, *si te* in *iste* Mart. XIV 147 2, contra *is* in *si* Vell. II 40 4   *ortus* G, portus L, portur M, partus cod. Flor. : uide ad II 239 et IV 206   47 *solutam* GL², solutum LM. *solutam* Iphigeniae *sanguine, adpulsam* Protesilai. sed hoc solus mortalium, opinor, Wageningenus non intellexit   48 *undis* G, indis L, idem attendenti indicat M, in quo est nonnue heundis   49 *persida* I. Vossius ad Catull. 66 45, per sidera LM, sidera GL², perses cod. Venetus. contulit Bentleius IV 661 *Libyam Latias infudit in urbes*   **xerxes** Regiomontanus, **xerxen** GL², **xerxenus** LM   *pelagus faciet* Athone perfosso, Catull. 66 45 *Medi peperere (propere* codd.) *nouum mare. pelagus teget* ' classibus scilicet' Scaliger, III 20 *magna pontum sub classe latentem*, quo sensu Seneca Ag. 40 sq. *rates . . . uelis maria texerunt suis*, Oct. 42 *classibus texit freta*, anth. Lat. Ries. 462 7 *classis contexerat aequor* : uulgo de Hellesponto contabulato interpretantur, idque uoluisse uidetur Triarius Sen. suas. 2 3 *montes perforat, maria contegit*, quam tamen comparationem Manilius aliter

50 uersa Syracusis Salamis non merget Athenas
    Punica nec toto fluitabunt aequore rostra
    Actiacosque sinus inter suspensus utrimque
    orbis et in ponto caeli fortuna natabit.
    his ducibus caeco ducuntur in aequore classes
55 et coit ipsa sibi tellus totusque per usus
    diuersos rerum uentis arcessitur orbis.

effert III 21 *inmissumque fretum terris, iter aequoris undis*   **50 uersa** Iacobus
p. xix, **uera GL**, **ut ra M**, **ulta P**. Thomasius lucubr. Man. p. 8   **salamis**
L²M, **solamis GL**   *uersa Syracusis Salamis*, conuersio uictoriae Salaminiae
in portu Syracusarum facta : nec Persas nauali proelio uincent Athenienses
nec uicissim a Syracusanis uincentur. hic locus doctos et prudentes uiros
Scaligerum, Gronouium obs. I c. 3, Huetium, Bentleium, Pingraeum II pp. 325–7
multum frustraque exercuit, quibus fraudi fuit non intellectus Lucani uersus
III 183 *tresque petunt ueram credi Salamina carinae.* eum primus explicauit Palmerius in sua pro Lucano apologia, apud Oudendorpium p. 939 :
paucis nauibus Atticis ad Pompeium missis aegre creditum esse Athenienses
re uera uictoriam a Xerxe reportasse ; quam metonymiam illustrauit collato
loco Maniliani simillimo Flor. I 24 13 *ne sibi placeant Athenae, . . . Epheso*
Salamina pensauimus. breuiter a Manilio conclusam sententiam fuse exposuit
Silius XIV 282–6 *Salaminiacis quantam Eoisque tropaeis | ingenio portus urbs*
inuia fecerit umbram, | spectatum proauis : ter centum ante ora triremes | unum
naufragium, mersasque impune profundo | clade pharetrigeri subnixas regis
Athenas, qui etiam ob oculos habuit Cic. II Verr. v 98   **51 rostra GL²M,**
rostro L, *transtra* uel *aplustra* Bentleius, qui si ab eiusmodi ludibriis mentem
inhibere potuisset, multo minorem grauissimarum mendarum numerum
intactum transmisisset. nam cum rostra aerata fluitare negat, sibi ipse auctor
est, quae ne si aerea quidem essent necessario mergerentur, siquidem *aes ac*
plumbum . . . dilatatum fluitare obseruauit Plinius n.h. II 233, nos autem
immensa ferri pondera natare uidimus. Silius XIV 542 sq. *scuta uirum cristae-*
que et inerti spicula ferro | tutelaeque deum fluitant, 549 *pelago repetuntur*
nantia tela, XVII 278–81 *natat aequore toto | arma inter galeasque uirum*
cristasque rubentis | florentis Capuae gaza . . . tripodes mensaeque deorum,
Stat. Theb. IX 261 sq. *spicula . . . unda uehit,* 303 *tela natantia,* Luc. X 497
tela natant. uocabulum unum omnium aptissimum poeta elegit ob Duilium,
cui transtratam aplustratamue columnam positam esse non accepimus ; secutus
est Silius I 621–3 *hic Punica bella | Aegatis cernas fusaque per aequora classe |*
exactam ponto Libyen testantia rostra   **52** *que,* de quo ad I 475 dixi, in *ue*
mutantem Bentleium Breiterus utrobique secutus est, non item v 319 aliisque
locis, ne ibi quidem ubi perspicuitatis concinnitatisque causa facienda mutatio
erat, III 15–8 **utrimque** Scaliger, **utrumque (G)L(M),** *uterque* cod. Par.   orbis
Romanus uelut a binis inter se oppositis castris medius suspensus natabit
et erit in dubio : ita I 917 *Roma pependit*   **53 fortuna LM** et suprascr. m. 1 G,
secura G. I 916 *in ponto quaesitus rector Olympi*   **54 ducibus . . . ducuntur**
ut Hor. carm. II 7 1 sq. *tempus in ultimum | deducte Bruto militiae duce*
     55 coit non amplius distinente mari, I 651 *coit ipse sibi . . . mundus*
     totusque . . . orbis, ' ex omnibus partibus orbis terrarum merces arcessuntur

sed decuma lateris surgens de parte sinistri
maximus Orion magnumque amplexus Olympum,
quo fulgente super terras caelumque trahente
60   ementita diem nigras nox contrahit alas,
sollertis animos, uelocia corpora finget
atque agilem officio mentem curasque per omnis
indelassato properantia corda uigore.
instar erit populi totaque habitabit in urbe
65   limina peruolitans unumque per omnia uerbum

per naues onerarias, prout cuique parti eis opus est' Wageningenus
57-66 cum decima Arietis parte oritur Orion. ne hoc quidem aut uerum
aut mediocriter falsum est, neque enim fieri potuit ut Orion cum Ariete,
Iugulae, ut 174 sq. docemur, cum Cancro surgerent. ceterum miror Bollium
sphaer. pp. 385 sq. huc non rettulisse quod p. 57 ex cod. Monac. 287 edidit
ἐν Κριῷ (παρανατέλλει) ὁ Σύριοσ ἵπποσ, id est Ὀσιρισ ὕπτιοσ, quem ' nichts anderes
als der ägyptische Osiris-Orion ' esse dicit p. 165   **57** decima lateris Firmico
duce Reinesius in Scaligeri ed. 3 p. 19, d̄s malateris ut uidetur L, deus mala
terris M, summa lateris GL², om. cod. Venetus. Firm. vIII 6 2 *in Arietis sinistro
latere oritur Orion, in parte Arietis scilicet X*. uerba poetae praeter mendacium
satis miram habent breuitatem, uult enim Oriona cum decima parte siue
μοίρᾳ Arietis oriri, de sinistri lateris parte, hoc est regione: uide 504 sq. *Cassiope
bis denis partibus actis* | *aequorei iuuenis dextra de parte resurgit*   **58** *amplexus
Olympum* circumeundo, utpote in aequatore, qui *ingenti spera totum praecingit
Olympum* I 576, collocatus, qua de re dixi ad I 395 et 505. Drac. Med. 495
roseis sol mundum amplexus habenis, Claud. I 1 *sol . . . flammigeris mundum
complexus habenis*, Rutil. Nam. I 57 *qui continet omnia Phoebus*, Stat. Theb.
III 504 *ales . . . polum complexa meatu*, Luc. I 572 *urbem cingebat Erinys*. hoc
ideo commemoratur quia sic positi Orionis necessario, ut Arietis, θοῶταταί
εἰσι κέλευθοι, | ὅσ ρά τε καὶ μήκιστα διωκόμενοσ περὶ κύκλα | οὐδὲν ἀφαυρότερον
τροχάει Κυνοσουρίδοσ Ἄρκτου, Arat. 225–7; ab hac autem cursus celeritate
simul atque ambitu ducta sunt quae in hominibus eo natis uu. 61-6 praedi-
cantur uelocitas, uigor indelassatus, per omnia discursatio   **59** *quo . . .
trahente* GL², quod . . . trahentem LM   *trahente*, ' hoc dicit propter magnum
caeli spatium quod obtinet ' Scaliger, uide I 395 *hoc duce per totum decurrunt
sidera mundum*; neque enim trahit magis quam trahitur. similiter Vrsas
caelum torquere et alii dixerunt et Manilius I 278 et 444   **60** ementita G
sicut coniecerat Scaliger, et mentita LM   alas LM, aras G   Orion, ut
luna et planetae, minora sidera fulgore suo hebetare dicitur 721–5; nigrae
noctis alae commemorantur III 194   **61-66** facit Orion ingenio et corpore
agiles, officiosos, salutatores   **62** agilem LM, aligem G ut IV 282   **63** inde
lassato GL²M, in lassato L   corda uigore cod. Flor., corde uidere GLM
    64 *erit* qui tum natus fuerit, ut 86 *poterit* et passim   tota M, toto
GL   habitabit GL², habitauit LM   urbe Turnebus adu. XXIII c. 27, orbe libri.
Mart. IV 78 3 sq. *discurris tota uagus urbe nec ulla cathedra est* | *cui non mane
feras inrequietus haue*   **65** *unum uerbum*, ' hoc est haue ' Scaliger : Mart. l.l.
et I 55 6 *matutinum portat ineptus haue*   *omnia* recte ad *limina*

mane salutandi portans conmunis amicus.

    sed, cum se terris Aries ter quinque peractis
partibus extollit, primum iuga tollit ab undis
Heniochus cliuoque rotas conuellit ab imo,
70 qua gelidus Boreas aquilonibus instat acutis.
ille dabit proprium studium caeloque retentas
quas prius in terris agitator amauerat artes :
stare leui curru moderantem quattuor ora
spumigeris frenata lupis et flectere equorum
75 praeualidas uires ac torto stringere guro ;
at, cum laxato fugerunt cardine claustra,
exagitare feros pronumque anteire uolantis
uixque rotis leuibus summum contingere campum

---

rettulisse uidetur Firmicus VIII 6 2 *per omnium limina matutinis semper salu-*
tationibus peruolabunt, uide Mart. VIII 44 4 *omne limen conteris salutator* ;
quamquam etiam per se constare potest *per omnia,* ut aliis locis ad II 503
adlatis   **66 mane GLM,** pace cod. Venetus   **67–101** cum quinta decima
Arietis parte oritur Heniochus. de Ariete consentit Antiochus Boll. sphaer.
p. 57 et aliquatenus Valens p. 6 10 sq.   **68 extollit . . . tollit :** uide ad I 271
et III 122   **69**.*conuellit,* commouet, Ennius ap. Seru. Aen. XI 19 *rex deinde*
citatus | *conuellit sese,* Luc. III 528 *crebraque sublimes conuellunt uerbera puppes*
    70 *Boreas* deus est, *aquilones* flatus eius. similius est, quod Scaliger
simile esse negat, Lucr. V 656 sq. *roseam Matuta . . . auroram differt* et ex
eis quae ad I 539 et IV 644 attuli pan. Messall. 147 *Oceanus . . . ponto continet*
orbem quam Sil. V 395 sq. *Oceanus . . . Tethye Calpen . . . ferit*   **acutis GL,**
auitis M   **71–101** facit Heniochus equorum domitores, aurigas, desultores,
exercitationum equestrium scientes, Salmonei et Bellerophontae similes
homines   **71 retentas M** sicut coniecerat Scaliger, **retentans GL,** quod pro-
bauit Bentleius *retemptans* interpretatus ; cui quod mirum uisum est Scaligeri
consilium, ego rursus cum Pingraeo ipsius iudicium miror   **74 spumigeris**
LM, spumiferis G, ut *spumifero* libri deteriores pro *spumigero* Ouid. met. XI
140   **75 praeualidas GL²,** praeualides L, praeualidis M   **torto M,** toto GL
ut I 332 omnes, a Becherto demum suadentibus Stoebero et Ellisio receptum,
qui gyrum, quia tortus sit, tortum uocari nolunt, cum tamen curuus uocatur
pan. Messall. 94   **gïro GL, guiro M,** subest *guro,* ut Catull. 66 6 *guioclero,*
id est *guro circo*   **76 at cum GL, d** deum **M,** hoc est *ad cum* ; sine causa
Scaliger *aut. at* particula aptissima est ; nam, cum uersus 73–5 ad domituram
equorum pertineant, nunc noua subicitur imago iam domitorum circi certamen
ineuntium   **77 exagitare GL²,** **exagiare LM**   *feros,* equos, cuius usus
nouum ac mirum exemplum thesaurus ling. Lat. VI p. 606 60 profert ex Sen.
H.O. 851   *pronum anteire uolantes* ita Vergilium superat ut uicissim a
Sidonio superetur, carm. XXIII 350–5 *instant uerberibus simul regentes* | *iamque*
et pectora prona de couinno | *extensi rapiuntur et iugales* | *trans armos feriunt*

uincentem pedibus uentos, uel prima tenentem
80 agmina in oblicum cursus agitare malignos
    obstantemque mora totum praecludere circum,
    uel medium turbae nunc dextros ire per orbes
    fidentem campo, nunc meta currere acuta
    spemque sub extremo dubiam suspendere casu.
85 nec non alterno desultor sidere dorso
    quadrupedum et stabilis poterit defigere plantas
    perque uolabit equos ludet per terga uolantum ;

uacante tergo, | *nec cernas cito, cernuos magistros* | *temones mage sufferant
an axes.*   **79** *pedibus* equorum : Hor. epod. 16 11 sq. *barbarus heu cineres
insistet. uictor et urbem* | *eques* (al. *equi*) *sonante uerberabit ungula,* Ouid. her.
IV 79 sq.   **80** III **339** *conficiant cursus obliqua malignos.* sed illic iusto bre-
uiores cursus significantur, hic qui sequentibus officiant et liberum currendi
spatium denegent, quod insequenti uersu explicatur   **81 praecludere LM**
cod. Venetus, **percludere G** ; Scaliger ne uerum agnosceret omnia temptauit.
' cum auriga *prima agmina teneret,* artis erat *currus in obliquum agere* et ob-
stantem sequentibus ita praecludere circum ut currus uel suis uelociores prae-
terire non possent ' Bentleius. Sil. XVI 395 sq. *nitentem opponere curuos* |
aut aequare gradus Cyrnum post terga relinquit, 405 sq. *obliquum Durius con-
uersis pronus habenis* | *opposuit currum,* Plin. n.h. VIII 160 (equi auriga
excusso) *primatum optinuere opponentes, effundentes, omniaque contra ae-
mulos quae debuissent peritissimo auriga insistente facientes* (similia Philo de
animalibus apud Aucherum p. 154), Nonn. Dion. XXXVII 260–3 καὶ τισ ἔχων
προκέλευθοσ ὀπίστερον ἡνιοχῆα | ἀντίτυπον δρόμον εἶχεν ὁμοζήλων ἐπὶ δίφρων, |
ἄστατοσ ἔνθα καὶ ἔνθα περικλείων ἐλατῆρα | ἀγχιφανῆ   **82** *medium* inter
primos (79) et extremos, ut ex 84 intellegitur   *dextros* atque exteriores :
Sil. XVI 360 sq. *non umquam effusum sinuabat deuius axem* | *sed laeuo interior
stringebat tramite metam*   **83 fidentem LM, findentem G**   *meta* ablatiuus
pro *secundum metam* uel ut ait Statius Theb. VI 440 *flexae circum conpendia
metae* simili ratione ponitur atque Ouid. amor. II 17 31 sq. *neque diuersi ripa
labuntur eadem* | *frigidus Eurotas populiferque Padus.* maiore cum audacia
Vergilius Aen. VIII 610 *gelido secretum flumine* pro *ad flumen*   **84** *sub extremo
casu,* circa ipsum finem atque euentum certaminis   **85** Prop. IV 2 35 sq.
aurigae . . . et eius | *traicit alterno qui leue pondus equo.* quae in lexica nostra
peruenit desultorum notitia, eius pars potior Scaligeri ad hunc uersum ad-
notationi debetur, ex qua exscribo quae Manilius imitatus uidetur Homeri
uerba Il. XV 683 sq. ὁ δ' ἔμπεδον ἀσφαλὲσ αἰεὶ | θρώσκων ἄλλοτ' ἐπ' ἄλλον ἀμείβεται,
οἱ δὲ πέτονται   **87 perq.** uolabit equos Bentleius, **per quo** labite quos **M, per
quos** labit equos **GL,** labit etiam cod. Venetus, pro quo **uadit L²**. sic Bentleius
antiquam lectionem restituit, non manum poetae, a quo non uenit haec
siue uerbi compositi tmesis siue praepositionis monosyllabae a casu suo dis-
tractio ; nam plane diuersa sunt et II 541 *cum Virgine natis* et IV 605 *canes
ad, Scylla, tuos,* ut I 913, quod adlatum iri satis scio (noui enim genus humanum),
omittam. accedit, quod Bentleius *ludet* in *ludens* mutato remouit, asyndeton
Ellisio gratum et repetito uolandi uerbo promissum nec praestitum acumen,

aut solo uectatus equo nunc arma mouebit,
nunc leget in longo per cursum praemia circo.
90 quidquid de tali studio formatur habebit.
    hinc mihi Salmoneus (qui caelum imitatus in orbe,
    pontibus inpositis missisque per aera quadrigis
    expressisse sonum mundi sibi uisus et ipsum
    admouisse Iouem terris, dum fulmina fingit
95 sensit, et inmissos ignes super ipse secutus

quod haberemus si coniungerentur *uolabit per terga uolantum.* his malis
medetur quam anno 1900 protuli coniectura *pesque, uolubile onus, ludet,* cui
tamen et ipsi obest dubitatio de dactyli una uoce comprehensi in secundo pede
elisione, quam in quarto quamuis raram ter Manilius admisit, II 704, IV 466,
473, in secundo Ouidius remed. 143 et metamorphoseon octo uersibus, aliquotiens etiam in tertio, uelut met. XIII 625 *uenerabile onus,* nusquam extra primum
et quintum Lucanus   pyrrichium quidem Manilius in hac sede quater elisit
(nam *neque* non numero, sepono autem emendationem meam IV 413), I 123,
II 523, III 350, IV 482 (bis tantum Ouidius her. XII 103 et art. III 411, numquam
Lucanus), semel in quarto pede II 184 et, quod rarissime fit, in tertio
III 557. nunc magis probo *pesque uolabit equos inter per terga uolantum*;
sed occasione oblata emendabo anth. Lat. Ries. 395 36 (Baehr. P.L.M. I
p. 209), ubi scribendum est *captiuam filo gaudens religasse lacertam,* | *quae
suspensa manu mobile ludit onus* (*opus* libri): lacerta manus onus est,
nullum opus ludit, neque comparari debuit Petr. 80 9 2 *calculus . . . mobile
ducit opus*   **88 uectatus M, uectatur GL**   *arma mouebit,* IV 227 *simulacra
placent et ludus in armis*   **89 leget** Turnebus adu. XXIII c. 27, licet libri :
contrarius error Aetn. 138   **cursum M, cursus GL**   Turnebi emendationem
Scaliger et Bentleius ignorabant, a Stoebero commemoratam Iacobus inuo-
lauit ; intellexit, quantum quidem apparet, nemo. *leget,* hoc est tollet humo,
praemia per circi spatium disposita, idque *per cursum,* equo non inhibito
    90 IV 228 sq. *discunt . . . quodcumque pari studium producitur arte*
    91-96 enuntiati relatiui qui circuitus esset sensit Scaliger, membra rectius
distinxit Bentleius   **91 imitatus M** sicut coniecerat Reinesius, **imitatur
GL**   orbe GL, urbe M probante Bentleio, quod ferri posse iudicarem si
accederent qualia in Verg. Aen. VI 588 habentur *per Graium populos mediaeque
per Elidis urbem* : nunc multo melius caelo contrarius ponitur orbis, hoc
est terra, ut I 744-7, 829 sq., 874 sq., 926, II 378, 791   **92 pontibus GM cod.
Venetus, montibus L.** ambiguitatem sermonis Gronouius notauit ; dicuntur
enim, ut sensit Scaliger, quadrigae pontibus aereis impositae per eosque missae.
Seruius Aen. VI 585 *fabricato ponte aereo super eum agitabat currus ad imitanda
superna tonitrua, et in quem fuisset iaculatus facem eum iubebat occidi*   **93**
sonum mundi, Verg. Aen. VI 586 *sonitus imitatur Olympi,* quem uersum Manilio
notum fuisse apparet   **94 admouisse GL, atque mouisse M**   **dum fulmina**
egregie I. Vossius teste Iacobo (cuius uide p. xiv), de fulmine libri, *male fulmina
fingi* Bentleius   **95 immissos** Gronouius obs. III c. 15, **inmensos (imm- GL)**
libri, sine sensu : 501 *inmissosque refert ignes et fulmina reddit.* sed Gronouius
suam emendationem perperam interpretatus est neque intellexit ignes quos Sal-
moneus super secutus sit necessario ipsius esse, non Iouis. ille eo ex quadrigis

morte Iouem didicit) generatus possit haberi.

hoc genitum credas de sidere Bellerophonten

inposuisse uiam mundo per signa uolantem,

cui caelum campus fuerat terraeque fretumque

100 sub pedibus, non ulla tulit uestigia cursus.

his erit Heniochi surgens tibi forma notanda.

cumque decem partis Aries duplicauerit ortus

incipient Haedi tremulum producere mentum

hirtaque tum demum terris promittere terga

105 qua dexter Boreas spirat.   ne crede seuerae

prouolutus est quo faces immiserat, in medium populum, ignes secutus ut
urnam Hylas Iuu. I 164   **97** schol. Arat. 161 οἱ δὲ μυθολόγοι τὸν Ἡνίοχον
λέγουσιν εἶναι εἴδωλον ἢ Βελλεροφόντου ἢ Τροχίλου contulit I. Moellerus stud.
Man. p. 22   desidere **M**, defidere **L**, diffidere **GL²**   bellerophontē **LM**,
bellorophontē **G**. ueram accusatiui formam et hic et Hor. carm. IV 11 28
dedit Bentleius, de qua disputaui in Journal of Philology XXXI pp. 236 sqq. et
praesertim p. 252 ; uide etiam ad IV 65 adnotata. uulgus editorum *Bellero-
phontem*, Iacobus etiam II 559 *Erigonem*, nemo, quod miror, *sybotem* v 126
   98 IV 905 *inposuitque uiam ponto*   **99** *cui caelum campus fuerat*, Ouid.
met. VI 693 sq. *fratres caelo sum nactus aperto | (nam mihi campus is est)* inquit
Boreas   **100** interpunxit Scaliger   ulla **M**, nulla **GL**   cursu **M**, cursu
GL cod. Venetus, *campum* Cusan., unde *campus* Flor. et edd. uett. ; *cursus*
primus recepit Pingraeus. Bellerophontae cursus nulla tulit uestigia, ita
peractus est ut campo suo pedum signa non imprimeret. I 657 *quocumque
uagae tulerint uestigia plantae*   **101** erit **GL²M**, erat **L** cod. Venetus   notanda
Bentleius, conanda **LM**, cananda **G**, canenda **L²** cod. Venetus. *his notanda*,
ob has artes et hoc studium   **102–117** cum uicensima Arietis parte oriuntur
Haedi. de Ariete consentiunt excerpta codicis Barocciani 94 Boll. sphaer.
p. 465   **102** aries **GL**, artes **M**   *ortus*, oriens ; ortum enim dicitur etiam
quod non totum emersit signum, uelut Germ. phaen. 699 *hanc Pisces abdunt
orti*, ὁπότ' ἀντέλλωσιν, Man. v 538.   *partes* non ortus sed sideris sunt : 57,
118 sq., 128, 141   **103** hedi **G**, haeduli **L²**, heduli **LM**, eduli cod. Venetus.
C.G.L. v p. 459 28 *Haedorum* (Verg. georg. I 205), Ἔριφων, *id est haedulos minores*
(quam Capella), nam ita uulgo appellabantur, uelut schol. Germ. Breys. p. 108 6,
comm. in Arat. Maass. p. 210 14   *tremulum mentum hirtaque terga.* I 845
*capellas | mentitur . . . ignis glomeratus in orbes | hirta figurantis tremulo sub
lumine menta*, Lucr. III 7 *tremulis . . . artubus haedi*   **104** promittere
LM, producere **G** ex 103.   non simul surgunt menta et terga sed illis orientibus
haec oritura promittuntur. intellexit Pingraeus, stolidum Fayi errorem
Wageningenus iterauit   terga **GL²**, aer **LM**   **105–117** faciunt Haedi
lasciuos, libidinosos, quique stupri causa mortem oppetant, etiam caprarios
fistula canentes   **105–107** 450 sq. *facit ora seuerae | frontis*, 453 *antiqui
. . . uerba Catonis*, Mart. XI 2 1 sq. *duri . . . seuera Catonis | frons*, Sil.
XI 73 *Torquatus auum fronte aequauisse seuera | nobilis*   **105 necrede**
M, nec crede **GL**. cauet ne forte a caprino signo caperratam frontem expec-
temus : Varr. l. L. VII 107 ' *caperrata fronte* ' *a caprae fronte*, Non. p. 8 *caperrare*

frontis opus signi, strictosque hinc ora Catones
abruptumque pari Torquatum et Horatia facta.
maius onus signo est, Haedis nec tanta petulcis
conueniunt : leuibus gaudent lasciuaque signant
110   pectora et in lusus faciles agilemque uigorem

est rugis frontem contrahere, tractum a caprorum frontibus crispis.   Plautus
Epidico (609) ' *quid illud est quod illi caperrat f r o n s s e u e r i t u d i n e ?* '   **106**
seuerae frontis opus signi, eos quos Haedi fabricant homines seuera fronte
praeditos esse, Ouid. trist. II 241 sq. *illa quidem fateor frontis non esse seuerae* |
scripta.   non praestat quod Scaliger ex cod. Flor. aliisque recepit *signo* collato
299 *teue, Philoctete, cui malim credere parti ?*   equidem, cum his *opus signi*
non bene post duos uersus subiciantur *onus signo,* infinitiuum subesse puto,
aut quod Ellisius noct. Man. p. 164 coniecit *gigni* aut, quod operis uoci accom-
modatius atque adeo accommodatissimum est, *f i n g i :* uide IV 138 (Aries) *dubia*
. . . praecordia . . . finget (figum et *signum* libri), V 61 (Orion) *uelocia corpora*
finget, 220 (Canis) *uiolenta . . . pectora finget,* 344 *fingent ortus,* 537 *talia*
Cassiope nascentum pectora finget, IV 438 *fingenda* in *singenda* et *signanda*
mutatum   que **M,** om. **GL** ut 136   hinc ora *, incoda **GLM,** incude **L²,**
in corda Vrb. 667, *nec crede* cod. Flor., unde *nec corda* Iacobus, cui simile est
I 771 *strictae pondera (strictas pondere* libri) *mentis*   **catones** Flor. et Bodl.
catonis GLM   Petr. 132 15 *quid non c o n s t r i c t a spectatis f r o n t e C a t o n e s,*
Mart. XI 39 13–5 *adstricta fronte . . . Catonem,* Quint. inst. XI 3 160 *uultum . . . ,*
quo sit magis toruus, superciliis astringere.   *strictos in corda Catonis* (ita
enim edunt) quid sonare uelint Breiterus et Wageningenus et qualibus exemplis
defendant apud ipsos quaere   **107 abruptum M** cod. Venetus, **abruptam**
GL, *aut Brutum atque parem* Flor. et Bodl. C.G.L. IV p. 302 12 *abruptus,*
inmoderatus uel infrenatus, Sil. VII 219 sq. *feruida si nobis corda abruptumque*
putassent | ingenium patres, Tac. ann. IV 20 5 *inter abruptam contumaciam et*
deforme obsequium, XVI 7 4 *iuuenem . . . animo praeruptum,* Tert. adu. Marc. I
1 *Marcion . . . Caucaso abruptior,* Claud. Eutr. I 452 *Torquatique truces*
    pari *, patri libri : idem error IV 433, 790, Verg. Aen. X 741, Hor. serm. I
3 96.   *hinc . . . pari* ut 135 et 648 *hinc . . . creantur*   uario rumore celebrata
sunt Manliana imperia eius Torquati qui Latino bello consul filium securi
percussit, Liu. VIII 7 14–9, cum abrupti ingenii specimina etiam antea dedisset,
ib. 5 7, Cic. off. III 112, Sen. ben. III 37 4   *abreptumque patri* Bentleius,
aperte falsa et auctore suo indigna sed ob id ipsum in uulgus grata acceptaque
coniectura.   quasi uero aut id agat poeta ut Torquati filii similes homines
hoc signo nasci ne credamus, aut patri abreptus, ut matri Polyxena, dici possit
is quem pater ipse *abripi a lictore et in modum hostiae mactari* iussit, Val. Max.
II 7 6.   quamquam Iacobum non puduit scribere p. 199 ' *abreptus patri* (a
patre ipso damnatus) '   *Horatia facta,* sororis occisionem, Liu. I 26 3, seuere
magis quam impie punitae, Val. Max. VIII 1 1   **108** *maius onus signo,* Hor.
epist. I 17 39 sq. *onus . . . paruo corpore maius,* Ouid. trist. IV 10 36 *maius*
erat nostris uiribus illud onus   **petulcis GL²,** **peculcis LM**   **109** *signant*
quemadmodum signatur pecunia.   similiter IV 631 et 714, aliter II 671 *signa*
quadrata adfines signant, hoc est significant   **110** in lusus **LM,** illusus **G**
    faciles *, agiles libri, *cursus alacres* Bentleius ex 448.   *ſ* litteram hausit
praecedens *s,* ut Liu. XXII 9 6, ubi *Gallis actis* P pro *factis* ; uide etiam Luc.

desudant ; uario ducunt in amore iuuentam ;
in uulnus numquam uirtus sed saepe libido
inpellit, turpisque emitur uel morte uoluptas ;
et minimum cecidisse malum est, quia crimine uincunt.

115 nec non et cultus pecorum nascentibus addunt
pastoremque suum generant, cui fistula collo
haereat et uoces alterna per oscula ducat.

sed, cum bis denas augebit septima partes

ix 574 *agimus* V pro *facimus.* ' *agiles* et mox *agilem* non sicci solum et ieiuni
poetae est, sed inepti et ignaui ' Bentleius ; quippe, cum lusus et uigor inter
se nec paria nec opposita sint, inanis ac potius peruersa epitheti repetitio est,
quod sentietur comparato, ut hoc utar, *nigris oculis nigroque crine decorum.*
sensu duo adiectiua non multum diuersa sunt (uide Colum. x 276 *huc facili
gressu teneras aduertite plantas,* Sil. iii 180 *fer gressus agiles mecum,* Petr. 23 3
femore facili, clune agili, manus oculosque et faciles et agiles appellatos), sed
ita differunt ut *agilis* uigori, *facilis* lusibus aptius sit. adiectiuum substantiuo
metro non cogente chiasmi gratia postponitur ut 519 *et pedibus niueis fulserunt
aurea uincla*   111 desudant GL², desidant LM ut C.G.L. v p. 405 62 *desidans,
elaborans.* desudant non Haedi sed eis nati homines, ut 452 et iv 156 : in
addunt 115 ad sidera reditur, ut 455 ad Cephea   iuuentam G, idem uoluit
L², iuuentae M, inuente L. iv 157 *aeternam peragunt in amore iuuentam.* sed
haud absurde scriberetur *uario ducuntur amore iuuentae* collato Verg. Aen.
x 326 sq. *securus amorum | qui iuuenum tibi semper erant* : de *uario* uide
Tib. i 4 11–4. certe uersibus 112–4 tangi uidentur pericula constupratoribus
proborum adulescentium obeunda. Firmici uerbis viii 6 5 *praeposteri
amoris studiis occupati* non multum tribuo, is enim illi adiectiuo non semper
proprium certumque sensum subicit, etsi vii 15 1 haec habentur, *ad puerorum
concubitus praepostero amore semper inpellunt*   112 *in uulnus* accipiendum.
sic mortem occubuit tribunus ille militaris in exercitu C. Marii interfectus ab
eo cui uim afferebat, Plut. uit. Mar. 14 4   114 uincunt *, uictum libri ; uersum
deleuit Bentleius. minimum malum est cecidisse, id est occisos esse, maius
uicisse, quia uictoria eorum stupro constat. ex interpretibus solus Pingraeus
enarrationem dedit quae non delirantis esset, ' et cette mort en effet est le
moindre des malheurs ; le plus grand est le crime qui y a conduit '. *uictus*
Iacobus, quod quid significet quoque referatur nescio   116 *suum,* haedorum,
caprarium   117 *et* (qui) *ducat* : uide i 136 et iv 184   *alterna per oscula
ducat,* ducat alternis uicibus per orificia calamorum hiantium (Lucr. iv 588,
Prop. iii 17 34). *alterna* de pluribus iii 522–4 *omnia ut omne foret diuisum
tempus in astra | perque alterna suos uariaret sidera motus, | ut cuiusque uices
ageret,* i 258, ii 703, 804, iii 53, v 674. legat mihi nunc aliquis Wageningeni
adnotationem   118–127 cum uicensima septima Arietis parte oriuntur
Hyades : ita, Hyades, quae Tauri mediae sunt. hoc ubi legerit aut sibi uisus
sit legere ignoro : non ignoro quasdam Tauri ζῳδίου stellas in Arietis δωδεκα-
τημορίῳ inueniri   118 partes GL, artes M   119–127 faciunt Hyades tur-
bulentos et seditiosos, utpote et ortu et occasu tempestatem ciere solitae,
sidus uehemens et terra marique turbidum Plin. n.h. xviii 247 ; eaedem Sucu-
larum nomini conuenienter subulcos, quos Firmicus Fayus Wageningenus in

Lanigeri, surgent Hyades. quo tempore natis
120 nulla quies placet, in nullo sunt otia fructu,
sed populum turbamque petunt rerumque tumultus.
seditio clamorque iuuat, Gracchosque tenentis
rostra uolunt Montemque Sacrum rarosque Quirites ;
pacis bella probant curaeque alimenta ministrant.
125 inmundosque greges agitant per sordida rura ;
et fidum Laertiadae genuere syboten.
hos generant Hyades mores surgentibus astris.
ultima Lanigeri cum pars excluditur orbis,
quae totum ostendit terris atque eruit undis,
130 Olenie seruans praegressos tollitur Haedos

bubulcos conuertunt   **119 natis** Flor. et Bodl., **nati GLM**.   358 *quo tempore natis*
   120 fructu GL², fructum LM.   *in fructu* quemadmodum dicitur *in pretio*.
nihil commodi ex otio capiunt : Cic. de rep. I 7 *ex otio fructus ċapere*, de or.
II 22 *otii fructus est non contentio animi sed relaxatio*   **121–123** tres continui
uersus has habent caesuras, — ᴗ ᴗ — | — — ᴗ | ᴗ —, ut Luc. I 556–9 quattuor
   122 gracchos Flor. et Bodl., **grecos GLM**   **123** *raros Quirites*, urbem
secessu plebis infrequentem : Gronouius diatr. c. 46 (ed. Hand. p. 474) contulit
Liu. III 52 5–7 et Flor. I 17 5   **124** *pacis bella* : Bentleius confert I 885 *funera
pacis* (adde II 597 *pacis clades*, Luc. II 171 *Sullanae . . . cadauera pacis*),
Gronouius Liban. or. pro templis 13 (ed. Foerst. uol. IV p. 94) τοῦτο τί ἕτερόν
ἐστιν ἢ ἐν εἰρήνῃ πολεμεῖσθαι τοὺσ γεωργούσ ; *cura*, nisi fallor, ea dicitur quae
intactis quoque solet esse condicione super communi, Hor. epist. II 1 151.
certe *curae* legit et absurde pro nominatiuo accepit Firmicus VIII 6 6 *sed huic
uarii quaestus ex assidua sollicitudine saepe nascuntur*   **125** ' *immundos
greges* suum ' Scaliger   **126 fidum laertiadae . . . syboten** Scaliger, fidunt
nerciadu . . . **syboetem** similiaue libri. Εὔμαιε συβῶτα Hom. Od. XV 381
et passim ; *Polyboeten* pro *Polyboten* Vergilii Aen. VI 484 et Nonii p. 397
codices   *genuere* non illo tempore nati sed ipsae Hyades   **128–139** cum
tricensima Arietis parte oritur Capella, consentiente quod ad signum attinet
cod. Barocc. Boll.· sphaer. p. 465. sed turpi errore Capellam post Haedos
(ne quid de Hyadibus dicam) orientem inducit   **127** *surgentibus astris*,
surgentes : uide II 410 ibique adnotata   **128 pars excluditur** GL², par
sexcluditur **M**, par se cluditur **L**, (pars) secluditur cod. Venetus, caue conicias
recluditur   *ultima Lanigeri pars orbis*, ea pars orbis quae Lanigeri ultima
est.   sed melius ut puto Flor. et Bodl. et editores *orbi*.   orbis (zodiacus opinor,
ut Cic. Ar. 327 et Germ. phaen. 548, etsi pro caelo accipi potest, ut Germ.
170 sq. *ubi illos* (Haedos) | *orbis ab Oceano celsos rapit*) ultimam Lanigeri
partem excludit, hoc est extra clausum profert, quamquam non plane eodem
modo aut aues pullos suos excludere dicuntur aut Trimalchio Petr. 32 2 pallio
coccineo caput exclusisse.   inepte Fayus *orbi* interpretatur *terris*, quae insequenti uersu habentur   **130** Arat. 164 ὠλενίην δέ μιν Αἶγα Διὸσ καλέουσ'
ὑποφῆται, schol. ὠλενίη δὲ λέγεται διὰ τὸ ἐπὶ τῆσ ὠλένησ τοῦ Ἡνιόχου εἶναι
(ea uero σκαιῷ ἐπελήλαται ὤμῳ 162) ἤ, ὡσ ἄλλοι, Ὠλένου θυγάτηρ, qui si,

egelido stellata polo, qua dextera pars est,
officio magni mater Iouis. illa Tonanti
fida alimenta dedit pectusque inpleuit hiantis
lacte suo, dedit et dignas ad fulmina uires.
135 hinc trepidae mentes tremebundaque corda creantur
suspensa *ad* strepitus leuibusque obnoxia causis.
his etiam ingenita est uisendi ignota cupido,

ut Hyg. astr. ii 13 traditur, Vulcani filius fuit, piissimo sane officio Capella
nondum nata proaui sui mater extitit **131 egelido M, et gelido GL.** *egelido,*
septentrionali *stellata*, stella facta, κατηστερισμένη. Wageningenus, cum
satis recte enarrasset 'in stellarum numerum recepta', tamen abstinere non
potuit quin caeli ignorationem sibi cum Fayo et Iacobo (progr. Lubec. an.
1836 p. 6) communem ostentaret addendo 'uel stellis oppleta' **qua** Scaliger
ed. 1, **quae** libri. hac emendatione facta non est cur Bentleio uersum delenti
accedatur : cauet poeta, ut 105 *qua dexter Boreas spirat*, ne obliuiscamur
dextra hoc libro dici septentrionalia. quamquam non reticebo *dextera* praeterea
apud Manilium non reperiri **132 magni mater GL, mater magni M**
133 fida alimenta (=fidaanmenta) Scaliger, **fundamenta** libri, Firm. viii
6 7 *in Arietis parte XXX, quae pars totum signum supra terram semper ostendit, exoritur Capra, quam fabulosi poetae alimenta* (al. *lamenta*) *uolunt
Ioui immulsisse nutricia*; uide Germ. phaen. 165–8 *putatur | nutrix esse Iouis,
si uere Iuppiter infans | ubera Cretaeae mulsit fidissima Caprae, | sidere
quae claro gratum testatur alumnum.* grammaticen oratoris futuri fundamenta
iacere legi Quint. inst. i 4 5 ; dedisse Ioui fundamenta nutricem non magis
quam Bentleius Iacobus Breiterus concesserim, quae infantes a parentibus
habent. Censorinus de d. nat. 11 5 *ut initia seminis et lacteum illud conceptionis
fundamentum primitus hoc numero* (xxxv dierum) *absoluitur, sic hoc initium
formati hominis et uelut alterum maturescendi fundamentum, ... cum ad diem
CCX peruenit, maturum procreatur.* quod autem Breiterus coniecit *tonandi
fundamenta* nec per se bene dicitur et sequente statim *dignas ad fulmina uires*
excluditur **135–139** facit Capella sollicitos et noua uisendi cupidos **135**
hinc GL, huic M trepidae P. Thomasius lucubr. Man. p. 9, **fidae GLM**
absurde, *timidae* Flor. et Bodl., *pauidae* Cartaultius in Revue Critique an.
1889 mens. Mart. p. 193. *fidae* nihil aliud esse suspicor quam *fidaali* litteras
huic *MENTes* adscriptas cum illi *fundaMENTa* adscribi deberent. *trepidae*
legisse uidetur Firmicus viii 6 7 *quicumque hoc sidere nati fuerint, erunt nimia
mentis trepidatione sollciti et quorum corpus assiduus tremor semper
impugnet.* ceterum ne cui nimis displiceant *trepidae ... tremebunda* (ut sunt
lectorum coniecturis inimicorum corda suspensa ad strepitus leuibusque
obnoxia causis), conferantur Luc. ix 675 *trepidum ... trementem* et optimorum
codicum auctoritate tradita Verg. Aen. iii 627 *trepidi tremerent* et Sen. H.O.
985 *trepida quid tremuit* **creantur GL², creatur LM 136 suspensa** Flor. et
Bodl., **at** (*in* Flor.) Lucianus Muellerus de r.m. p. 320 ed. 1, **strepitus** Bentleius,
suspensas trepidus GL, suspinsas trepitus (corr. ex **trepidus**) **M.** Liu. v 47 3
sollicitum animal ad nocturnos strepitus **que M,** om. **GL 137 etiam**
GL²M, quod legit Firmicus viii 6 7, **etiam tamen L, tamen** cod. Venetus
ingenita est Bentleius, **ingeniest M, ingeniem L, ingentem** cod. Venetus,

ut noua per montis quaerunt arbusta capellae
semper et ulterius pascentes tendere gaudent.

140   Taurus, in auersos praeceps cum tollitur ortus,
sexta parte sui certantes luce sorores
Pleiadas ducit.   quibus aspirantibus almam

ingenium GL²   **138 montes** Dulcinius, **noctis** libri ; contra *montis* pro *noctis*
libri Lucretiani IV 460   **quaerunt** F. Iunius (nam de cod. Pal. negat Barthius
adu. p. 159, de Bonincontrio ipse nego), que rut **M** tertio u supra *t* scripto,
que ruunt GL cod. Venetus   locos adscribam qui et rem uniuersam illustrent
et *montis* coniecturam commendent.   igitur Columella VII 6 9 *maxime strenuum*
pecus est capra, praecedens subinde, quae compesci debet, ne procurrat, Macr.
Sat. I 17 63 *caprae* . . . *consuetudo haec in pastu uidetur, ut semper altum pascendo*
petat, 21 26 *caprae naturam* . . . *quae, dum pascitur, ab imis partibus semper*
prominentium scopulorum alta depascit, Lyd. 31-4 *pater haedorum felix* . . .
siue petis montes praeruptos saxa pererrans | *siue tibi siluis noua pabula fasti-*
dire | *siue libet campis,* Varr. r.r. II 1 16 *capras in montuosis potius locis* (pascas),
Ouid. met. III 408 *pastae monte capellae,* fast. IV 511 *redigebat monte capellas,*
Dir. 91 *descendite monte, capellae,* Culic. 45 sq. *propulit* . . . *capellas* | *pastor*
et excelsi montis iuga summa petiuit, Verg. georg. III 314 sq., buc. I 74-6, Ouid.
rem. 179   **pernoctes** Regiomontanus et teste Iunio cod. Pal. (quod negat
Barthius), item Salmasius hist. Aug. p. 102, quae leuis coniectura, ut solent
tales, subinde renouatur : quasi uero non notissimum sit capellas noctu saeptis
clausas mane demum pastum agi, Macr. Sat. I 17 41 *pecori* . . . *quod ante-*
lucanum post nocturnam famem ad pastum stabulis expellitur, Culic. 44-6 *tenebras*
aurora fugarat : | *propulit e stabulis ad pabula laeta capellas* | *pastor,* Calp.
buc. V 29 sq. *dumeta capellis* | *orto sole dabis.*   nam in Sen. Phaed. 18-20
qua comitatae | *gregibus paruis nocturna petunt* | *pabula fetae* nocturna pabula
sunt quae nocte succreuerunt, in Mart. Cap. 919 *noctu* | *pascit monte capellas*
de Luna et Endymione fabulosa narratio est.   neque aut Withofii coniecturam *pernices* aut *noua pro notis* probauerim   **140-156** cum Tauro et
quidem cum sexta parte eius oriuntur Pliades, quas in illa parte Plinii n.h.
II 123, in tertia quartaque ponit Ptolemaeus synt. VII 5 (Heib. uol. I ii p. 91).
eae uero, cum magis a septentrionibus sitae sint, ante oriuntur quam partes
illae eclipticae, Hyadas autem, quas cum Arietis parte XXVII surgentes *mirati*
sumus uu. 118 sq., multo praecedunt   **140 141** interpunxit Bentleius, aliter
Scaliger   **140 auersos** Scaliger, **aduersos** libri, uide ad I 264   *praeceps,*
capite deorsum uerso : recte Fayus   **cum tollitur** Bentleius, cōpellitur **M**,
que attollitur **G**, attollitur **L**, ut tollitur Scaliger   *ortus,* quod sine causa
Bentleius in *artus* mutauit, ad II 153 defendi collato III 415 *tollentur ad ortus.*
qui auersus oritur, eius ortus auersi sunt : uide Ouid. met. XII 137 *auersos passus*
retro gradientis   **141 parte sui GL, partes in M.** *sexta parte sui,* ea sui parte
tricensima quae ordine sexta est ; *pars* enim *gradus est,* ut 159, 270, 293, 337,
357, 365, 490, 631, neque usquam ita ordinalia nomina adduntur ut tale quid
significent quale hic signiﬁcari uolunt Scaliger et Petauius diss. ad uranol.
p. 96, unam ex signi in sex aequas partes diuisi portionibus, quinque gradibus
constantem   luce **sorores M,** lucis **odores GL,** (lucis) **odoras** cod. Venetus.
I 297 *septem illam* (Helicen) *stellae certantes lumine signant*   **142 pleiadas**
Vrb. 668, **pleidas M, pleiades L, peliades G**   *aspirantibus* 175, uide etiam

in lucem eduntur Bacchi Venerisque sequaces
perque dapes mensasque super petulantia corda
145   et sale mordaci dulcis quaerentia risus.
illis cura sui cultus frontisque decorae
semper erit : tortos in fluctum ponere crines
aut uinclis reuocare comas et uertice denso
fingere et adpositis caput emutare capillis
150   pumicibusque cauis horrentia membra polire
atque odisse uirum teretisque optare lacertos.

II 357, IV 743   142–156 faciunt Pliades uino uenerique deditos, cauil-
latores, munditiarum parum uirilium studiosos atque adeo effeminatos, praeterea uitii sui ostentatores. uide quae de prima parte primisue partibus
Tauri Pliadas causatus tradidit IV 518 sqq. ibique adnotata. adde Firm.
VIII 20 2 *in parte VI Tauri quicumque habuerint horoscopum, erunt exoleti, ad
omne uitium inpuritatis applicati, reumatici cinaedi, sed quos grauis semper
pulset infamia*   143 eduntur Scaliger, educunt libri   sequaces L², sequacis
GLM propter *ueneris*   145 mordaci G, mordacis LM   146 frontis GL²,
frocitis M, fortis L cod. Venetus   decorae L², decorde LM, decore G, decori
cod. Venetus   147–149 respici uidetur ad Pliadum imaginem qualis in
celeberrimo Germanici codice Leidensi Voss. L.Q. 79 habetur fol. 42, ubi picta
sunt septem puellarum capita operose comptis crinibus, sicut ipsae stellae κεφαλαί
ἑπτά appellantur in cod. Par. Gr. 2425 fol. 162. uide Firm. err. 4 2 de cinaedis
exornant muliebriter nutritos crines   147 *tortos in fluctum*, undatim crispatos :
Ouid. art. III 148 *sustineat similes fluctibus illa sinus*   148 uinclis Scaliger,
quod uoluisse uidetur Voss. 1, undis GLM, *nodis* Scaliger ed. 1   reuocare
GL², peruocare LM   uinclis reuocatae et uertice denso fictae comae in
Apolline qui Beluedere uocatur conspiciuntur   149 emutare GL, enuctare
M : contra III 623 *emutant* M, *emittunt* GL. Suet. Oth. 12 1 *fuisse . . . traditur
munditiarum . . . paene muliebrium, uulso corpore, galericulo capiti propter
raritatem capillorum adaptato et adnexo, ut nemo dinosceret*   150 pumicibus
L²M, punicibus GL   *cauis, σομφοῖσ*, spongiosis (Plin. n.h. XXXVI 155) et
foraminum plenis, anth. Pal. VI 62 3 sq. κίσηριν . . . τρημάτοεντα λίθον ; nam
longe aliter caui pumices dicuntur Verg. georg. IV 44 et Prop. III 3 28 : similia
sunt Lucr. II 860 *caua corpore raro*, Plin. n.h. XI 188 *pulmo . . . spongiosus
ac fistulis inanibus cauus.* contulit Scaliger Sen. n.q. VII 31 2 *politura corporum*   151 *odisse*, Clem. Alex. paed. III 3 (ed. Staehl. uol. I p. 245 8) τὸ ἄνθοσ
τὸ ἀνδρικὸν μυσαττομένουσ   *uirum*, uirilitatem, ut Catull. 63 6 et Luc. X 134 ;
ita Horatius serm. II 8 15 *Alcon . . . maris expers*, quem locum explicaui in
Classical Quarterly an. 1913 p. 28   teretes Ruhnkenius ad Rutil. Lup.
p. 94, sterilis libri satis procliui errore, scribebatur enim et *teritis* et *sterelis*
habeturque etiam illa significatione *terelis* C.G.L. IV p. 396 47. oderunt lacertos
nodis difficiles (Stat. Theb. VI 844 sq.) et solidorum mole tororum Herculeis
similes (Ouid. met. XV 230 sq.), optant puerilem puellaremue decorem :
Catull. 61 181 sq. *bracchiolum teres . . . puellulae*, Hor. epod. 11 28 *teretis pueri.*
quamquam teretes lacerti quin etiam fortes sint nihil sane obstat, et fuerunt
quidam horum hominum fortissimi, ut miles Pompeianus Phaed. app. 8.

femineae uestes, nec in usum tegmina plantis
sed speciem, fictique placent ad mollia gressus.
naturae pudet, atque habitat sub pectore caeco
155 ambitio, et morbum uirtutis nomine iactant.
semper amare parum est : cupient et amare uideri.
iam uero Geminis fraterna ferentibus astra
in caelum summoque natantibus aequore ponti
septima pars Leporem tollit. quo sidere natis
160 uix alas natura negat uolucrisque meatus :
tantus erit per membra uigor referentia uentos.
ille prius uictor stadio quam missus abibit ;

---

sterilis autem pro glabro Latine non dicitur, neque uirorum lacerti (quorum
in locum Barthius adu. 160 bracchia atque alas, Fayus membra supponit)
pilosi esse solent, quale uitium inter reliquas Socratis deformitates commemoratur Hier. adu. Iou. I 316 (Mign. uol. XXIII pp. 278 sq.) *foedissimum hominem
simis naribus, recalua fronte, pilosis umeris et repandis cruribus* : adde quod
inepte in lacertis optare dicuntur quem in aliis membris quamvis horrentibus
ipsi efficiunt leuorem   **152 in usum** Bentleius, **insunt** libri   **153 speciem**
Bentleius, **specie** libri   **ficti GL², ficte L, fictae M**.   Cic. de fin. II 77 *si in-
cessum fingeres, quo grauior uiderere*, Petr. 126 1 *incessus arte compositus.*
fracti κεκλασμένοι Bentleius, aptissimo uerbo (Petr. 119 25, Quint. inst. v
9 14, Hier. uirg. Mar. 20, ep. 22 13) sed sine causa   **154** *naturae,* sexus. Sen.
contr. I praef. 9 *emolliti eneruesque quod nati sunt inuiti manent,* Diogenes
ap. Athen. p. 565c μή τι ἔχεισ ἐγκαλεῖν τῇ φύσει, ὅτι ἄνδρα σὲ ἐποίησε καὶ
οὐ γυναῖκα ; Clem. Alex. paed. III 3 (ed. Staehl. uol. I pp. 248 sq.) παῖδεσ
ἀρνεῖσθαι τὴν φύσιν δεδιδαγμένοι προσποιοῦνται γυναῖκασ, Maneth. IV 591 μεμφόμενοι
φύσεωσ ὀρθὴν ὁδόν   *caeco* mentis errorem notat, ut Lucr. II 14 *pectora caeca* ;
uide etiam Luc. X 146 sq. *caecus et amens | ambitione furor*   **155**
ambitio, sui ostentandi studium, iactatio, ut Luc. l.l., Sen. de ben. IV 17 1,
dial. v 34 1, Quint. inst. XII 8 2.   Firm. err. 4 2 *uidere est in ipsis templis . . .*
uiros muliebria pati et hanc impuri et impudici corporis labem gloriosa osten-
tatione detegere.   *publicant facinora sua et contaminati corporis uitium cum*
maxima delectationis macula confitentur   *morbum* ut Sen. ep. 83 20 *inpudicus*
morbum profitetur ac publicat, Priap. 46 2 *morbosior omnibus cinaedis*
     iactant GL², lactant LM cod. Venetus   **156 uideri M, uidere GL**   **157–173**
cum Geminis et quidem cum septima parte eorum oritur Lepus : partem XXVII
dicit Hipparchus II 2 34 et III 1 11   **157 uero GL²,** om. **LM** cod. Venetus,
ut libri Lucretiani v 901 : scilicet scriptum fuerat ů, ut 414 in GL.   *iam uero*
II 385   **159–173** facit Lepus cursores, pugiles, quique pilis plus uno modo ludant
     160 *uolucris,* qui uolando fiunt   **161** *erit* ut II 432, *per* ut II 352, *referentia*
ut II 249   **uentos M, uictor GL**   **162–171** quattuor ex eis qui hoc sidere nati
sunt describi et *ille . . . ille* esse *alius . . . alius* intellexit Fayus   **162** ordinem
esse *uictor abibit,* ut Verg. Aen. X 859, Ouid. art. I 394, II 197, propter
Wageningenum dicendum est ; ad *uictor* accedit *stadio,* quemadmodum dicitur
Catull. 64 340 *uictor certamine cursus,* schol. Pind. Ol. XIV 1 ἐνίκησε . . . σταδίῳ

ille cito motu rigidos eludere caestus,
nunc exire leuis missas nunc mittere palmas,
165   ille pilam celeri fugientem reddere planta
et pedibus pensare manus et ludere fulcro
mobilibusque citos ictus glomerare lacertis,

missus carcere : iterum sumi potest *abibit*, sed quo sensu Vergilius Aen. v
318 *primus* inquit *abit Nisus* ; cui loco perperam thesaurus ling. Lat. i p. 70 61
adicit Stat. Theb. vi 481   minore cum supralatione Statius Theb. vi 469 sq.
uixdum coeptus equis labor et iam puluere quarto | campum ineunt   163–167
infinitiuos *eludere exire mittere reddere pensare ludere glomerare* a *potens* 168
pendere senserunt Fayus et Marklandus ad Stat. silu. v 3 156   **163** motu **M**
sicut coniecerat Turnebus adu. xxiii c. 27, moritur **GL** cod. Venetus, *monitus*
cod. Flor.   **164** laud. Pis. 180 *uitare simul, simul et captare petentem.* pal-
marum caestibus innexarum mentio fit Verg. Aen. v 425, Val. Fl. iv 165, 253 ;
neque semper compressa sed interdum porrecta palma feriebant, πλατείᾳ χειρί,
ut Amycus Theocr. xxii 121   **165 166** pila pugilatui subicitur etiam laud.
Pis. 178–87   **165** *pilam . . . fugientem reddere,* laud. Pis. 185–7 *uolantem |*
aut geminare pilam iuuat aut reuocare cadentem | et non sperato fugientem
reddere gestu   *reddere planta,* non manu sed solo pedis opposito repercutere ;
qui quod ad lusus exercitationisue genus pertineat gestus, si Salmasius essem,
quaererem : nunc homo mortalis satis habeo scriptum interpretari. Seneca
quidem de ben. ii 17 4 *si cum exercitato et docto negotium est, audacius pilam*
mittemus ; utcumque enim uenerit, manus illam expedita et agilis repercutiet.
    166 pensare cod. Bodl., **pinsare GLM**   **fulcro** Bonincontrius, quod si
non uenustum at certe argutum est, fulto **GLM** : *fuldum* pro *fulcrum* codices
Non. p. 206 (Lucil. lib. iv).   haec tria, *pilam reddere planta, pedibus pensare*
manus, ludere fulcro, unam rem declarant.   *ludere fulcro* siue solo, ad ludendum
uti abutiue ea parte corporis qua fulcitur ac sustinetur, cum tamen, ut ait
Galenus Kuehn. uol. v p. 903 (περὶ τοῦ διὰ τῆσ σμικρᾶσ σφαίρασ γυμνασίου),
ἐδραιοτάτησ δεῖ τῆσ βάσεωσ ἐν τῷ τοιούτῳ πόνῳ.   uide Hor. serm. i 2 87 sq.
facies . . . decora | molli fulta pede est, 3 47 sq. *illum . . . prauis fultum male talis,*
Isid. orig. xi 1 115 *solum pedis* (dicitur) *quod totam corporis molem portat ;* Arist.
hist. an. p. 689b 18 sq. quadrupedes diutius quam homines stare posse dicuntur
ὑποκειμένων τεττάρων ἐρεισμάτων.   quod cod. Flor. supposuit *saltu* nimis publicum et commune est, neque enim hoc uersu significari posse puto quae Oribasius
de μεγάλησ σφαίρασ exercitatione habet collect. med. vi 32 (ed. Par. 1851 uol.
i p. 530) ἐνίοτε καὶ ἐπὶ ἄκρων βαίνουσι τῶν ποδῶν, ὑψῶσαι τὴν χεῖρα πειρώμενοι·
ἄλλοτε δὲ καὶ ἐξάλλονται, τῆσ σφαίρασ ὑπερπετοῦσ φερομένησ.   mutatio ipsa
non nimis magna esset, scribebatur enim *salto,* ut *saltos* iii 2 in **LM** et Ouid.
her. v 17 in Puteaneo   **167** Scaligero ed. 1 praeeunte Huetius ante 165
traiecit collato Verg. Aen. v 457–60 *nunc dextra ingeminans ictus, nunc ille*
sinistra . . . densis ictibus . . . creber utraque manu pulsat ; adde Val. Fl. iv
306 *crebros . . . congerit ictus,* Stat. Theb. i 418 sq. *crebros ictus . . . ingemi-*
nant. certe ictus pugilatui quam pilae lusui aptiores uidentur, mobilitas
autem utrique communis est, laud. Pis. 185   **citos ictus GL²**, cito sic tuos
LM   **168–171** his uersibus non lusus aut exercitatio describitur sed arti-
ficium et spectaculum quale et ipsi in scaena uidimus et Quintilianus commemorat inst. x 7 11 *miracula illa in scaenis pilariorum ac uentilatorum, ut ea*

ille potens turba perfundere membra pilarum
per totumque uagas corpus disponere palmas,
170 ut teneat tantos orbes sibique ipse reludat
et uelut edoctos iubeat uolitare per ipsum.
inuigilat curis, somnos industria uincit,
otia per uarios exercet dulcia lusus.

quae emiserint ultro uenire in manus credas et qua iubentur decurrere, simile in parma Martialis IX 38 *summa licet, uelox Agathine, pericula ludas, | non tamen efficies ut tibi parma cadat. | nolentem sequitur tenuisque reuersa per auras | uel pede uel tergo, crine uel ungue sedet . . . securos pueri neglecta perambulat artus . . . arte opus est ut tibi parma cadat.* pilarius, quorum omnium eminentissimum P. Aelium Aug. lib. Secundum Manilius uidisse potest, septem pilas non manibus tantum sed capite ulna sura pede succutiens sustinensue in Maffei mus. Veron. p. CXI et Gori thes. uet. diptych. II tab. XIII conspicitur **168** *potens perfundere,* Enn. ann. X ap. Prisc. G.L.K. II p. 30 *delectos bellum, tolerare potentes,* Luc. IX 1040 sq. *non aliter manifesta potens abscondere mentis | gaudia,* Sil. XI 595 *ciuis aequare potens,* Sen. Tro. 1094 sq. *nondum potens | saeuire dente,* fortasse eiusdem Phaed. 1118 **pilarum LM**, pilatum **G**, Pontii procuratoris Iudaeae cognomen **169 uagas** cod. Flor., *uagus* **GLM**
   per totum corpus disponere palmas, efficere ut omnes deinceps corporis partes palmarum uice fungi uideantur. similiter de pantomimo anth. Lat. Ries. 111 9 sq. *tot linguae quot membra uiro. mirabilis ars est | quae facit articulos ore silente loqui* **170 teneat GL²**, teneant **LM** cod. Venetus **ipse** Flor. et Bodl., *ipsa* **GLM** cod. Venetus   *teneant* (membra) . . . *ipsa reludant* scribi uetat uersus insequens   *tantos orbes,* 'tot pilas' Scaliger. ita ut uidetur Prop. IV 11 12 *pignora tanta,* certe Luc. IX 34 *ratibus tantis,* postea saepius : adde Prop. I 5 10 *milia quanta,* Val. Fl. V 273 *magnis . . . milibus*   **171 edoctos GL²**, edictos **LM**   **172 curis somnos** Bentleius, somnis (sũnis **M**) **curas** libri, ut Ouid. met. VIII 762 *sanguine cortex* pro *cortice sanguis,* trist. IV 1 105 *carmina tempus* pro *tempora carmen,* ciris 324 *me tua* pro *te mea,* Sil. X 653 *duranti mirarunt* pro *miranti durarunt,* Sen. dial. VI 18 2 *uidere micabis* pro *micare uidebis.* confert Bentleius Sil. X 330 sq. *mens inuigilat curis noctisque quietem | ferre nequit* et Ouid. met. I 685 *pugnat molles euincere somnos. inuigilat somnis* pro *uigilat in somnis* positum, quod ferri posse negat Bentleius, satis tueri uidentur Hor. epod. 11 15 *inaestuet praecordiis,* Sil. XIV 436 *instridens pelago,* Stat. Theb. II 377 *intepet hydra uadis ;* sed *curas industria uincit* ita dici potuisse ut industriam sollicitos labores superare significaret, quod aliquando putaui (nam Stoeberi et Pingraei interpretationes ineptae sunt, ceteri quid senserint non apparet), propterea minus credibile est quia cura et industria synonyma sunt et coniuncta Cic. fam. I 7 9 et Suet. gramm. 21 : uide etiam Gratt. 61 *magnum opus et tangi, nisi cura uincitur, impar*   ceterum uigilantiam Lepore ortis ideo tribui ' quia lepores apertis oculis dormire solent ' intellexit Huetius : uide Ael. n. a. II 12 ἐκπεπετασμένοισ . . . τοῖσ βλεφάροισ καθεύδει, Xen. cyn. 5 11   *inuigilat et exercet* non solus pilarius sed quicumque sub hoc sidere natus est : ne cum Bentleio pluralem requiras uide ad 64   **173** ' otia sua non somno et ignauia transigunt sed per dulces lusus exercent ' Bentleius ; nam ad superiorem uersum respicitur   *lusus* uelut latrunculorum, nam haec quoque illustrat

nunc Cancro uicina canam, cui parte sinistra
175 consurgunt Iugulae. quibus adspirantibus orti
te, Meleagre, colunt flammis absentibus ustum
reddentemque tuae per mortem munera matri,
cuius et ante necem paulatim uita sepulta est,
atque Atalantaeos conatum ferre labores,

laud. Pis. 190–3 *te si forte iuuat studiorum pondere fessum* | *non languere tamen
lususque mouere per artem,* | *callidiore modo tabula uariatur aperta* | *calculus
et uitreo peraguntur milite bella*   **174–205** cum Cancro orientia, Iugulae et
Procyon   **174–196** cum prima, ut uidetur, Cancri parte oritur Orion eiusue
stellae aliquae, quem item εὖ μὲν ζώνῃ εὖ δ᾽ ἀμφοτέροισι φαεινὸν | ὤμοισ cum
Cancro oriri dicit Aratus 587–9. primam enim significari partem, ubi nulla
certa ponitur, Firmicus et hic interpretatus est et ad 206 (ubi non obscure
indicatur) et 389 ; quamquam de 394 409 416 sic statuere non licet et simpliciter
agnoscenda est poetae neglegentia   **175** ' *Iugulae*, pars Orionis ' Scaliger
ed. 1, ' les étoiles du baudrier d'Orion ' Pingraeus, quae uulgi opinio est. commemorat eas Plautus Amph. 275, idibus Oct. et sequenti biduo exoriri dicit
Columella xi 2 76, quo tempore auctore Clodio Tusco ὁ Ὠρίων ἀνίσχει. alii
Iugulam appellant et Orionis nomen Latinum esse aiunt, Varr. l.L. vii 50,
Paul. Fest. p. 104 4, Isid. orig. iii 71 11, thes. gloss. emend. i p. 610 ; sed
curiosius Varro *huius signi* (Orionis) *caput dicitur ex tribus stellis, quas infra
duae clarae, quas appellant umeros ; inter quas quod uidetur iugulum* (κλείσ,
' collar-bone ') *Iugula dicta.* ceterum ea uoce uti poeta coactus est, ut errorem
dissimularet quo Oriona cum Ariete surgentem induxerat 57 sqq.   **175–196**
faciunt Iugulae Orionis fabulae conuenienter uenatores, sed etiam piscatores
     176 absentibus Gronouius obs. ii c. 11, habentibus M Gronouio ignotus,
habitantibus GL metri causa, ut Luc. i 483 *agitantibus* ZM pro *agentibus*, id est
a gentibus ; *latitantibus* Turnebus adu. xxiii c. 27, quam coniecturam ipse
cognita Gronouiana protinus damnasset. Gronouius confert Ouid. met. viii
515 sq. *inscius atque absens flamma Meleagros ab illa* | *uritur,* addit Bentleius
Ib. 601 *natus ut Althaeae flammis absentibus arsit,* rem. 721 *Thestias absentem
succendit stipite natum,* Prop. iii 22 31 sq. *nec cuiquam absentes arserunt in
caput ignes* | *exitium nato matre mouente suo*   **177** Gronouius comparat
Ouid. met. viii 502–5 ubi Althaea *uixisti* inquit *munere nostro,* | *nunc merito
moriere tuo. cape praemia facti,* | *bisque datam, primum partu, mox stipite
rapto,* | *redde animam*   **178** Bentleius comparat ib. 524 sq. *inque leues
abiit paulatim spiritus auras* | *paulatim cana prunam uelante fauilla.* ceterum
uide Naeu. ap. Varr. l.L. ix 78 *uita insepulta laetus in patriam redux*   **179**
atalanteos M, **athlanteos** G (item Matritensis apographus Vrb. 668), **adlanteos**
L   **conatum** GL², conatus M, conatus L cod. Venetus. *conatum,* eum qui
conatus est, Milaniona, ut ii 40 *Sicula . . . tellure creatus* pro Theocrito : adde
v 288 sq. *sculpentem . . . condentemque* hunc uersum explicauit Doruillius
ad Charit. vi 4 (p. 532 ed. 2) collato Prop. i 1 9 sq. *Milanion nullos fugiendo,
Tulle, labores* | *saeuitiam durae contudit Iasidos ;* de eodem Ouid. art. ii 185–90
quid fuit asperius Nonacrina Atalanta ? | *succubuit meritis trux tamen illa
uiri.* | *saepe suos casus nec mitia facta puellae* | *flesse sub arboribus Milaniona
ferunt.* | *saepe tulit iusso fallacia retia collo,* | *saepe fera toruos cuspide fixit
apros,* Xen. cyn. 1 7 Μειλανίων δὲ τοσοῦτον ὑπερέσχε φιλοπονίᾳ ὥστε . . . γάμων

180   et Calydonea bellantem rupe puellam
       uincentemque uiros et quam potuisse uidere
       uirgine maius erat sternentem uulnere primo.
       quaque erat Actaeon siluis mirandus, et ante
       quam canibus noua praeda fuit, ducuntur et ipsi,
185   retibus et claudunt campos, formidine montis.
       mendacisque parant foueas laqueosque tenaces

μόνοσ ἔτυχεν 'Αταλάντησ.   Herculem significari ratus Bentleius cum edd. uett.
Atlanteos recepit, qui labores inepte hoc loco potius quam Cerynei Erymanthiique
commemorarentur   **180** *bellantem,* bello se inserentem quod dicit Grattius
cyn. 13 ferino, neque enim plane simile est Stat. Theb. IX 15 sq. *nonne Hyrcanis*
bellare putatis | tigribus ?   uix dignus memoratu est thesauri ling. Lat. error
II p. 1819 11 sq.   *Calydonea rupe,* Strab. p. 460 ὅταν δὲ φῇ ('Ομηροσ) τὴν
Καλυδῶνα αἰπεῖάν τε καὶ πετρήεσσαν (Il. II 640), ἀπὸ τῆσ χώρασ δεκτέον· εἴρηται γὰρ
ὅτι τὴν χώραν δίχα διελόντεσ τὴν μὲν ὀρεινὴν καὶ ἐπίκτητον τῇ Καλυδῶνι προσένειμαν,
τὴν πεδιάδα δὲ τῇ Πλευρῶνι   **puellam LM, capellam G** propter Ouid. ex Pont. I
8 51 *rupe capellas* similemue clausulam   **181** *uincentem* eo quod prima aprum
uulnerauit et donante Meleagro τὰ ἀριστεῖα ἔλαβεν, neque enim significatur quod
Apollodorus bibl. III 9 2 narrauit ἐπάλαισε Πηλεῖ καὶ ἐνίκησεν   *quam* ' feram '
Gronouius obs. II c. 11.   similiter 600 sq. *ceti subeuntis uerberat ora.* | *nec cedit*
tamen illa uiro, 586 *ruentem* (antecessit *monstri*), 595 *illa* (neque enim *poena*
audiendum est), Cic. fam. VIII 8 10 *eas, quae ad ludos ei aduectae erant Afri-*
canae, Mart. III 58 14 *quae auis,* Sen. Ag. 499 *illam* nauem, Ouid. her. I 1 *hanc*
epistulam, Luc. VII 419 *quae* urbs, ubi uide adnotata.   sine causa et praue
Barthius *quem* (aprum), qualia nomina non sic audiuntur   **uidere M** sicut
coniecerat Barthius adu. p. 1409, **uideri GL.**   608–11 *confossis subsedit belua*
membris . . . tum quoque terribilis nec uirginis ore uidenda   **182** *maius* **LM,**
natus G, de quo mendi genere uide quos ad IV 422 laudaui, praeterea Gaselaeum
de cod. Trag. Petron. pp. 12 sq.   *sternentem* actae rei modum excedit, nam
tantummodo πρώτη εἰσ τὰ νῶτα ἐτόξευσεν, Apollod. I 8 2   **183 qua** Barthius
adu. p. 206 distinctione in fine uersus 184 posita, **quam** libri   acteon **GL²,**
tactaeon M, acteontactem L   **mirandus** Scaliger, **imitandus GL, mutandus**
M. *imitandus* et ipsum ineptum est et ineptam reddit *et* particulam, quam
Gronouius obs. II c. 11 et Bentleius *scilicet* interpretantur, plures fugiunt
interpretari ; Iacobus *at* substituebat, uolebat *sed.*   qua uia Actaeon dignus
extiterat quem mirarentur siluae, etiam antequam mutata forma uel magis
mirandus factus est, ea ipsi quoque ducuntur. Aesch. frag. 241 Nauck. ed. 2
(anecd. Bekk. p. 351) οὔπω τισ 'Ακτέων' ἄθηροσ ἡμέρα | κενὸν πόνον πονοῦντ' ἔπεμψεν
ἐσ δόμουσ, Eur. Bacch. 338–40 ὃν ὠμόσιτοι σκύλακεσ ἆσ ἐθρέψατο | διεσπάσαντο,
κρείσσον' ἐν κυναγίαισ | 'Αρτέμιδοσ εἶναι κομπάσαντ', ἐν ὀργάσιν. editores *ducuntur*
et ipsi | retibus, quod non uenatoribus sed pisciculis usu uenit, continuando
et insequentem uersum corrumpunt et faciunt ut scribi necesse sit quod Postgatius silu. Man. p. 48 coniecit *quique* (coluntque Actaeona, qui imitandus
erat), neque enim aliter constat oratio   **184** Sen. Phoen. 14 sq. *iacuit Actaeon*
suis | noua praeda canibus   **185** interpunxi. plana loca retibus, montuosa,
quae partim, utpote inaequalia et confragosa, retium usui minus accommodata
sunt, formidine clauduntur   **montes LM, mentes** cod. Venetus, **mortis**

currentisque feras pedicarum compede nectunt
aut canibus ferroue necant praedasque reportant.
sunt quibus in ponto studium est cepisse ferarum
190 diuersas facies et caeco mersa profundo
sternere litoreis monstrorum corpora harenis
horrendumque fretis in bella lacessere pontum
et colare uagos inductis retibus amnis
ac per nulla sequi dubias uestigia praedas,
195 luxuriae quia terra parum, fastidit et orbem

GL² illiciente fortasse Ouid. met. xv 153 *formidine mortis* similiue loco. formi-
dinis, hoc est lineae pinnis distinctae, uocabulo adiectum *mortis* genetiuum
ferri non posse senserunt Huetius et Marklandus ad Stat. silu. i 3 50, qui *pinnae*
proposuerunt, item Bentleius, qui scripsit *claudunt uastos formidine montes*
189 ordo est *in ponto cepisse* : Bentleium transuersum egit iv 274
ferarum nempe marinarum, id est piscium, quamquam ei a feris discernuntur
Sen. ep. 8 3 *et fera et piscis.* Albinouanus apud Senecam suas. i 15 (frag. poet.
Rom. Baehr. p. 351, Morel. p. 115) 10 sq. *seque feris credunt per inertia fata
marinis . . . laniandos . . . relinqui*   190 mersa cod. Bodl., missa GL²M,
misso L : uide iv 897 sq. *animalia . . . mersa uadis*, ii 93 sq. *submersa fretis . . .
animalia.* absurde Iacobus, cuius uerba Wageningenus exscripsit, phocas
intellegi iubet, quas litoribus profundum mittat, adlato Opp. hal. iii 138,
ubi nec de phocis nec de litoribus nec de corporibus profundo missis quicquam
dicitur, uerum de magnis piscibus fundo maris inhaerentibus.   phocarum carne
Nereus luxuriosorum gulam non pascebat   191 *sternere* Ouidius *exponere* dixit
met. xiii 933 et Manilius iv 286 *litoribusque suis populos exponere captos* : adde
v 667 *toto iacuerunt litore praedae*   *monstrorum* nomine quaedam piscium
edulium genera, ut thynni (663), ob magnitudinem appellari possunt, sed plura
ob miras et terrenis dissimiles figuras.   Plin. n.h. ix 2 *in mari . . . pleraque
etiam monstrifica reperiuntur perplexis et in semet aliter atque aliter nunc flatu
nunc fluctu conuolutis seminibus atque principiis, uera ut fiat uulgi opinio quidquid
nascatur in parte naturae ulla et in mari esse, praeterque multa quae nusquam
alibi.* eodem pertinet *facies* 190   harenis ed. Bononiensis, habenis GL²
cod. Venetus, habens L, habetis M   192 fretis G, fraetis L², pretis L, precis M.
pontum horrendum faciunt freta eius, hoc est aquae efferuescentes.   Val. Fl.
i 580 *rupes horrenda fretis*, Verg. georg. i 327 *feruetque fretis spirantibus aequor*,
Seru. Aen. i 607 *proprie fretum est mare naturaliter mobile, ab undarum feruore
nominatum*   lacessere GL², cessere LM   193 *colare*, 'quia piscatorum
nassae et retia transmittunt aquam' Turnebus adu. xxviii c. 15.   Ausonium
393 57 *cola* inter supellectilem piscatoriam memorare adnotauit Scaliger ;
adde schol. Ar. uesp. 99 δικτυῶδεσ καὶ ἠθμῶδεσ   194 dubias Bentleius, qui
adfert Mosch. v 9 sq. ὁ γριπεὺσ . . . ᾧ . . . ἰχθύεσ ἁ πλάνοσ ἄγρα, dubitat libri,
dubitant Scaliger de sola grammatica (quam ipsam Iacobus contemnit) solli-
citus, quod cum negationem requireret Gronouius *ac* in *nec* mutauit obs. ii
c. 11.   hoc piscium proprium est, ut uestigia, quibus indagentur, non faciant
proptereaque minus certa ratione capiantur   195 196 uide 374 sq., Pacat.
pan. 14 2 *horum gulae angustus erat noster orbis*, Sen. ep. 89 22 *quorum . . .*

uenter, et ipse gulam Nereus ex aequore pascit.
at Procyon oriens, cum iam uicesima Cancro
septimaque ex undis pars sese emergit in astra,
uenatus non ille quidem uerum arma creatis
200   uenandi tribuit.   catulos nutrire sagacis
et genus a proauis, mores numerare per urbes,
retiaque et ualida uenabula cuspide fixa

---

gula . . . maria scrutatur, . . . nullis animalibus nisi ex fastidio pax est, 95 19
luxuria terrarum marisque uastatrix, dial. XII 10 3 *undique conuehunt omnia,*
nota ignota, fastidienti gulae, Plin. n.h. IX 105 *in gulas condi maria*, XXVI 43
huic (aluo humanae) *profundi uada exquiruntur*   **195 luxuriae** Regiomontanus, luxuria libri   **quia GL, qua M**   fastidit et Bechertus, fastidiet libri,
ut Iuu. VI 332 alii *ueniet* alii *uenit et*   *orbem*, terram siccam, ut I 302
et locis ibi adlatis, quibus adde IV 829   *luxuriae quia terra parum, fastidiet*
orbem | *uenter* idem est ac si dicas *quia terra parum est*, propterea parum erit ;
quae in protasin et apodosin distributio eorum quae eandem sententiam con-
tinent tam mirifice placuit editoribus ut insequentem uersum *pascit* in *pascet*
mutando corruperint ne hunc 195 emendare cogerentur. causa quaestus
piscatorii a saeculi luxuria et fastidiosa gula repetitur. Becherti correctionem
recepit quidem Wageningenus sed adeo non intellexit ut distinctionem quae
post 194 fiebat tollendam esse non uideret   **197–205** cum uicensima septima
Cancri parte oritur Procyon : consentit, qui consentire non debuit, astrologus
anni post Christum 379 in C.C.A.G. v i p. 201 24 sq. ; de signo Cancri Eudoxus
ap. Hipp. II 2 13 et Valens p. 8 28, etiam Hipparchus III 1 13, quamquam
partem dicit tertiam et dimidiam   **197 cancro M, cancro est GL,** *est* abiecit
Scaliger sed *Cancri* nouauit. uide 631 *Piscibus*   **197 198** *uicesima . . .*
septimaque, IV 466 *uicesima et altera*, ubi huius loci meminisse debui. nunc
addo monum. Antioch. 8 *quadracensumum et alterum*, ubi Ancyr. *alterum et*
quadragensimum   **198 sese GL²,** om. **LM** : non praestat scribere ⟨*se*⟩ *pars*
  199–205 facit Procyon qui uenandi instrumenta parent et canes alant
  199 200 Gratt. 23 *et arma dabo et uenandi persequar artes*   **200** infinitiui
nutrire numerare formare fabricare a *dabit* 205 suspensi sunt. Procyon creatis
dabit nutrire catulos et fabricare quaecumque opus sunt ; quod quid sonet
si quis puer ignorat, is lexica et artes adeat, Breiteri et Wageningeni com-
mentarios fugiat, quibus ad errandum una uia non satis late patebat. de
Cramero mentiuntur, qui etsi ordinem uerborum non cepit, recte tamen comparauit IV 193 *dabit perquirere* et v 294–7   **201** a proauis GL², aproaui L,
aproam M, ac proaui cod. Venetus   *urbes*, patrias ; uide IV 734 ibique
adnotata.   recte Gronouius obs. II c. 11, qui contulit Gratt. 154 sq. *mille canum*
patriae ductique ab origine mores | *quoique sua*, Varr. r.r. II 9 5 *uidendum ut*
boni semini sint. *itaque et a regionibus appellantur Lacones, Epirotici, Sallen-*
tini   **202 fixa GL²M,** fixta L, hoc est *fixsa* potius quam *ficta*. *uenabula*
cuspide fixa, quod thesaurus ling. Lat. inter aliena et uulgaria refert VI p. 710 81,
interpretibus notissimum sit oportet loquendi genus, tacent enim. mihi
licenter usurpatum uidetur tali ratione quali, ut *praefixa cuspide myrtum*,
sic *asseres cuspidibus praefixi* dicitur, significarique uenabula fixam cuspidem
habentia ; etsi nihil noui quod propius accedat quam Lucr. V 1205 *stellis*

lentaque conrectis formare hastilia nodis,
et quaecumque solet uenandi poscere cura
205 in proprios fabricare dabit uenalia quaestus.
    cum uero in uastos surget Nemeaeus hiatus
    exoriturque canis latratque Canicula flammas

. . . *micantibus aethera fixum,* quae uerba Lambini interpunctionem secutus
eo sensu accipio quo Ennianum Vergilianumque *caelum stellis fulgentibus* siue
ardentibus aptum. non temere esse uidetur quod Grattius in 108 sq. *ualido
primus uenabula dente* | *induit* uerbum posuit quod pariter duplici con-
structione utitur, potest enim dens uenabulis indui dici   203 conrectis Vlitius
ad Gratt. 144, contextis GM, contexos L.   contexendo non hastilia formantur
sed retia, Nemes. cyn. 300 sq. *plagas longoque meantia tractu* | *addiscant raris
semper contexere nodis.* Bentleius adfert Sil. XIV 320 sq. *trabs fabre
teres atque erasis undique nodis* | *nauali similis malo.* nodi ramuli sunt
trunco prominentes, quibus exputatis adleuatisque enodari dicitur et fit teres.
ceterum de hastilibus praecipit Grattius 127–49, qui quos Manilius *nodos,*
eos gemmantis uersus appellat 144 et exigi iubet   204 quaecumque Reinesius
in Scal. ed. 3 p. 21, quicumque M illi ignotus, quodcumque GL, quod ut defendi
possit, certe durum est neque cur poeta ita loqui maluerit intellegitur
    206–250 cum Leone orientia, Canicula et Crater   206–233 cum prima
parte primisue partibus Leonis oritur Canicula: de Leone consentiunt Aratus
595 et Eudoxus ap. Hipp. II 2 32.   certam ob causam adscribo Seru. georg.
I 218 *Canis paranatellon est Cancri, id est cum eo oritur:* . . . *Nigidius commentario sphaerae Graecanicae 'oritur enim Canicula cum Cancro'*   206
nemeaeus ed. quaternaria et Aldina, nemeus LM, ne meus G   *cum surget,
exoritur,* I 469 sq. *cum implebitur, nitent,* ubi pauca ex multis similibus attuli.
surget ab edd. uett. in *surgit* mutatum restituit Bentleius, rursus corrupit
Breiterus   *in uastos hiatus,* uide 38   *hiatus* 'primam partem Leonis
intellegit.   nam τὸ χάσμα in eius asterismo prima pars eius est' Scaliger:
Ptol. synt. VII 5 (Heib. uol. I ii p. 96 18) ὁ ἐν τῷ χάσματι (ἀστήρ), adde Man.
IV 536 *malis hiscentibus*   207 'illud *que canis* mendose fertur . . . *canis
et canicula* idem sunt' Bentleius, a quo uerum discere noluerunt et Scaligeri
mendacium, Canem signum, Caniculam stellam esse, refouerunt Breiterus et
Wageningenus.   utramque rem utroque nomine dici exemplis demonstrauit
Huetius, Canicula autem signum est I 396, idque, non stella, latrantis speciem
habet.   mendum sic corrigendum uidetur ut simul tollatur, quae facit ut
tamquam ἐκ παραλλήλου ponantur exoriendi latrandique uerba, *que* particula,
nec male Schraderus *exoritur candens* coniecit, quamquam non deterius esset
⟨*laeua*⟩; sed altera oritur dubitatio, de qua statim dicturus sum   flammas
GLM, flammis L², *flammans* Scaliger, quibus coniecturis opus non esse et flammas
latrare dici posse quae eas patulo ore edat Caniculam si probari cupias, ea
cura non Stoeberis Breiteris Wageningenis, qui Germ. phaen. 334 *ore uomit
flammam* et in lexicis inuentum Stat. Theb. II 338 *magnas latrantia pectora
curas* tamquam similia adscribunt, uerum paulo et doctioribus et acutioribus
hominibus demandanda est. igitur etsi non pari at tamen suppari audacia
Statius silu. I 3 5 *illum nec calido latrauit Sirius astro,* IV 4 12 sq. *fuga ueris* . . .
Icariis caelum latratibus urit, Culicis poeta 220 de Cerbero *diris flagrant latra-
tibus ora,* Hermesianax ap. Athen. p. 597c uu. 10 sq. de eodem κυνὸσ | ἐν πυρὶ

et rapit igne suo geminatque incendia solis.

qua subdente facem terris radiosque mouente

210 dimicat in cineres orbis fatumque supremum

sortitur, languetque suis Neptunus in undis,

et uiridis nemori sanguis decedit et herbis.

cuncta peregrinos orbes animalia quaerunt

atque eget alterius mundus ; natura suismet

215 aegrotat morbis nimios obsessa per aestus

inque rogo uiuit : tantus per sidera feruor

funditur atque uno ceu sunt in flumine cuncta.

μὲν φωνὴν τεθοωμένου, ἐν πυρὶ δ᾽ ὄμμα, Ouidius met. VII 114 de tauris Colchicis *fumi-*
ficisque locum mugitibus impleuerunt.   haec si cui non uidebuntur sufficere,
fortasse eam uersus emendandi rationem probabit qua inita anno 1900 proposui
exoritur lat⟨rans spi⟩ratque Canicula flammas   208 **rapit** GL², rapiet L,
rapet M.   Caniculae ignis ignem solis ad se rapit et uicissim auget.   aliis,
ut Columellae X 400 *canis Erigones flagrans Hyperionis aestu,* sidus a sole,
aliis, ut Plinio n.h. II 124 *solis uapor geminatus ardore sideris,* sol a sidere accendi
uidebatur : Manilius utrumque coniunxit.   quamquam ingeniosa est Scaligeri
coniectura *rabit,* quod uerbum canis imagini (Hor. epist. I 10 16 *rabiem
Canis et momenta Leonis*) et latratui (Varr. ap. Non. p. 40 *quid latras ? quid
rabis ?*) aptissimum in frequentiorem uocem mutatum est et uersu 224 et Cic.
de diu. I 66 (Enn. Alex. ut uidetur) *sed quid oculis rabere (rapere* codd. plerique)
uisa es derepente ardentibus ?   209 **mouente** G, mouentem LM   210 dimi-
candi uerbo apud poetas rarissimo Manilius praeterea non est usus, neque
ulla orbis cum Canicula dimicatio est.   illis *fatum supremum sortitur,* de quorum
sententia ad I 895 dixi, conuenit, quod ibi proposui, *diuinat cineres,* hoc est
ἐκπύρωσιν futuram   211 III 631 *tepidum pelagus pacatas languet in undas*
212 **nemori** GL², nemoris LM   *uiridis sanguis* uertit Drydenus, The
flower and the leaf 8–11, *buds that yet the blast of Eurus fear | stand at the door
of life, and doubt to clothe the year, | till gentle heat and soft repeated rains | make
the green blood to dance within their veins.* Nemes. cyn. 29 (Myrrha) *iuit
in arboreas frondes animamque uirentem,* Plin. n.h. XVI 181 *umor et cortici
arborum est, qui sanguis earum intellegi debet,* 183 ;   nam aliter Callimachus
ἐλαίασ αἷμα dixit, si tamen dixit, frag. 527 Schneid., schol. Nicand. alex. 87
214 I 423 *equit Ioue Iuppiter ipse*   214–216 I 893–5 *cometae terris . . .
minantur | ardentis sine fine rogos, cum mundus et ipsa | aegrotet natura, homi-
num sortita sepulcrum*   216 *uiuit* illa quidem sed tamquam in rogum
illata   217 *flumine* sibi defendere uidentur Barthius adu. p. 207 et Ed.
Muellerus philol. an. 1903 pp. 69 sq. cum Aeschyleum ποταμοὶ πυρόσ similiaque
adferunt, in quibus id ipsum adest quod quia hic desideratur Scaliger ad
emendationem decucurrit scripsitque *lumine*   *uno ceu sunt in lumine cuncta*
Pingraeus ita enarrat ut *ceu,* quemadmodum *quasi* et *uelut* particulae ad audaciam
dicti leniendam adhibitae interdum non ad certam aliquam orationis partem sed
ad totum enuntiatum pertinent (uide II 128 *uelut,* Lucr. V 359 sq. *nulla loci
fit copia circum | quo quasi res possint discedere dissoluique,* Tac. ann. XIII
14 1 Pallas *uelut arbitrium regni agebat*), **extra** constructionem positum id

hacc ubi se ponto per primas extulit oras,
nascentem quam nec pelagi restinxerit unda,
220 effrenos animos uiolentaque pectora finget
irarumque dabit fluctus odiumque metumque
totius uulgi. praecurrunt uerba loquentis,

ualeat quod *ut ita dicam* ; cuius simile exemplum thesaurus ling. Lat. III p. 980
77 sqq. et p. 979 57 sqq. non attulit neque ipse antiquius noui quam Iuu.
VII 237 *exigite ut mores teneros ceu pollice ducat* : adde quod hoc *cuncta sunt
in uno lumine* obscure ac paene insulse dictum uidetur. itaque reponendum
puto quod Garrodus ad II 226 coniecit *uno censentur lumine*, ut solius Caniculae
candore cunctorum census constare dicatur ex eoque cuncta aestimari, qualia
sunt Val. Max. v 3 ext. 3 *Aristides . . . quo totius Graeciae iustitia censetur*
et Mart. I 61 3 *censetur Apona Liuio suo tellus*   **218–233** facit Canicula
iracundos atque adeo rabiosos, ferarum formidulosiorum uenatores. oblitus
est poeta se quales hac zodiaci parte surgente nascantur homines aliter tradi-
disse IV 535–41   **218 ponto GL²**, ponta LM   primas cod. Bodl., proximas
GLM, quae duo, *primus* et *pximus*, etiam Mart. II 67 2 confusa sunt et pluribus
locis a Vahleno Herm. an. 1910 pp. 303 sq. collectis. uide I 643 *ubi se primis
extollit Phoebus ab undis*. emendationem cum iterasset Reinesius, com-
memorasset Ellisius noct. Man. p. 173, ego ed. lib. I p. xxviii amplexus essem,
pro sua protulit Breiterus absurde interpretatus, cui de utraque re Wageningenus fidem habuit. *pronas* cod. Flor. et edd. plerique, hoc est opinor deuexas,
quod ferri posse iudicarem si de occidente sidere ageretur   **219** *nascentem*,
surgentem, ut II 940 et passim   quam nec M, quem L, si quem GL²
restinxerit G, restrinxerit LM cod. Venetus   sic uersum sine coniecturae
ope emendatum dedi anno 1900, secutique sunt qui postea poetam ediderunt.
Bentleium, cum has duas lectiones recte coniunxisset, non adquieuisse miror
     220 finget GL², fingit LM   **221 fluctus** Voss. 1 aliique, **fletus GLM**
cod. Venetus. Woltierus de Man. poet. p. 56 adscripsit Lucr. III 298 *nec
capere irarum fluctus in pectore possunt* et VI 74 *magnos irarum uoluere fluctus*
(iterum *fletus* libri), quibus Ellisius noct. Man. p. 174 addidit Verg. Aen. XII
831 *irarum tantos uoluis sub pectore fluctus* ; accedant Aen. IV 532 *saeuit amor
magnoque irarum fluctuat aestu*, XII 527 *fluctuat ira intus*, Val. Fl. III 637 *ingenti
Telamon iam fluctuat ira*, Val. Max. IX 1 init. *ira quoque et odium in pectoribus
humanis magnos fluctus excitant* (nam Colum. I praef. 8 sibi habeat Bacherlerus
thes. ling. Lat. VI p. 948 30). ' Die konjektur *fluctus* wird man also nicht
billigen ' Roeschius Man. und Lucr. p. 42 ; cuius sapientiae participes
Breiterum et Wageningenum quominus *fletus* etiam in Lucretii uersu retinen-
dum et prouerbium in Cic. legg. III 36 recte sic traditum esse, *excitabat enim
fletus in simpulo*, contenderent non iudicium prohibuit sed ignorantia. contrarius in quibusdam libris error Luc. IX 59   **222 praecurrunt GL**, pro-
currunt M   ' *loquentes* (casu recto) praecurrunt uerba, et animus est ante
os. adeo properant ut articulate distincteque loqui nequeant ' Bentleius :
uide nominatiuos *seruantis* I 601 et *natalis* III 617, in LM *similis* I 804. ut
uerba loquentis (acc.) praecurrant, id non iratis accidit uerum garrulis, quibus
non ante os est animus sed ante animum os, uel ut ait Isocrates ad Dem. 41
ἡ γλῶσσα προτρέχει τῆσ διανοίασ. pluralem numerum confirmat *timent* 228,
nec recte Scaliger, ut sententiarum, quae uidebatur, repugnantiam uitaret

ante os est animus, nec magnis concita causis
corda micant et lingua rabit latratque loquendo
225 morsibus et crebris dentes in uoce relinquit.
ardescit uino uitium, uiresque ministrat
Bacchus et in flammam saeuas exsuscitat iras.
nec siluas rupesque timent uastosque leones
aut spumantis apri dentes atque arma ferarum,
230 ecfunduntque suas concesso in corpore flammas.
nec talis mirere artis sub sidere tali :
cernis ut ipsum etiam sidus uenetur in astris ;
praegressum quaerit Leporem comprendere cursu.
ultima pars magni cum tollitur orta Leonis,

aut saltem leniret, post *uerba* interpunxit, incisione non Maniliana　**223**
concita cod. Venetus et Bodl., **condita GLM**　**224 rabit LM** cod. Venetus
sicut coniecerat Scaliger, **rapit GL²**　**225 relinquit L²M**, relinquid L, reliquit
G　dentium inter se arietatorum sonus, quem in irato commemorat Seneca
dial. v 4 2, etiam in emissa frendentis uoce superest.　Drac. Orest. 618 *dentibus*
illisis frangebat murmura morsus, Stat. Theb. xi 337 *obnixi frangunt mala*
murmura dentes　**226 uino** Bentleius, **uitio** libri.　hanc correctionem et ipse
cum primum poetam perlegerem statim feci et Bentleium ante me fecisse
certo sensu suspicatus sum ; quod nisi ita esse postea comperissem, uix pro-
laturus eram : adeo pauci quam certa sit ac necessaria intellegent.　liceat
tamen dixisse non ebriositatis uitio magis quam ebrietate, quod uitium non
est, iracundiam ardescere　**227 flammam M, flamma GL**　**228 rupes M,**
ripas GL cod. Venetus : idem contrariusue error 562　**229 aut M, at GL.**
falsum Ellisii de **M** testimonium non solum, qui ab eo pendebat, Bechertus
repetiit, sed Breiterus, cui Loewii collatio, et Wageningenus, cui codicis photo-
grapha praesto erant　*arma ferarum*, Ouid. met. x 546 *feras, quibus arma*
dedit natura ; enumerat Cicero n.d. ii 127 cornua dentes morsum.　locos a
Bickelio thes. ling. Lat. ii p. 601 55 sq. huc relatos Plin. n.h. ix 155, Val. Fl.
ii 547, Stat. Theb. iv 70 adeat qui ridere uolet　**230 effunduntque GL, et**
fundunt quae M　concesso **GL²M**, concerso L, conuerso cod. Venetus. *con-*
cesso, cum homines interficere non liceat.　comparauit Iacobus Tac. Germ.
9 1 *Mercurium . . . cui . . . humanis quoque hostiis litare fas habent : Herculem*
et Martem concessis animalibus placant　**corpore M, robore GL** minus obuio
sed eodem minus apto uerbo, neque enim robustos solum homines libenter
occiderent　**flammas GL, flamma M**　**231 nec talis GL, nec alis M,** hoc
est **ne talis,** quod uirgula in fine uersus posita nihilo deterius est.　uide ad
i 557 adnotata, ubi *neu* conieci　**232 ii 153** *cernis ut auersos redeundo*
surgat in artus　**uenetur L²,** ueneretur **GLM**　**233** Arat. 338–40 Λαγωὸσ |
ἐμμενὲσ ἤματα πάντα διώκεται· αὐτὰρ ὅ γ’ αἰεὶ | Σείριοσ ἐξόπιθεν φέρεται μετιόντι
ἐοικώσ. post hunc uersum Bentleius fortasse inserendum putauit i 435
intentans similem morsum (sic enim cum **M** scribendum erit) *iam iamque tenenti*
　234–250 cum tricensima Leonis parte oritur Crater : cum xxvi et dimidia
Hipp. iii 1 2, cum secundo decano Teucr. Boll. sphaer. p. 18, cum Leone etiam

235   Crater auratis surgit caelatus ab astris.

inde trahit quicumque genus moresque, sequetur

inriguos ruris campos amnesque lacusque,

et te, Bacche, tuas nubentem iunget ad ulmos,

disponetue iugis imitatus fronde choreas,

240   robore uel proprio fidentem in bracchia ducet

Vett. Val. p. 9 28, ubi post Ὕδρασ inserenda sunt μέχρι τοῦ Κρατῆροσ ex p. 10 1
234 orta **M** cod. Venetus, ora **GL**, *ore* cod. Cusanus, *orbe* Scaliger ; *orta*
primus recepit Iacobus   **235 crater** Scaliger, craterque iam Regiomontanus,
cetera **M**, ceteraque **GL** metri causa, ceteque cod. Venetus.   *cretera*, quod cum
falso Loewius Matritensi attribuisset Wageningenus spretis photographis
recepit, si Latinum esset omnino, generis esset feminini, ut *cratera* et *creterra* ;
sed quae illius formae in lexica relata sunt exempla aut codicum auctoritate
non magna (etiamsi addantur libri Cic. n.d. II 114) aut sola coniectura nituntur
caelatus M, celatus GL.   stellae auro suo signum caelauerunt : Ouid. fast.
II 79 *caelatum stellis Delphina*   **236–250** facit Crater ruris irrigui cultores,
uitium satores, potatores, decumanos, mercis aquaticae emptores **236**
sequetur Scaliger, **sequentur** libri propter *mores*. *sequetur*, eo se conferet :
uide ad IV 880   **237** *ruris* Bentleius in *riuis* mutauit, tamquam si hoc minus
abundet. Verg. georg. II 485 *rura mihi et rigui placeant in uallibus amnes*
238–242 tres uitis cultus commemorat, maritatae, iugatae, per se stantis
238 et te GL, ecce **M**   **tuas M**, **tuos GL**. *ulmo marita* Appuleius apol.
88 dixit, *ulmo marito* Catullum 62 54 non dixisse testis est optimus liber
Thuaneus. genus cum sexu confundentes Ellisius noct. Man. p. 175   et
Breiterus uulgari mendo patrocinati sunt, cuius exempla praeter Catulli uersum
adscribo Prop. II 16 18 *ipso* . . . *Tyro*, Ouid her. IV 66 *nostro* (E) . . . *domo*,
Luc. IV 422 *obliquos* (U) . . . *alnos*, Val. Fl. VI 40 *geminos Arctos*   iunget
M sicut coniecerat Scaliger, **iungit GL**   **239 ue M**, **que GL** et rei ignoratione
qui meis temporibus Manilium ediderunt   *iugis* quid esset cum intellexisset
Scaliger, cum Pingraeo errare maluerunt, qui nec rei rusticae scriptores legerant
nec uineae iugatae nomen fando audierant, Breiterus et Wageningenus. ea
de re Varro r.r. I 8 1 sq. *refert* . . . *quod genus uineae sit* . . . *aliae enim humiles*
ac sine ridicis (Man. 240) . . . *aliae sublimes, ut quae appellantur i u g a t a e, ut*
pleraeque in Italia. cuius nomina duo, pedamenta et i u g a. quibus stat rectis
uinea, dicuntur pedamenta ; quae transuersa iunguntur, i u g a . . . i u g o r u m
genera fere quattuor . . . *i u g a t i o n i s species duae*, Columella IV 17–19, qui
iugum arbori, hoc est ulmo maritae, contrarium ponit III 2 15, 21, 23, 24, sicut
hae duae cultus formae inter se opponuntur anth. Lat. Ries. 635 15 sq. *fecunda*
uitis coniuges ulmos grauat | *textasue inumbrat pampinis harundines*, harun-
dinibus enim iuga fiebant, Varr. I 8 2, Colum. IV 17 1, Plin. n.h. XVII 166
fronde (nam *fronte*, quod Breitero et Wageningeno placuit, dignum dignis,
typothetae Iacobiani ingenio debetur), pampinis utrimque per iugum pro-
repentibus et inter se iunctis (Colum. IV 17 8, anth. Lat. l.c.), ut existat species
choreas iunctis manibus exercentium : recte Scaliger. Martialis uersum X 93 2
picta . . . *p a m p i n e i s* . . . *arua i u g i s* ante multos annos explicaui in Journal
of Philology XXX p. 253   **240 fidentem M** sicut coniecerat Scaliger, **fin-**
dentem GL, **fundentem L²**   ducet Scaliger, ducit libri   de tertio hoc cultus
genere Columella V 4 1 *uinearum prouincialium plura genera esse comperi*. **sed**

teque tibi credet semperque, ut matre resectum,
abiunget thalamis, segetemque interseret uuis,
quaeque alia innumeri cultus est forma per orbem
pro regione colet.   nec parce uina recepta
245   hauriet, emeritis et fructibus ipse fruetur

*ex eis quas ipse cognoui maxime probantur uelut arbusculae breui crure sine
adminiculo per se stantes* (Pallad. III 11), 5 1 *uitis quae sine adminiculo suis
uiribus consistit,* 9 *duae species huius quoque culturae sunt. alii capitatas
uineas, alii bracchiatas magis probant. quibus cordi est in bracchia uitem
componere, conuenit . . . in quattuor bracchia pedalis mensurae diuidere, ita
ut omnem partem caeli singula aspiciant,* de arb. 4 1 *tertia* (uinearum species)
more arborum in se consistens, Plinius n.h. XVII 164 *per se uite subrecta.* ne
huius quidem formae, quae nunc uulgatissima est, notitia ad Breiterum aut
Wageningenum peruenerat   **241** tibi cod. Venetus sicut coniecerat Scaliger,
cibi L, sibi **GL²M**   credet Voss. 1, credit **GLM**   q. ut *, qui libri, ut Val. Fl.
v 215 *casus qui* pro *casusque ut,* Mart. x 39 3 *namque ut αγ, nam qui β.* quin
Scaliger ; sed *semper* ad illud *credet* putide et ignaue adiectum esse Bentleius
rectissimo, ut ait Hauptius opusc. III p. 474, iudicio pronuntiauit   **242**
abiunget *, adiunget iam Scaliger, **adiungit GL²M, at iungit L, et iungit** cod.
Venetus. *abiungere* in *adiungere* mutatum est Caes. b.G. VII 56 2, Stat. silu.
I 3 76, bis schol. Stat. Theb. v 389; *ab* in *ad* apud Manilium in aliis compositis II 394, III 354, 380   **thalamis G** cod. Venetus, **talamis L, calamis M.**
Bacchum a thalamis, in quibus paene cum matre periit quorumque eum
pertaesum esse consentaneum est, in omne tempus abiunget, non maritabit,
ne iugabit quidem, qui hoc genus uineae conseret. *calami,* quibus quid
adiungitur, cum necessario adminicula sint, ut Verg. georg. II 358 et
Plin. n.h. XVII 168, non, ut ibid. 102 et passim, surculi ex arboribus in arbores
insiti, inepta fiunt illa *matre resectum* ; neque enim, quidquid dicit Scaliger,
surculus *ex arbore demptus et demissus in humum* statim adminiculo adiungitur, neque matris utero ereptum deum tam calamis sustentandum quam
cortici inserendum terraue obruendum esse credas ; nihil ut adiuuet aut
Bentlei coniectura *Semeleue a matre* aut ea quam I. G. Schneiderus ad Colum.
IV 26 3 proposuit *stirpemque a matre resectam*   **interseret** Scaliger, **interserit**
libri. hoc, ut frumentum *inter uites seratur,* non tertiae culturae proprium
esse sed primae potius adici solere colligitur ex Plin. n.h. XVII 203, Colum.
v 6 11, 7 3, de arb. 16 2, Pallad. III 10 5   **243 244** Colum. III 1 4 *refert . . .
cuius generis aut quo habitu uitem pro regionis statu colere censeas, neque enim
omni caelo soloue cultus idem*   **243 est** Flor. et Bodl., **et GLM**   **244 colet M**
sicut coniecerat Scaliger, **colit GL**   **parce GL², parte LM**   **245 emeritis *,
emiseris** libri, ut Luc. VII 771 *miseris* U pro *meritis,* Stat. Theb. IX 780 *miseros*
N pro *meritos.* ipse fruetur fructibus quos labore et industria emeruit. participii sic passiuo sensu positi exempla ad I 414 attuli : adde Luc. I 357 *emeriti . . .
insignia doni,* III 622 *emerita iam morte* ; praeterea Cic. pro Q. Rosc. 44 *fructum
quem meruerunt,* Val. Max. VIII 7 ext. 1 *industria . . . quem meretur fructum . . .
recipiat,* Plin. ep. v 14 3 *fama . . . meritissima fruitur. emessis* Geuartius
elect. II c. 13 haud absurde, meti enim uuae dicuntur Verg. georg. II 410,
Colum. x 426, M. Caes. ap. Front. IV 6 (Nab. p. 69), demeti apud Columellam
et Plinium. ceteras coniecturas ne commemorandas quidem duxi   **fructibus**

gaudebitque mero mergetque in pocula mentem.

nec solum terrae spem credet in annua uota :

annonae quoque uectigal mercesque sequetur

praecipue quas umor alit nec deserit unda.

250 talis effinget Crater umoris amator.

iam subit Erigone. quae cum tibi quinque feretur

partibus ereptis ponto, tollentur ab undis

clara Ariadnaeae quondam monumenta coronae

et mollis tribuent artes. hinc dona puellae

255 namque nitent, illinc oriens est ipsa puella.

G, frugibus LM. *frugibus* in hac sententia uix potest ad segetem uuis inter-
sitam referri : potest pro uitis fructu poni, ut apud Columellam III 1 7 et aliis
locis ; sed recte opinor Scaligero duce *fructibus* ut magis proprium et acutius
dictum praeferunt **fruetur** Scaliger, **fouetur** libri **246 merget GL²M**,
mergit L **mentem GLM, mentum** cod. Venetus, quod si in M extaret
arriperetur **247 terrae GL², terra LM** *in annua uota*, ut uoti quotannis
suscepti damnetur **248 publicanus** fiet et frumenti decumas exiget
249 mercabitur uerbi causa papyrum uel spongias. uide 408 *institor aequoreae*
. . . *mercis* **250 crater humoris** Vrb. 668 et Bodl., **craterum moris (mortis**
G, mores Ven.) **GLM** cod. Venetus **251–292** cum Virgine orientia, Corona
et Spica **251–269** cum quinta Virginis parte oritur Corona : cum parte
XXVII Hipp. II 5 2 **251 tibi (t̄),** Bentleius, **ter (t̄)** libri, *quae quando quinque*
Scaliger. neque quinta decima pars decimam uersu 270 orituram praecedere
potest et quintam hic inuenit Firmicus VIII 11 1 *in Virginis parte V exoritur*
Corona **feretur** Regiomontanus, **feruntur** libri **253 clara** Scaliger, **cara**
libri. Baccho cara monumenta sunt, ille uero non commemoratur ; quod
autem corona ipsa pretiosa materie fuit, Ἡφαίστου ἔργον ἐκ χρυσοῦ πυρώδουσ
καὶ λίθων Ἰνδικῶν Erat. catast. 5, id hoc loco, ubi de florum sertis agitur,
reticendum potius quam significandum erat. I 319 *claro . . . orbe Corona,*
Arat. 71 sq. Στέφανοσ, τὸν ἀγαυὸν ἔθηκε | σῆμ' ἔμεναι Διόνυσοσ ἀποιχομένησ
Ἀριάδνησ, quos uersus Manilius interpretatur, Germ. phaen. 71 *clara*
Ariadnaeo sacratast igne Corona, Ouid. her. XVIII 151 *claram . . . Coronam,*
trist. v 3 42 **ariadnee L², adriadneae GL, ariadnae M.** *Ariadnaeae quondam,*
quam in uita gesserat. Ouid. fast. III 513 *tuae* (Ariadnes) . . . *monimenta*
coronae **254 255 dona puellae,** res puellae donata, Ariadnae nubenti ab
Horis et Venere Erat. catast. 5, Man. v 21 *Ariadnaeae caelestia dona coronae*
ipsa puella, ' the person of a maid ', ea ipsa res quae Latine puella appellatur ; qualis est Erigones sideris forma *hinc,* a parte septentrionali, *illinc*
prope aequatorem ; quas particulas Wageningenus *primum . . . deinde* interpretatur, etiam absurdius Breiterus. uide 12 et 19 **255 namque GL²,**
nam qua LM. *namque* ut hic quarto, ita Catull. 66 65 quinto, Verg. buc.
I 14 sexto loco positum est *oriens est,* uide ad I 858 et III 332 adnotata
256–269 facit Corona hortorum cultores, coronarios, unguentarios, deli-
catos. Maneth. II 325-7 Venus in Mercurii signis (quorum alterum Virgo
est) ἐν πετάλοισ στεφανώματα ποικίλλοντασ . . . εὐόδμων τε μύρων τεῦξεν τεχνήτορασ

256 ille colet nitidis gemmantem floribus hortum
260 caeruleumque oleis uiridemue in gramine collem.
257 pallentes uiolas et purpureos hyacinthos
liliaque et Tyrias imitata papauera luces
uernantisque rosae rubicundo sanguine florem
261 conseret et ueris depinget prata figuris.
aut uarios nectet flores sertisque locabit
263ᵃ ecfingetque suum sidus similesque *coronas*
Cnosiacae faciet ; calamosque in mutua pressos   263ᵇ

ἄνδρασ   **256** *ille* qui Corona natus erit : uide 318, 332, 527, 701 et ad IV
510 adnotata   **260** minus alieno loco ante **257** posui ; nam ubi in libris
extat illa *ueris depinget prata figuris* intellectu priuat   **que M**, om. **GL** metri
causa sicut etiam ex **M** descriptus Vrb. 668   oleis Bentleius et teste Breitero
cod. Monac., foliis **GLM**.   confert Bentleius Lucr. v 1373 sq. *olearum | caerula*
. . . *plaga* et Ouid. art. II 518 *caerula . . . Palladis arbor*, adde Iuu. XIV 144
montem qui canet oliua   gramine **GL**, germine **M** : uide Culic. 47 *lurida*
qua patulos uelabant gramina collis, Lucr. II 322 *in uiridi . . . colli* (ubi *pabula*
laeta sunt)   et ex olea (Plin. n.h. XV 19) et *uiridi e gramine* (ib. XXII 8,
Fest. p. 190 24) coronae fiebant, ex caulibus non item, ut frustra cod. Pal.
testibus Iunio et Barthio *collem* in *colem* mutarit atque Ellisius noct. Man.
pp. 176 sq. *caeruleum foliis uiridemue in germine colem* interpretatus sit ' bras-
sicas siue quae foliis purpurascunt siue quae in uiridia germinant '. quamquam sic scriptus uersus sedi quam in codicibus obtinet aptior fit neque amplius
exigit ut aut conserendi uerbum sensum mutet (conseret uiolas conseretque
nescio qua consitura collem) aut accusatiui uersuum 257–9 ad *colet* referantur,
quod praecedente *floribus* ablatiuo parum concinnum est   **258 lilia GL**,
ilia M, **uilia** cod. Venetus   *luces*, colores lucidos, ut in gemmis 512. Auson.
419 83 (Peip. p. 375) *praetextam meam purpurae tuae luce fucatam*, Ouid. met.
IX 340 sq. *Tyrios imitata colores . . . lotos*   **261 conseret et GL, consereret**
M   *depinget*, uariabit, ut I 445 *caelum depingitur astris*   *figuris* uelut
litterarum : Plin. ep. v 6 35 *alibi pratulum, alibi ipsa buxus interuenit in formas*
mille discripta, litteris interdum, quae modo nomen domini dicunt, modo arti-
ficis   ueris, ingenuis, quippe quae non pigmentis sed natiuis florum coloribus
constent : Colum. x 176 sq. *quos mille parit diues natura colores | disponat*
plantis holitor, quos semine seuit   **262 nectet GL², nectit LM**   **locabit**
GL², locauit **LM**   **263 effinget GL, et finget M**   suum **GL²M**, suos **L** cod.
Venetus, fortasse *suom*   ' effinget ex floribus coronam, sub quo sidere natus
est ' Bentleius : uide 703 *ualidas cognati sideris* (Vrsae) *ursas*   **sidus**
similesque M, similesque sidus **L**, metri causa similesque **L²** cod. Venetus,
similes **G** ; *sidus, quin mutua* Bentleius   duorum uersuum particulas agnouit
disiunxitque Iacobus, qui *similesque* ad posteriorem traxit, ego ad priorem,
cum dissimiles potius odores commiscendi sint ut fiant noui ac medii. inserui
qualia intercidisse credibile est, *coronas | Cnosiacae faciet calamosque*. ceterum
Iacobus meriti gratiam uanitate corrupit qua uersuum numerationem per
reliquam libri partem immutauit ; quam perturbationem Breiterus et
Wageningenus, cum nihil excidisse arbitrarentur, tamen propagarunt. ipse

incoquet atque Arabum Syriis mulcebit odores
265   et medios unguenta dabit referentia flatus,
ut sit adulterio sucorum gratia maior.
munditiae *cordi* cultusque artesque decorae
et lenocinium uitae praesensque uoluptas.
Virginis hoc anni poscunt floresque Coronae.
270   at, cum per decimam consurgens horrida partem
Spica feret prae se uallantis corpus aristas,
aruorum ingenerat studium rurisque colendi

cum Becherto antiquos numeros seruaui   **264 syriis** * (uel **suriis**), **siluis**
libri, quod ut sensum acciperet et in orationis structuram intraret Reinesius
Scal. ed. 3 p. 21 coniecit *eque Arabum siluis miscebit odores*, neque enim odores
siluis mulcentur. **mulcebit**, hoc est suauiores reddet, Arabicos odores Syria-
corum admixtione, quo adulterio nascuntur medii quique utrosque gratia
superent. Arabiae odores Plinius n.h. xii 51–106, Syriae 124–35 enumerat,
pluribus mixtis unguenta fieri docet xiii 1–18. mulcendi uerbum similiter
usurpatur Sil. vii 169 *pocula . . . sucis mulcere Lyaei* nec multo aliter Man.
v 333 *mulcebitque sono Bacchum*   **265** *medios*, ad illa *in mutua* et *adulterio*
accommodatissimum uerbum, ut seruari posset superioris uersus emendatione
effeci : seruauerat quidem Bechertus, sed idem alia multa quae intellectu
carerent. *medicos* cod. Flor., *Medos* Bentleius, qui alterum odorum genus
deesse optime senserat *referentia*, reddentia, respirantia   **266** *adulterio*
antiquissimum, ut uidetur, huius translationis exemplum deest thes. ling.
Lat. i p. 883 46, adest loco alieno p. 882 82   **267 cordi** addidi collato Verg.
Aen. ix 615 *desidiae cordi*, quae uox omissa et in margine adiecta causa fuisse
potest cur libri in fine uersus *decori* praebeant. facilius excidisset *curae*,
sed nec sono commendatur nec praesenti uoluptati conuenit. Bentleius
placent post *cultusque* inseruit, priores cum cod. Flor. *adsunt*   **decorae** Flor.
et Bodl., **decori GLM, doceri** cod. Venetus : uide 146 *cura sui cultus frontisque
decorae*, ubi item Ven. *decori*. hoc Stoeberus genetiuum esse dicit
268 *lenocinium uitae*, quae uitam gratiorem reddant   **269** anth. Lat.
Ries. 646 49 sq. *collige, uirgo, rosas, dum flos nouus et noua pubes, | et memor
esto aeuum sic properare tuum*, Plin. n.h. xxi 2 *flores . . . odoresque in diem
gignit* (rerum natura), *magna, ut palam est, admonitione hominum, quae spec-
tatissime floreant celerrime marcescere*   **270–292** cum decima Virginis parte
oritur Spica. ea uero nec decimae nec ulli parti παραυατέλλει sed una est
ex ipsius Virginis stellis, non procul ab extremo signo posita, parte xxvi Ptol.
synt. vii 5 (Heib. uol. i ii pp. 102 sq.)   **270–272** *cum feret, ingenerat* : uide
ad i 469   **270** *per decimam partem*, 647 *per extremos . . . Pisces*   **271 prae**
se Scaliger, praesens libri, ut Stat. Theb. iii 433 a prima manu P   **uallantis**
M, ualentis GL, que ualentes cod. Venetus. contulit Bentleius Cic. de sen. 51
contra auium minorum morsus munitur uallo aristarum   **272–292** facit
Spica agricolas, pistores, laquearios   **272–279** ex aequo ponuntur nomina
et infinitiui, *studium, credere, sequi, quaerere, artis*, ut iv 285–9 et locis ibi
adlatis ; ad *artis* autem per appositionem accedunt *subdere ducere mergere*

seminaque in faenus sulcatis credere terris
usuramque sequi maiorem sorte receptis
275   frugibus innumeris atque horrea quaerere messi
(quod solum decuit mortalis nosse metallum :
nulla fames, non ulla forent ieiunia terris ;
278ᵃ   diues erat census saturatis gentibus *olim*
argenti uenis aurique latentibus orbi)   278ᵇ
et, si forte labor uiris tardauerit, artis
280   quis sine nulla Ceres, non ullus seminis usus,
subdere fracturo silici frumenta superque
ducere pendentis orbes et mergere farra
ac torrere focis hominumque alimenta parare

---

torrere parare uariare, ut v 72 sqq. et 370 sqq.   **273–275** uide III 152 et thes. ling. Lat. VI p. 483 66 sqq., ubi scriptum oportuit Ouid. art. II 513

274 *usuram sequi* ut Hor. serm. I 6 87 *mercedes sequerer*   **275** *quaerere* neque inuenire quae messem capere possint : pan. Mess. 185 *horrea fecundas ad deficientia messes*, Verg. georg. I 49 *immensae ruperunt horrea messes*, II 516–8 *annus . . . prouentu . . . oneret sulcos atque horrea uincat.* ita Luc. v 280 *oculos morti clausuram quaerere* (frustra) *dextram*, Man. II 260, v 318. hoc et Firmicum VIII 11 3 fefellit et interpretes, qui *quaerere* pro *parare* positum putant   **276** *quod metallum*, semina terris condita, ad quam rem metalli nomen ob similitudinem quandam ita transfertur ut argenti ad craterem fictilem Ouid. met. VIII 668 sq. *omnia fictilibus ; post haec caelatus eodem | sistitur argento crater*   **278** deleuit Bentleius. ' *erat*, ἦν ἄν. conditionale enim est ' Scaliger, neque aliter accipi potuit ; sed indicatiuum ipsum per se rectum non recte illi *forent* subiungi sensit Bentleius : Iacobus progr. Lubec. an. 1836 p. 6 se non sentire ignorari noluit. apte homines tum diuites fuisse dicerentur cum alia metalla non nossent ; sed eius sententiae pars necessaria deest, quam suppleui, et ita quidem ut *orbi* alio traherem, quae uox *gentibus* datiuum esse, ut oportebat, non patiebatur proptereaque in *orbis* a cod. Cusano et multis editoribus mutata est   **279** interpunxit Pingraeus : *artis* accusatiuus unde penderet dixi ad 272   *uiris* Vrb. 668, aut hoc aut **iuris GLM**, male *ruris* Flor. et Bodl. coniungentes *tardauerit artes* et Becherto excepto editores. senes diutino labore confecti eique iam non pares opus pistorium exercebunt   **artes GL, artem** cod. Venetus, **actis M**   **280** *quis sine* etiam IV 133, utrobique ex Verg. georg. I 160 sq. *arma | quis sine nec potuere seri nec surgere messes*   *Ceres*, panis, ut IV 251   **281 fracturo silici** Barthius adu. p. 256, **fracturos silicis** cod. Venetus, **facturos GLM**, tum luci **G** et li pro uar. lect. supra scripto **L**, liti **M**. quod *silex* I 856 feminini est generis, eadem apud Ouidium inconstantia est. *silices molarum* commemorat Moreti poeta 23. Huetius confert Verg. georg. I 267 *nunc torrete igni fruges, nunc frangite saxo*, Bentleius Aen. I 178 sq. *fruges . . . et torrere parant flammis et frangere saxo*, plura uide in thes. ling. Lat. VI p. 1242 69 sqq.   **282 post 283 G**

ducere, Val. Fl. II 448 sq. *tracto pars frangit adorea saxo | farra*, quod temptari non debuit   *pendentis orbes*, τὸ ἐπιμύλιον, catillum metae imposi-

atque unum genus in multas uariare figuras.

285 et, quia dispositis habitatur spica per artem
frugibus, et structo similis conponitur ordo,
seminibusque suis cellas atque horrea praebet,
sculpentem faciet sanctis laquearia templis
condentemque nouum caelum per tecta Tonantis.
290 haec fuerat quondam diuis concessa figura,
nunc iam luxuriae pars est : triclinia templis
concertant, tectique auro iam uescimur auro.

tum. Moret. 26 sq. *rotat adsiduum gyris et concitat orbem,* | *tunsa Ceres silicum*
rapido decurrit ab ictu   *mergere,* Moret, 44 sq. *tepidas super ingerit undas,* |
contrahit admixtos tunc fontes atque farinas   **farra M** et pro uar. lect. **L,**
sacra GL   **284** Firm. VIII 11 3 *facit etiam* (Spica) *pistores dulciarios.* Mart.
XIV 222 PISTOR DVLCIARIVS.   *mille tibi dulces operum manus ista figuras* | *extruet*
uariare Scaliger, **uariasque** libri. qui ingeniosiores esse uolent, sciant
Breiterum coniecturae de emend. Man. p. 18 prolatae postea paenituisse
285–288 interpunxit Bentleius : ' *quia spica* inquit *habitatur frugibus* siue
granis, quas in glumis aut folliculis tamquam *in cellis atque horreis* conditas
tenet, eaeque fruges in spica *artificiose dispositae sunt* et *componunt ordinem
similem ordini* humana arte atque opera *structo,* quia haec, inquam, in spica
sunt, quasi arte et ordine et rationibus architectonicis, idcirco *sculpentem
faciet sanctis laquearia templis* '.   Scaliger 288–292 post 508 traiecerat praeeunte
aliqua ex parte man. rec. in **G** *hi quinque uersus infra reiiciendi*   **285 habi-**
tatur L²M, habeatur GL, habetur cod. Venetus. IV 302 *inque uicem ternis
habitantur sidera signis* ; uide etiam V 399   **286 et structo** Bentleius, **exstructos**
G, exstructu cod. Venetus, **destructos LM,** unde ac Ellisius Hermath. an. 1893
p. 282, quod uerum puto. contulit Scaliger Cic. sen. 51 *frugem spici ordine
structam*   **288–292** in **L** nec prima nec ea quam secundam appellare solemus
manus scripsit, sed tamen antiqua. qualibus autem hominibus in hoc opere
successerim documento sit quod et Breiterus et Wageningenus recenti manu
in margine scriptum esse narrant *olim lacuna ; restituimus* : scriptum est
reapse *olim laquearia et testudines fiebant solum in templis,* deinde eiusdem
argumenti plura. ne illa quidem quae **G** in margine habet ita describere
potuerunt ut non unam uocem omitterent   **288** *sculpentem,* eum qui sculpit,
uide ad 179   **289** *nouum caelum,* diuérsum ab eo unde deus descendit : Vitr.
VII 3 3 *cameris dispositis et intextis imum caelum earum trullissetur.* uide Stat.
silu. IV 2 31 *aurati . . . putes laquearia caeli*   **tonantis** Flor. et Bodl., **tenacis**
GLM cod. Venetus, ut IV 252 *fugacem* libri pro *fugantem*   **290–292** Plin.
n.h. XXXIII 57 *laquearia, quae nunc et in priuatis domibus auro teguntur, post
Carthaginem euersam primo in Capitolio inaurata sunt censura L. Mummi.
inde transiere in camaras quoque et parietes, qui iam et ipsi tamquam uasa
inaurantur*   **291** *nunc iam* ubi satis erat *nunc* Liu. V 17 7 *antea . . . nunc
iam* et alibi   **est** Scaliger, et **GL,** om. **M,** *luxuriae paret* Bentleius. coniunctio
nec oratione nec caesurae genere commendatur   *triclinia,* cenationes.
Suet. Ner. 31 2 *cenationes laqueatae,* Sen. ep. 90 15 *cenationum laquearia*
   292 sub laquearibus inauratis cibum sumimus de aureis patellis. Plin.

sed parte octaua surgentem cerne Sagittam
Chelarum.   dabit et iaculum torquere lacertis
295   et calamum neruis glaebas et mittere uirgis
pendentemque suo uolucrem deprendere caelo
cuspide uel triplici securum figere piscem.
quod potius dederim Teucro sidusue genusue
teue, Philoctete, cui malim credere parti ?
300   Hectoris ille faces arcu taedamque fugauit

n.h. IX 105 *parum est nisi qui uescimur periculis etiam uestiamur.* in *auro*
repetito mutatur θέσεωσ et ἄρσεωσ ratio ut IV 261 *terris . . . terris,* Ouid.
her. X 57 *ambo . . . ambo,* anth. Lat. Ries. 405 5 *nobis . . . nobis*   293-338
cum Libra orientia, Sagitta Haedus tertius Lyra   293-310 cum octaua
Librae parte oritur Sagitta   294-310 facit Sagitta sagittarios et iaculatores
    294 pro *et* Bentleius *haec,* quod etiam Reinesium Scal. ed. 3 p. 22 uoluisse
puto. Pingraeus, cum traditam lectionem et retineat et sibi magis placere
profiteatur, tamen interpretatur Bentleianam, quam ipse probo   **lacertis**
GLM, uel sagittis add. L   295 *glaebas et.* raro apud hunc poetam exemplo
coniunctio ideo postponitur ne quartus pes uoce spondiaca constet : ita IV
353 *partes et,* contra I 771 *et strictas,* II 645 *et uires,* IV 219 *et sulcis.* semel
I 473 *nec,* I 531 *sed,* numquam *uel aut ac atque quod quia nam si nisi* illam ob
causam huc detruduntur, quae plus uiginti exemplis suum locum retinent.   ab
norma recedit *cum,* libero poetae arbitrio quater ante spondeum, deciens post
collocatum   *glaebas mittere uirgis.* glaeba terrae flexili hastili imposita
eoque agitato excussa satis longe et uelociter mitti potest, et ita quidem ut
collinees ; qualem artem me puerum inuenire memini nec semper destinatum
non ferire, siue is frater siue soror fuit.   *glaebas* necessario terrenas esse sensit
Breiterus, cui temere oblocutus Skutschius opusc. p. 422 *uisci grandiculos*
globos interpretatur quibus in fundas inditis se miles Plautinus Poen. 481
homines uolaticos iaculatum esse mentitur.   at neque *uisci* genetiuum supponi
licet neque iaciebant uiscum quos Manetho IV 243 ἰξοβόλουσ δολοεργούσ appellat
aucupes sed uiscata uirga auem tangebant, qua de re exposuerunt O. Iahnius
in Mittheilungen d. antiqu. Gesellsch. in Zürich uol. XIV p. 109 (19), K. Zacherus
Herm. an. 1884, pp. 432-6, O. Crusius ib. an. 1886 pp. 487-90, I. Meskius
Berl. phil. Woch. an. 1908 pp. 221-4 ; illius autem artis mentio non tam
Sagittae et huic loco quam uersibus 372 sq. conueniret. impudenter uulgo
glaebas glandes plumbeas, *uirgas* partim fundas partim sagittas enarrant
    296 deprendere GM, dependere L.   Scaliger attulit Sil. XVI 565 sq. *uolucres*
. . . uagas deprendere nube | *assuetus iaculis*   298 *potius* Scaliger, totius
libri   *teucro* Flor. et Bodl. et in L man. rec., tecicro GL, tocycro M   299 *ue*
GL, *ne* M   *Philoctete* ut Ouid. met. XIII 329 et Αἰήτη apud Apollonium
Rhodium   malim L², mallim GL, mallum M   *cui parti* zodiaci quam
Chelarum octauae *te credere malim,* hoc est a qua parte ortum credere, non
dissimili breuitate dictum ac IV 933 *homini diuinos credere uisus*   300 301
Hom. Il. VIII 266-334, XV 436-85   **300 arcu GLM, arcus et L², unde** *arcus*
et tela cod. Cusanus   taedam *, tela L, telum M, ut in archetypo fuisse uideatur
telam, telo G propter *arcu,* pro quo poni debuisse, quod Scaliger ed. 1 coniecit,
telis sensit Bentleius inuitique ostendunt qui ei aduersantur Doruillius Charit.

mittebat saeuos ignes quae mille carinis.
hic sortem pharetra Troiae bellique gerebat
maior et armatis hostis subsederat exul.
quin etiam ille pater tali de sidere cretus
305 esse potest, qui serpentem super ora cubantem
infelix nati somnumque animamque bibentem
sustinuit misso petere ac prosternere telo.
ars erat esse patrem ; uicit natura periclum
et pariter iuuenem somnoque ac morte leuauit
310 tunc iterum natum et fato per somnia raptum.
at, cum secretis inprouidus Haedus in antris

ed. 2 p. 436 Stoeberus Pingraeus adferendo Verg. Aen. xii 815 *non ut tela
tamen, non ut contenderet arcum*, cui loco adde Ouid. trist. v 7 15 sq. *arcum* |
telaque et Stat. Theb. ix 721 *tela . . . arcumque.   faces taedamque* coniunxit
Liuius xlii 64 3   **301 saeuos** Ellisius noct. Man. p. 179, que suos libri, nisi
quod pro *mittebatque* cod. Venetus *mitte*   **quae ***, qui Scaligero praeeunte
Ellisius, et libri   scriptum fuerat *mittebat suos ignesque mille carinis*, deinde
metro consultum est.   enuntiatum relatiuum, quod in Ellisii lectione Hectoris
nomini subiunctum adiectio erat minime necessaria (uide Ouid. ex Pont.
iv 7 41 sq.), nunc illius *taedam* definitio fit.   *mittebat ignes* nullo modo ad
Teucrum referri posse intellexit Scaliger, sed nec illius nec ceterorum coniecturae mentione dignae sunt.   Bentleius uersum deleuit   **302 sortem pharetra**
Bentleius, **ortam pharetram GL, orta inpharetro M**   belli Bentleius, **bellum**
libri propter *gerebat*   **303** ' *maior armatis*, quia τοξόται, qui arcum gesta-
bant, cetera inermes erant ' Bentleius collatis Soph. Ai. 1120–3 M. ὁ τοξότησ
ἔοικεν οὐ σμικρὸν φρονεῖν . . . μέγ' ἄν τι κομπάσειασ, ἀσπίδ' εἰ λάβοισ.   T. κἂν
ψιλὸσ ἀρκέσαιμι σοί γ' ὡπλισμένῳ   ' *subsederat exul*, substiterat in Lemno '
idem, ut iam Barthius adu. p. 257 ; nam Scaliger docte errare maluerat
   304–307 fabula de Alcone Atheniensi Phaleri unius ex Argonautis patre
siue Cretensi Herculis comite narratur Val. Fl. 1 398–401 (uide Apoll. Rhod.
i 96 sq.), anth. Pal. vi 331, Sidon. carm. v 154–60 (uide 183), Seru. buc. v 11,
quos locos collegerunt Leopardus emend. vi c. 6 et Scaliger   **306 somnum**
Flor. et Bodl., **sonum GLM**   bibentem GL², uiuentem LM   *somnum
animamque* ἓν διὰ δυοῖν, dormientis animam   **308 arserat GLM**   **310 natum
et fato** Flor. et Bodl., **nato et fatum M** permutatis finalibus, **natum et fatum GL**
   311–323 cum Libra, incertum quota parte, oritur Haedus a duobus uersu
103 commemoratis diuersus : quo de nomine, nam sidus non est, dixi in prae-
fatione pp. xliv–xlvi.   Firmicus, quia nullum numerum inueniebat, medium
signum elegit scripsitque viii 12 3 *in Librae parte XV oritur Haedus*   ceterum
quae Scaligero simplex ueri sensus expresserat, ' quis est iste Haedus ? . . . non
satis possum mirari quid Manilium de hoc haedo adegerit pronuntiare, qui
non est in rerum natura ', ea si Huetio liuor et petulantia ut non calumniaretur
permisissent, turpes errores uitare potuit   **311 antris *, astris** libri ut Culic.
23 *astra* (contrarius error Man. iv 142), **aruis** Bentleius (uide iii 74).   ordo est
erranti in secretis antris similis.   nulla sunt secreta astra : antra secreta

erranti similis fratrum uestigia quaerit
postque gregem longo producitur interuallo,
sollertis animos agitataque pectora in usus
315 ecfingit uarios nec deficientia curis
nec contenta domo. populi sunt illa ministra
perque magistratus et publica iura feruntur.

dicuntur Ouid. fast. vi 116, Stat. Theb. ix 617, 734, arua Ouid nuc. 87, Val.
Fl. i 751 ; sed ex locis ad 138 adlatis, quibus accedat Culic. 48–51 *iam siluis
dumisque uagae* (capellae), *iam uallibus abdunt | corpora . . . scrupea desertas
haerebant ad caua rupes,* apparet haedo non tam arua conuenire quam antra.
antra enim appellantur conualles, Prop. i 1 11 (Milanion) *Partheniis . . .
errabat in antris,* 2 11 *surgat . . . in solis . . . arbutus antris,* iv 4 3 *lucus
. . . hederoso conditus antro,* Stat. Theb. ix 905 *canes . . . agat . . . antris,*
C.G.L. iv p. 486 11 *antrum, uallis*   312 *fratrum,* duorum Haedorum uersu
103 commemoratorum   313 *gregem,* eosdem cum matre Capella non longe
distanti, quae praegressos seruare dicitur 130   314–323 ' isto Haedo, in
quacumque caeli parte balantem audiuit Manilius, oriente sollertes nascuntur
atque indefatigatae diligentiae. magistratibus apparebunt '—immo ipsi
magistratus adipiscentur—' sectores, cognitores '—immo delatores—' erunt.
lasciuos etiam ac temulentos producet. pantomimi quoque '—immo scaenicis
saltatoribus pares—' nascentur ' Scaliger   314 **pectora** G, **pectore** LM.
220 *effrenos animos uiolentaque pectora*   315 **effingit** G, et **fingit** LM
deficientia curis, prae curis languescentia : 62 sq. *curas . . . per omnis |
indelassato properantia corda uigore*   317 *per magistratus,* per cursum
honorum   *per publica iura feruntur,* publicum iudicandi iurisue dicendi
munus obeunt   318 *illo* LM cod. Venetus, *ullo* GL². *illo* quem Haedus
creabit, ut *ille* 256. non discrepant pluralia *animos* et *pectora,* quae unius
hominis esse possunt   **coram** Gronouius diatr. c. 26 (p. 270 ed. Hand.),
curam libri   **digitos** quaesiuerit Bentleius, **digito** libri propter *illo,* tum
quae iuuerit M, qui iuuerit G et uno tenore L, qui irruerit cod. Venetus
hasta LM, **hastae** G   reperto uero non desinunt hariolari, fecitque insitus
sui mortalibus amor ut hae coniecturae auctoribus suis Bentleiana praesta-
biliores uiderentur : *digitum inquisiuerit, digito requieuerit, digitus qui iuuerit
hastam, digito qui uicerit hastae.* sed longe insanissimo conatu Vollmerus
Berl. phil. Woch. an. 1900 pp. 1293 sq. codicis Gemblacensis, cui ante 1903
certatim seruiebant, lectiones per quattuor uersus 318–21 tuendas enarrandas-
que suscepit   ' rem egregie explicauit Scaliger, in rebus lapsus est ' Bentleius ;
quam explicationem describam. ' sectores aut mancupes manu sublata signi-
ficabant se auctores emptionis esse, ut ait Festus (p. 151 s.u. *manceps*). inde
in Verrinis (ii lib. i 141 *digitum tollit Iunius patruus* ut opus pupillo redimat,
adde iii 27 *eum qui manu quaesierit an eum qui digito sit licitus*) *digitum tollere*
in auctionibus . . . quamdiu, inquit, qui sub hoc signo nascetur uiuet, numquam deerit qui in sectionibus tollat digitum. hastam autem in auctionibus
poni solitam, puta cum bona damnati uenderentur, uulgo palam est.' accedunt
in thes. ling. Lat. v p. 1127 9 sq. Ambr. ep. 37 17 *non ille solum liber, qui dominum
licitatorem non pertulit aut tollentem digitum non uidit* et Acr. ad Hor. serm.
ii 8 25 *digito publicani licitationem uectigalium faciebant* ; sed praue adicitur
Sidon. ep. v 7 3, ubi, ut in uersu a Scaligero adlato Mart. v 62 4, a gladiatoribus

non illo coram digitos quaesiuerit hasta,
defueritque bonis sector, poenamque lucretur
320 noxius et patriam fraudarit debitor aeris.
cognitor est urbis. nec non lasciuit amores
in uarios ponitque forum suadente Lyaeo,
mobilis in saltus et scaenae mollior arte.
nunc surgente Lyra testudinis enatat undis

translatio est **319 prius que** om. **M** **319 320** delator fiet et quadruplator
efficietque ne quis impune fraudem legibus fecerit *poenam lucretur*, Val.
Max. IV 1 10 Scipio censor centurias recognoscens equitum Sacerdoti, quem
peierasse sciebat, nullo accusante *transduc equum* inquit *ac lucri fac censoriam
notam debitor aeris*, Suet. Aug. 32 2 *tabulas ueterum aerarii debitorum,
uel praecipuam calumniandi materiam, exussit*, Tac. ann. XIII 23 2–4 *Paetus
quidam, exercendis apud aerarium sectionibus famosus*, cuius *tabulae exustae
sunt, quibus oblitterata aerarii nomina retrahebat* **320 fraudarit GL²**, fraudaret
LM cod. Venetus **321** *cognitor est urbis*, uniuersae ciuitatis causam suscipit
et sic tuetur ut suam. accusatores custodes iurum appellat Tiberius Tac.
ann. IV 30 4. intellexit Gronouius de sest. IV c. 3 (pp. 272 sqq. ed. an. 1691):
uide praeterea thes. ling. Lat. III p. 1488 24 sqq. sectio et cognitura una
commemorantur Suet. Vit. 2 1 *filius sectionibus et cognituris uberius com-
pendium nanctus* urbis **M** sicut coniecerat Scaliger renitentibus Iunio
Salmasio Fayo Stoebero Vollmero, uerbis **GL**, **manibus** cod. Venetus
amores Flor. et Bodl., **amoris LM**, amaris **GL²** **322 ponit GL²**, ponet
LM *ponit forum*, deponit negotia forensia et iudicialia. peruerse enim
in loco ubi nulla praeterea uox ad aleam spectat Gronouius de sest. IV c. 3
p. 279 enarrat 'in mensa statuit alueum siue tabulam lusoriam', quam rem
Augustum Suet. Aug. 71 3 *forum aleatorium* appellasse Salmasio ad Vopisc.
quatt. tyr. 13 2 credidit, cum alii in his, *lusimus per omnes dies forumque aleatorium* (*aleatorum* libri) *calfecimus*, translationem agnoscant comparentque
Cic. ad Att. I 1 2 *cum Romae a iudiciis forum refrixerit* ; neque satis exploratum
est de loco obscuro et ut plerisque uidetur corrupto Sen. dial. XI 17 3 *tesseris
ac foro et peruocatis et huiusmodi aliis occupationibus*, ubi iterum Gronouius
'*forus* est tabula lusoria siue alueus', qui etiam ad glossam *futus, abacion*
C.G.L. II p. 515 16 in margine codicis sui *forus* adscripsit **suadente** Bentleius,
suadetque libri (fuerat opinor *suadetue*), **gaudetque** Gronouius **323 mobilis**
cod. Flor., **nobilis GLM** cod. Venetus *saltus*, saltationem, ut carm. epigr.
Buech. 1282 8 *nec saltus uitam protulit aut choreae* **scenae L²**, **staenae M**,
sene L, **seue G**, om. cod. Venetus **arte GLM**, sed **ire** pro uar. lect. **L**
scaenae mollior arte, mollius gesticulatus quam artifices scaenici, uide Lucr.
IV 980 *saltantis et mollia membra mouentis*, Iuu. VI 63 *Ledam molli saltante
Bathyllo*. incredibile est quot errandi uias interpretes inuenerint **324–338**
cum uicensima sexta Librae parte oritur Lyra : de signo consentit cod. Barocc.
Boll. sphaer. p. 465 9, nam Antioch. ib. p. 58 13 sq. omitto. hoc sidus transit
Firmicus VIII 12, qui ib. 15 3 Lyram appellat quam Manilius v 409 Fidem
324 *testudinis forma*, ea pars sideris quae ob χελεîον similitudinem, unde
initio lyra a Mercurio facta est, *testudo* uocatur, uelut Hyg. astr. III 6 *Lyra . . .
cuius ipsa testudo spectat ad arcticum circulum*, Auien. Arat. 619 *Chelys . . .*

325   forma per heredem tantum post fata sonantis,
qua quondam somnumque feris Oeagrius Orpheus
et sensus scopulis et siluis addidit aures
et Diti lacrumas et morti denique finem.
hinc uenient uocis dotes chordaeque sonantis
330   garrulaque in modulos diuersa tibia forma

tenero quam lusit in aeuo | *Mercurius, curua religans testudine chordas.* testu-
dinem Manilius etiam Cancri χέλειον appellauit II 199   **325 post fata M,
praefata GL, profata** cod. Venetus   *heredem*, Mercurium, qui primus ea
post cognominem, cui innata erat, quadrupedem potitus est.   recte Bentleius,
sed non recte idem *tantum*, quod est *tantummodo*, pro adiectiuo accepit. fabula
dupliciter traditur Hom. hymn. Merc. 24–51 et Seru. georg. IV 463   *per
heredem tantum post fata sonantis*, nam ante muta fuit.   Hom. hymn. Merc. 38
ἢν δὲ θάνῃσ, τότε κεν μάλα καλὸν ἀείδοισ, Soph. ichn. (frag. 314 293 ed. Pears.,
pap. Oxy. IX p. 55) θανὼν γὰρ ἔσχε φωνὴν ζῶν δ' ἀναυδοσ ἦν ὁ θήρ, Nicand.
alex. 560 sqq. (χελώνησ) οὐρείησ κυτισηνόμου, ἤν τ' ἀκάκητα | αὐδήεσσαν ἔθηκεν
ἀναύδητόν περ ἐοῦσαν | 'Ερμείησ, anth. Lat. Ries. 286 77 (testudo) *uiua nihil
dixi, quae sic modo mortua canto*   **326 somnum M**, quod ex Voss. 390 (qui
re uera *sonnum* habet) Bentleius rettulerat, **sonitum GL, sonum** pro glossemate
L   **feris** Bentleius et Iacobo teste P. Francius, **ferens** libri, *sonitum referens*
Reinesius, sed iure Bentleius ' continuo post *sonantis* addere *sonitum* non
poetae est uigilantis '. quamquam somnus feris addi, quae etiam tacente
Orpheo facile obdormiscunt, non satis proprie dici uidetur, ut et Francius
et Bentleius *mentem* maluerint ; alia enim res est quod uenenatis animalibus
somnum faciunt incantamenta Verg. Aen. VII 753 sq., neque significari posse puto
quod Orph. Arg. 1001–15 narratur, draconem uelleris aurei custodem Orphei
carmine sopitum esse.   sed apte Ellisius Hermath. an. 1893 p. 283 comparauit
anth. Gr. append. Cougnii I 197 2–4 (Bullet. corr. Hell. 1878 p. 401) 'Ορφέα . . .
ὅσ θῆρασ καὶ δένδρα καὶ ἑρπετὰ καὶ πετεηνὰ | φωνῇ καὶ χειρῶν κοίμισεν ἀρμονίῃ,
neque alienum est quod idem noct. Man. p. 183 ex Callistr. ecphr. 7 3 attulit
λεόντων ἀτεγκτοσ φύσισ πρὸσ τὴν ἀρμονίαν κατηυνάζετο. ceterum non longius
a litteris recedit *fretis* (hoc est *frens*), de quo uide Philostr. imag. 15 1 θέλγει
τὴν θάλατταν 'Ορφεὺσ ᾄδων, ἡ δὲ ἀκούει καὶ ὑπὸ τῇ ᾠδῇ κεῖται ὁ Πόντοσ,
Orph. Arg. 1007 sq. κοιμήσασ ("Υπνοσ) . . . κύματα πόντου, Simon. frag. 37 15
Bergk. (13 18 Diehl.) εὐδέτω δὲ πόντοσ, similia   **oeagrius L²M**, **oe graius G,
oegrius L**   **327 sensus GL, tensus** (ita Vrb. 667 et Voss. 390) uel **census**
(Vrb. 668) **M**   **328 *finem*** ut Hor. art. 406 *longorum operum finis*, quae finita
tamen redeunt : ita *finire tristitiam* carm. I 7 17 sq. dico propter Bentleium
329–338 facit Lyra cantores, fidicines, tibicines, musicae deditos. Maneth.
II 329–34 Mercurius in Veneris signis, quorum alterum Libra est, θῆκεν . . . αἱμύλα
κωτίλλοντασ | παντοίησ μούσησ τ' ἐπιίστορασ· ἢ γὰρ ἀοιδοὺσ | εὐκλέασ ἢ κιθάρησ
ὑποφήτορασ ἐξετέλεσσεν | ἠὲ μελῶν μολπῆσ εὐρύθμου τεύκτορασ ἄνδρασ | ἢὲ πολυτρή-
τοισ λιγέωσ μέλποντασ ἐν αὐλοῖσ   **329 uocis dotes** Regiomontanus, **uoces dotis**
libri   **chordae** Pingraeus, **horeae M, boreae GL** cod. Venetus, quod ut tueretur
frustra Scaliger adscripsit Typhonis uerba Nonn. Dion. I 442 sq., *citharae*
Bentleius ut IV 528 *uocisque bonis citharaeque sonantis*   **330 que in** cod.
Venetus sicut coniecerat Barthius adu. p. 296, **que M, quae GL**   **tibiarum**

et quodcumque manu loquitur flatuque mouetur.
ille dabit cantus inter conuiuia dulcis
mulcebitque sono Bacchum noctemque tenebit.
quin etiam curas inter secreta mouebit
335   carmina furtiuo modulatus murmure uocem
solus et ipse suas semper cantabit ad auris,
sic dictante Lyra, cum pars uicesima sexta
Chelarum surget, quae cornua ducet ad astra.

---

formas enumerat Pollux IV 67–82   **331** *loquitur* : contulit Scaliger Appul.
met. v 15 *iubet citharam loqui, psallitur*, Bentleius Lucr. IV 981 *citharae liquidum
carmen chordasque loquentis*, uide etiam Man. III 656.   minus audacter digiti
lyra canentis loqui dicuntur Tib. III 4 41   **332** *ille* ut 256   **333** *mulcebit
Bacchum*, uinum dulcius reddet, uide ad 264 adnotata. Petr. 39 2 *hoc uinum,
inquit, uos oportet suaue faciatis* sermonibus uestris.   simili uerbi usu *mulsum*
appellatur mustum cui mel admixtum sit   **noctem M, noctes GL**   *tenebit*,
Ouid. met. I 682 sq. *euntem . . . detinuit sermone diem*.   haec duo composuit
Heinsius ad Ouid. ex Pont. IV 10 67, qui uersus aliter in codicibus atque in thes.
ling. Lat. v p. 817 22 scriptus est   **334** de ordine uerborum dixi ad I 245
335 carmina M cod. Venetus, **carmine GL**   *furtiuo*, clausis labris :
Pers. v 11 sq. *nec clauso murmure raucus | nescioquid tecum graue cornicaris
inepte*   **336 cantabit GL², cantauit LM**   **aures GL, iuris M**   **337 338,** quos
Bentleius deleuit, ad superiora trahendos esse dixerat F. Iunius, quod ut
fieri posset Pingraei demum emendatione effectum est. Scaligero, quod uero
nondum inuento alia molitus est, facile ignoscitur, Iacobo et Breitero non
item   **337 sic dictante** Pingraeus, **hic (GL²M, hinc L) distante** libri. de
dictandi uerbo uide IV 569 et locos ibi adlatos   **338 surget GL², surgent
LM   ducet GL, ducit M.** *cornua ducet ad astra*, orietur cum cornibus, ut
I 346 *surgit Delphinus ad astra*, v 198, 416 sq.   recte Pingraeus : Scaligeri
errorem I 324 *diductis per caelum cornibus* comparantis sequi maluerunt Breiterus
et Wageningenus   Pingraeus hemistichia sic inuertit, *quae cornua ducit
in astra, | Chelarum surgit cum pars uicesima sexta*, qua transpositione opus
non esse ostendunt alii loci ubi duorum enuntiatorum secundariorum id prius
ponitur quod ab altero suspensum est. nam ut his uersibus ordo est *quae,
cum pars surget, ducet*, ita dicitur Verg. catal. IX 25 sq. *non illa, Hesperidum
ni munere capta fuisset, | quae uolucrem cursu uicerat Hippomenen* (quae, ni
fuisset, uicerat), Prop. IV 3 1 sq. *haec Arethusa suo mittit mandata Lycotae,
cum totiens absis, si potes esse meus* (si, cum absis, potes), Ouid. her. III 39 sq.
*si tibi ab Atride pretio redimenda fuissem, | quae dare debueras, accipere illa
negas* (quae, si fuissem, debueras), X 39 sq. *si non audires, ut saltem cernere
posses, | iactatae late signa dedere manus* (ut, si non audires, posses), ex Pont.
I 3 1 sq. *hanc tibi Naso tuus mittit, Rufine, salutem, | qui miser est, ulli si suus
esse potest* (si, qui est, potest), Sen. Med. 297–9 *capite supplicium lues, | clarum
priusquam Phoebus attollat diem, | nisi cedis Isthmo* (nisi, priusquam attollat,
cedis), Mart. XI 3 7–10 *quam uicturas poteramus pangere chartas, . . . cum
pia reddiderint Augustum numina terris, | et Maecenatem si tibi, Roma, darent*
(si, cum reddiderint, darent), denique Man. IV 553–5 *Scorpius extremae cum*

quid regione *Nepae* uix partis octo trahentis
340 Ara ferens turis stellis imitantibus ignem,
in qua deuoti quondam cecidere gigantes,
nec prius armauit uiolento fulmine dextram
Iuppiter, ante deos quam constitit ipse sacerdos ?
quos potius fingent ortus quam templa colentis

tollet lumina caudae, | *si quis erit stellis tum suffragantibus ortus,* | *urbibus augebit terras* (si quis tum, cum tollet, ortus erit). addo in Lucr. vi 577–84, ubi turbas faciunt Briegerus Giussanius Dielsius neque Munro quae scripta sunt interpretatur, ordinem esse *est haec causa tremoris, cum uis, ubi uentus se coniecit fremitque ante portaturque, post erumpitur.* nam Prop. ii 4 9 sq. *quippe, ubi nec causas nec apertos cernimus ictus,* | *unde tamen ueniant tot mala, caeca uia est* explicaui in Classical Review an. 1905 p. 318   **339–356** cum Scorpio orientia, Ara et Centaurus   **339–347** cum octaua Scorpii parte oritur Ara.   Firmici codices viii 13 1 *in I Scorpii parte oritur Ara,* non ipse Firmicus, quem apud Manilium partem viii inuenisse ex eo apparet quod eodem capite Centaurum *in Scorpii parte XII,* non *V,* orientem inducit   **339** quid **M,** quod **GL** cod. Venetus.   nullum adest anacoluthon, uerum eius quod est *facit* ellipsis, ut Hor. epist. i 1 91 *quid pauper ?*   **nepae uix** Scaliger, **pari uix GL², paruis L, pauis M.**   haec Scorpii appellatio aliter iv 356 corrupta est, seruata ii 32 ; *lupa* fit Cic. n.d. iii 40, *uespa* de fin. v 42, *negat* Colum. x 57   *regione Nepae* cum dicit, ut 390 *in regione tuae, Capricorne, figurae* et 449 *regione means . . . umentis Aquari,* uult utrumque sidus in horizonte esse, in quo ualde fallitur.   Ara in isdem longitudinis gradibus cum posterioribus Scorpii partibus (non sane cum octaua) posita est, quod significauit Aratus 402 sq. ὑπ' αἰθομένῳ κέντρῳ τέραοσ μεγάλοιο | Σκορπίου, ἄγχι νότοιο, Θυτήριον αἰωρεῖται, sed ob id ipsum non simul oriuntur   **340** Germ. phaen. 394 *Turibulum uicinum austris sacro igne uidebis,* Hipp. iii 1 6 πρῶτοσ μὲν ἀστήρ ἀνατέλλει ὁ ἐπὶ τοῦ ἐπιπύρου.   fert Ara turis ignem, quem ignem stellae imitantur, hoc est uerae flammae imitatione efficiunt.   *imitari* enim Latine dicimur non solum id, cuius simulacrum fingimus, ut 417 *squamam stellis imitantibus* et Ouid. met. viii 195 *ueras imitetur aues,* sed etiam ipsum, quod fingimus, simulacrum, ut Tib. iii 6 33 *difficile est imitari gaudia falsa,* Sen. Oed. 419 *falsos imitatus artus* (Bacchus uirginis forma sumpta), Cic. Tim. 3 (8) *imitata et efficta simulacra* ; quomodo locutus est Lucretius in uersu quem iniuria a Fabro et Lachmanno attemptatum nemo efficaciter defendit v 1069 *suspensis teneros imitantur dentibus haustus,* eademque ratione Herodotus ii 78 νεκρὸν . . . ξύλινον . . . μεμιμημένον ἐσ τὰ μάλιστα.   hoc cum non sensisset neque *ignem* accusatiuum et ad *ferens* et ad *imitantibus* recte referri intellegeret, Scaliger *ferens* absolute dictum pro ἀναφερομένη accepit.   ceterum uide 365 sq. *formantibus astris* | *plumeus in caelum nitidis Olor euolat alis*   **341** iunge *in qua deuoti* : dico ob Pingraei errorem a Wageningeno iteratum.   schol. Arat. 403 Ἐρατοσθένησ (catast. 39) φησὶ τὸ Θυτήριον τοῦτο εἶναι ἐφ' ᾧ πρῶτον οἱ θεοὶ συνωμοσίαν ἔθεντο ὅτε ἐπὶ τοὺσ Τιτᾶνασ ἐστράτευσεν ὁ Ζεύσ   **342 343** de hac enuntiati relatiui appendice uide ad iv 695   **342 dextram GL²,** dextra M, dextro L   **343 constitit GL²,** constituit L, ipse constitit M sed corr. m. 1   **344–348** Ara oriente nascuntur Firmico viii 13 1 interprete *sacerdotes, prophetae, neocori.* uide etiam iii 6 7 *prophetae, neocori, aut praepositi templis et religionibus,* 10 3 *hymno-*

345 atque auctoratos in tertia iura ministros,
diuorumque sacra uenerantis numina uoce,
paene deos et qui possint uentura uidere ?
quattuor adpositis Centaurus partibus effert
sidera et ex ipso mores nascentibus addit.
350 aut stimulis agitabit onus mixtasque iugabit

*logos aut deorum baiulos aut custodes templorum aut . . . qui deorum monitu
futura praenoscant,* IV 14 5 *neocoros aut prophetas . . . aut principes sacerdotum,*
VII 23 28 *sacerdotes, prophetas, neocoros,* VIII 29 10 *hieroduli, serui templorum,
in sacrorum caerimoniis hymnos dicentes,* Maneth. VI 437 sq. ἀθανάτων ϛακόρουσ
σηκῶν θ' ἁγίων ἱερῆασ . . . μαντοσύνασ ϛαθέησ φαίνοντασ ἀπ' ὀμφῆσ, C.C.A.G.
VIII iv p. 147 22 sq. θεοσεβεῖσ, θεολήπτουσ, ἐν ἱεροῖσ δουλείασ ἀδόξουσ . . .
κεκτημένουσ   **344 quos** Regiomontanus, **quod GLM,** *quid* cod. Bodl.   *fingent*
Scaliger in *finget* mutauit, deinde metro succurrens *ortus* in *partus* Fayus,
quae iam uis est, etsi mendorum in uersu 46 non sum oblitus.   *fingent* Ara
et octauam partem trahens Nepa ; nam simili ratione 298 sq. et Sagittae
et Chelarum parti simul surgenti tribuuntur ortus Teucri et Philoctetae
infinite dictum *templa colentes* (*ferentes* cod. Venetus) ob insequentem uersum
accipio sacerdotes (ἱερέασ) et aedituos (νεωκόρουσ, ἱεροφύλακασ)   **345** significantur, nisi fallor, serui libertiue pro aedituis agentes : *tertia,* eo ordine seruato
qui est in digest. XXXIII 1 20 1 *sacerdoti et hierophylaco et libertis qui in illo
templo erunt* ; neque enim Wageningenus hunc uersum post 347 transponendo
probabilem effecit ordinem.   locis supra adlatis adde Firm. III 5 15 *religiosos
deorum cultores,* . . . *in templis ignobilia officia aut seruile aliquod ministerium,*
VIII 21 11 *aeditui custodesque templorum, uel qui sacrorum officiis deputantur,
aut hieroduli.*   certe huc non pertinent tria sacerdotum genera a Cicerone
legg. II 20 constituta, qui sunt pontifices, XV uiri s.f., augures ; neque ex
C.I.L. VI 32471 *sacerdos loco III,* inscr. Lat. Dessau. 4184 *sacerdos secundo
loco,* 4468 *sacerdos* . . . *loci primi* hoc illustrari posse puto   **346 347** hymno-
logos eosdemque prophetas   **346 uoce** Scaliger, *uoces* libri.   hymnologus
matris deum Idaeae commemoratur inscr. Lat. Dessau. 4164 (Bull. d. inst.
1884 p. 155)   **347** *paene deos,* Vett. Val. p. 63 18 sq. ἔσται . . . προφήτησ
μεγάλου θεοῦ καὶ ἐπακουσθήσεται ὡσ θεόσ   **possint** M, **possunt GL**
348–356 cum duodecima Scorpii parte oritur Centaurus : de signo consentiunt auctores apud Bollium sphaer. p. 19 5, 48 34 sq., 58 19–21, 465 11
349 sidera M, **sidere GL** cod. Venetus   **mores** Flor. et Bodl., **more LM,
morem G**   **350–356** ipse Centaurus ea facere dicitur quae faciunt homines
sub eo nascentes : uide IV 149 ibique adnotata.   igitur nascuntur asinarii,
muliones, aurigae, equo curruue bellantes, ueterinarii   **350** *stimulis* spectat
ad etymologiam qua Κένταυροσ a κεντεῖν ducebant, uelut Palaeph. 1 et locis
ab Ebelingio lex. Hom. I p. 760 adlatis ; ne quem terreat aut Scaliger suam
coniecturam *mulos aget aut mannos* sic praedicans, ' haec nostra emendatio
non potest displicere nisi mulionibus aut mulis ipsis ', aut laude eam dignatus
Bentleius.   melius P. Thomasius apud Ellisium noct. Man. p. 185 *stimulis
aget ante boues*   **agitabit** Iacobus, **agitauit** M, **agitauit aut** L, **agit aut GL²,**
agitat cod. Venetus   **onus** M, **omnis GL** cod. Venetus   *onus, ὄνουσ,* cuius
terminationis exemplis a Neuio I p. 209 ed. 3 collectis quaedam adiecimus
L. Muellerus ad Lucil. p. 256 et ego in Classical Quarterly an. 1919 p. 70.   uide

semine quadripedes aut curru celsior ibit
aut onerabit equos armis aut ducet in arma.
ille tenet medicas artes ad membra ferarum
et non auditos mutarum tollere morbos.
355　hoc est artis opus, non expectare gementis

Verg. georg. I 273 *agitator aselli.* ab asinis orsus per mulas ad equos ascendit. asini nomen cultioris aeui poetae fere uitarunt, etiam Columella lib. x et praeter unum Persii uersum saturae scriptores. frequentauit humilis uersificator et pecudibus conuersatus Phaedrus; posuit Catullus in spurcissimo carmine 97 10, item grata rusticitatis simulatione homo urbanissimus Copae poeta uersu 26, simulque *delicium*; extat etiam apud Ouidium in disticho aliis uitiis laboranti fast. VI 345 sq., quod sic tantum seruari potest ut glossemate eiecto scribatur *Lampsacos hoc animal solita est mactare Priapo | 'apta' ⟨canens⟩ 'flammis indicis exta damus.'* asellum substituerunt Vergilius formarum deminutiuarum non sane amator, Horatius, Propertius, Ouidius, conditor carminis Priapei 52, Seneca, Columella, Martialis, Iuuenalis; Graecum nomen *onon* solus Manilius, sicut v 126 *syboten* dixit pro subulco. illo uocabulo Commodum imperatorem in sermone usum esse, uit. 10 9, non adnotarem nisi et lexicographos et ut multa alia F. O. Weisium fugisset. impudenter Iacobus p. 215 *onus* enarrat *iumenta onus ferentia*; contra Breiterus 'als Treiber bewegt er die Last', quae interpretatio interpretem quaerit　**mixtas LM**, mixtos G; *mixto* Bentleius, sed utrumque recte dicitur　*iugabit*, uide Theogn. 371 μή μ' ἀέκοντα βίῃ κεντῶν ὑπ' ἀμάξαν ἕλαυνε; nam de admissura sermonem non esse Scaliger intellexit　**351 curru GL²**, currus **LM**　**352 onerabit GL²**, onerauit **LM**　aut armatus equos inscendet (Stat. Theb. IV 812 sq. *pleni dominis armisque feruntur | quadripedes*) aut curribus subiunctos in bellum ducet (Verg. Aen. x 574 quadriiuges equi consternati *effunduntque ducem rapiuntque ad litora currus*)　**353–356** Centauro, qui Chiron esse uulgo creditur (Erat. catast. 40, Hyg. astr. II 38), oriente natus ueterinariae medicinae prudens erit Chironis ipsius exemplo, siquidem *medicinam iumentorum Chiron . . . inuenit* Isid. orig. IV 9 12　**353 medicas** Regiomontanus, **medias** libri: uide 643 sq. *medicas herbas* (*artes* libri) *in membra ferarum | nouerit.* similis praepositionis usus Suet. Ner. 35 5 *remedium ad fauces　tenet* (hoc est *nouit*) *artes et tollere,* substantiuo et infinitiuo ex aequo positis, ut IV 280–4 *nouerit orbem . . . iamque . . . conuertere.* in lexica relatum est Plaut. Bacch. 655 *qui et bene et male facere tenet　ferarum* et hic et uersu 643 male Scaliger ed. 1 et Bentleius in *ferorum* mutarunt, neque enim soli equi significantur. ferarum uocabulo, ubi homines contrarii ponuntur aut cogitantur, etiam pecudes et iumenta comprehenduntur, uelut II 528 et 538 Aries et Taurus, IV 238 Sagittarii pars equina, IV 101, 377, Ouid. met. xv 167 sq. quid Wageningenus? ut feras pro equis dici comprobet, Martialis uersum confert quem apud Forcellinum inuenit (nam in thes. ling. Lat. deest), ubi formica, ignotum mihi iumentum, eo nomine appellatur　**354 mutarum** Regiomontanus, mutarunt libri. genus ad *ferarum* accommodatur; quamquam etiam sine tali causa Varro *ceterarum ueterinarum* dixit r.r. I 38 3. illa iuxta posita *non auditos* nec Postgatium (Journal of Philology xxv p. 272) nec Wageningenum, qui ea ne intellexit quidem, deterruerunt quominus uni omnium aptissimae uoci propterea *mularum* substituerent quia apud Firmicum *mulo-*

et sibi non aegrum iamdudum credere corpus.

hunc subit Arquitenens, cuius pars quinta nitentem

Arcturum ostendit ponto.   quo tempore natis

Fortuna ipsa suos audet committere census,

360 regalis ut opes et sancta aeraria seruent

regnantes sub rege suo rerumque ministri,

tutelamque gerant populi, domibusue regendis

praepositi curas alieno limine claudant.

Arquitenens cum se totum produxerit undis,

medicum uidebant.   is scilicet aetatis suae consuetudine ita uocauit quem
Columella *ueterinarium*, cuius hominis cura, cum forte mulomedicus appellatur,
non ideo mulorum mularumue propria fit magis quam ἵππων, cum ἱππιατρόσ
356 aegrum Flor. et Bodl., **aegros GLM** cod. Venetus fortasse ob *gementis.*
' τὸ *aegrum* accipiendum quasi bis positum esset, *et iamdudum credere corpus
aegrum, quod sibi non est aegrum,* id est ignorat morbum suum necdum eum
gemitu fatetur ' Gronouius obs. II c. 11, quod mihi coactum uideri non negabo.
sed nolim collato *manum aeger* Tac. hist. IV 81 aut *aegras* conicere aut *aegros*
tueri   **357–388** cum Sagittario orientia, Arcturus et Cycnus   **357–363**
cum quinta Sagittarii parte oritur Arcturus, stella lucida sub Bootae pectore
posita, I 316–8 ; quamquam alii totum signum ita appellant, ut Plautus rud.
3 sq. et 70   **357 hunc GLM, nunc** cod. Venetus, aut hoc aut *hinc* editores
ante Iacobum.   I 365 *hunc* (M et uar. scr. **L,** *tunc* **GL**) *subeunt Haedi,* IV 329 *quem
subeunt Pisces*   **pars GL, par M   358** ad *ponto* inuerecundi animi homo
Iacobus ' recte. a ponto, ut 365 ' (ubi est *produxerit undis*), Breiterus et
Wageningenus conferunt 416 (*ponto se erigit*) et 657 (*Andromedan ponto
caeloque sequentis*) : uerba, quae ego adieci, ponere nemo audet, celant omnes
quem Bentleius attulerat uersum 129 *totum* (Lanigerum) *ostendit terris atque
eruit undis.* ille igitur *ponto* cum ostendendi uerbo coniunctum necessario
datiuum esse sensit et *terris* uel *caelo* uel *mundo* propterea requirebat quia
' *pontus, pelagus, undae* loca infra horizontem ubique hic significant '. uerum
cum semel atque iterum *terrae* contraria atque illo uersu significatione pro
horizonte siue Oceano ponantur, ut II 949 et locis ibi adlatis, non incredibile
uidetur *pontum* uicissim hic esse ponti superficiem in eaque nauigantes homines,
quibus Arcturus formidandus est.   quod si cui non placebit, ei coniungenda
erunt *nitentem ponto,* λελουμένον 'Ωκεανοῖο   **natis GL²,** nantis **LM   358–363**
facit Arcturus gazae regiae custodes et dispensatores, praesides rei publicae,
domuum alienarum procuratores.   haec ideo ficta sunt quia et 'Αρκτούρου stellae
et 'Αρκτοφύλακοσ signi nomini inest custodiendi significatio   **359** *Fortuna,*
εὐδαιμονία, opulentia   **360 opes GL²,** opus **LM   seruent** corr. ex **feruent
L,** hoc **G,** seruit **M   Flor. II 13 21** aerarium . . . *sanctum* . . . *rapuit* Caesar
anno 49   **361 rege GL²,** regno **LM   362 363** in libris post **373** collocatos
huc reuocauit Scaliger, ubi eos a Firmico lectos esse ex VIII 14 1 apparet.   ex-
ciderunt ob homoeoteleuton *regendis undis*   **362 gerant LM,** gerunt **G
domibus GL, dominibus M   363 praepositi GL²,** praepositis **LM   limine**
Scaliger, limite **GL,** lumine **M   claudant M,** claudunt **GL** cod. Venetus   ' ils
sont destinés . . . à borner leurs occupations aux soins qu'ils prendront des
affaires d'autrui ' Pingraeus   **364–388** cum tricensima Sagittarii parte

365 ter decuma sub parte feri formantibus astris
plumeus in caelum nitidis Olor euolat alis.
quo surgente trahens lucem matremque relinquens
ipse quoque aerios populos caeloque dicatum
alituum genus *in* studium censusque uocabit.
370 mille fluent artes : aut bellum indicere mundo
et medios inter uolucrem prensare meatus,
aut nidis damnare suis, ramoue sedentem
pascentemue super surgentia ducere lina.
atque haec in luxum.   iam uentri longius itur

oritur Cycnus   **364–366** satis recte interpunxit Fayus, peruerse et Molinius et Scaliger, quem plures secuti sunt, etsi ordinem uerborum cepit Pingraeus   **365** Firm. VIII 14 3 *in Sagittarii parte X oritur Cygnus*, scribarum ut uidetur mendo pro *XXX*   *feri*, θηρόσ, quo nomine cum et Centauri et Satyri appellentur, utrique figurae qua Sagittarius depingebatur conuenit   formant astra alas et plumam   **366** nitidis olor euolat alis cod. Flor., nitidis olore uolantis GL, uttibi solore uola talis **M**   **367–388** facit Cycnus aucupes quique aues humanum sermonem doceant lucriue causa nutriant   **368** *aerios populos*, Hom. Il. II 459 ὀρνίθων πετεηνῶν ἔθνεα, Stat. silu. II 4 24 *aeriae . . . gentis*, Man. IV 286 *populos* piscium   *caelo dicatum*, Seru. Aen. V 517 *nulla . . . auis caret consecratione, quia singulae aues numinibus sunt consecratae*, VIII 64 ' *caelo gratissimus* ' *pro his qui in caelo sunt*   **369** alituum L et pro uar. lect. G m. 1, altiuum G, alitum **M**   genus in Huetius, que genus libri, *omne genus* Reinesius. auium studiosus erit et inde locupletabitur   **370** fluent GL², fluant LM cod. Venetus.   *fluent* a sidere, quod non omittitur IV 270   **371** medios GL, modios **M**   prensare GL² sicut coniecerat Scaliger, pensare LM   **372** nidis damnare G m. 1 pro uar. lect., nitidos clamare GLM : Mart. X 16 6 pars librorum *nitidis* pro *nidis*. hic quoque uerum inuenerat Scaliger, qui contulit Solin. 8 7 *Philippus . . . damnatus est oculo iactu sagittae*, id est oculi damno adfectus. haec ficta esse uidentur ad exemplar locutionum quales sunt Liu. X 1 3 *Frusinates tertia parte agri damnati*, XXXVIII 35 5 *pecunia qua . . . frumentarios . . . damnarunt*   nidis, pullis, ut Verg. georg. IV 17 alio ducere uideri possunt Dionys. ὀρνιθ. III 3 ἄλλοι δέ τινεσ στρουθοὶ καὶ ἐν τῇ θαλάμῃ δι' ἐπινοίασ τοιαύτησ ἀγρεύονται cet. et a Scaligero adlatum Opp. hal. I 31 sq. τούσ μὲν γὰρ κνώσσοντασ ἐληίσσαντο καλιῆσ | κρύβδην; sed Bentlei commentum *captare* speciosum non est, neque prudenter ex κρύβδην coniectaretur *clam* cum maioris mutationis necessitate   **373** ducere **M**, dicere GL, deicere pro uar. lect. G m. 1, nec apto uerbo et synizesi a Manilii arte, quam Bechertus et Breiterus non perceperant, abhorrenti. non meliore iure iudicioue limatiore *deicere* uersui Ciris 118 a Vollmero illatum est   lina **M**, luna L, uina GL²   **374** interpunxit Fayus. *uentri*, uentris causa, ut 489 *caelo militat* : Plin. n.h. XXVI 43 *huic* (aluo) *nauigatur ad Phasim luxum* et *uentri* uocabulis eandem rem significari (uide 195 sq.) et inter se contraria esse *iam* et *modo* (hoc est paulo ante) mihi dicendum esse indignor

    374–377 contulit Scaliger Sen. dial. XII 10 2 sq. *di istos deaeque perdant, quorum luxuria tam inuidiosi imperii fines transcendit. ultra Phasin capi*

375 quam modo militiae : Numidarum pascimur oris
Phasidos et lucis ; arcessitur inde macellum
unde aurata nouo deuecta est aequore pellis.
quin etiam linguas hominum sensusque docebit
aerias uolucres nouaque in commercia ducet
380 uerbaque praecipiet naturae lege negata.
ipse deum Cycnus condit uocemque sub illo
non totus uolucer, secumque inmurmurat intus.
nec te praetereant clausas qui culmine summo
pascere aues Veneris gaudent et reddere caelo

uolunt quod ambitiosam popinam instruat, nec piget a Parthis, a quibus nondum
poenas repetimus, aues petere. locorum a Mayoro ad Iuu. xi 139 congestorum
maxime huc pertinent Plin. n.h. xix 52 et xxvi 43, Petr. 93 2   **375 quam**
GL, qua M   oris M, horis GL   376 lucis Scaliger, **ducis LM** cod. Venetus,
dulcis G. pascunt nos Numidarum orae gallinis Numidicis, Phasidos luci
phasianis   *macellum*, res quae in macello ueneunt, ut Plin. n.h. xix 52 et
passim apud Graecos ἀγορά, uelut Arist. p. 1347ᵇ 6   **377 nouo,** ' tum primum
tentato ' Bentleius, uide i 68   **deuecta** Iacobus, **effecta LM, infecta** cod.
Venetus, **confecta L²,** conuecta **G,** quo composito nemo bonus scriptor pro
simplici usus est. Iacobi coniectura ab Iuu. i 10 sq. *unde alius furtiuae
deuehat aurum | pelliculae* commendationem accipit, certa non est : uereor ne
a poeta scriptum sit *uec⟨ta⟩ta*   **378** *sensus.* Ael. n.a. v 36 ὄνομά ἐστιν
ὄρνιθος ἀστερίασ, καὶ τιθασεύεταί γε ἐν τῇ Αἰγύπτῳ, καὶ ἀνθρώπου φωνῆσ
ἐπαίει· εἰ δέ τισ αὐτὸν ὀνειδίζων δοῦλον εἴποι, ὁ δὲ ὀργίζεται· καὶ εἴ τισ ὄκνον
καλέσειεν αὐτὸν, ὁ δὲ βρενθύεται καὶ ἀγανακτεῖ, ὡσ καὶ εἰσ τὸ ἀγεννὲσ
σκωπτόμενοσ καὶ εἰσ ἀργίαν εὐθυνόμενοσ, quamquam hoc ab ingenio potius
quam ab institutione habuisse uidetur. Plinius n.h. x 117 psittacos non
tantum humanas uoces reddere sed etiam sermocinari dicit.   **379 noua**
GL², nouas **LM   ducet G, ducit LM   380 negata GL²,** necata **LM.** Pers.
prol. 8–11 *quis expediuit psittaco suum chaere | picamque docuit uerba nostra
conari ? . . . uenter, negatas artifex sequi uoces*   **381** *deum,* Iouem, qui
deus in niueum descendit uersus olorem | tergaque fidenti subiecit plumea Ledae
i 339 sq., v 25 *Iuppiter alite tectus   sub illo,* in deo inhaerentem,
uide ii 623. Sen. Phaed. 300–2 *ipse qui caelum nebulasque ducit | candidas
ales modo mouit alas, | dulcior uocem moriente cycno.* satis bene Pingraeus
' le Cygne nous cache un dieu ; cette divinité lui prête une espèce de voix ;
il est plus qu'oiseau, il murmure des paroles au-dedans de lui-même '
382 Plin. n.h. x 82 *secum ipse murmurat* sonus lusciniae   **383** *clausas qui.*
postponitur relatiuum ne quartus pes uoce spondiaca constet etiam i 385, 776,
ii 169, 283, 679, iii 134, iv 259, v 742 ; suum locum retinet i 325 *qua quondam*
et plus uiginti uersibus   *culmine summo.* Varr. r.r. iii 7 1 (habentur) *in
turribus ac columinibus uillae, a quo appellatae columbae*   **384 ueneris gaudent**
M, gaudent ueneris **GL.** Seru. Aen. vi 193 *Veneri consecratas propter fetum
frequentem et coitum*   caelo Iacobus, **caecos GLM** cod. Venetus, *caecas* cod.
Flor., *credere* (*redere* L) *campo* Bentleius. φάσσασ aliarum capiendarum causa
excaecatas memorat Dionysius ὀρνιθ. iii 12, sed is mos ab hoc loco alienus

385 aut certis reuocare notis, totamue per urbem
qui gestant caueis uolucres ad iussa paratas,
quorum omnis paruo consistit passere census.
has erit et similis tribuens Olor aureus artes.
Anguitenens magno circumdatus orbe draconis,
390 cum uenit in regione tuae, Capricorne, figurae,
non inimica facit serpentum membra creatis.
accipient sinibusque suis peploque fluenti
osculaque horrendis iungent inpune uenenis.
at, cum se patrio producens aequore Piscis

est. *reddere caelo*, hoc est aeri, suo ac natiuo, 296 *pendentem . . . suo uolucrem
. . . caelo*   **385** aut GL²M, at L, unde *ac* Bentleius eique peccandi dulcedine
aggregati Bechertus Breiterus Wageningenus, quibus quae Hauptius celebri
disputatione opusc. I pp. 107–10 docuerat aeque ignota erant ac Bentleio
anno 1742 mortuo. ceterum recte *aut* particula coniunguntur quae per uices
fiunt, ut I 652 *reddit . . . aut recipit*, III 557 sq. *recedit* | *aut redit*   urbem
GL, orbem M   **386** gestant GL²M, gestat L cod. Venetus. nihil huc pertinent
χελιδόνασ περιφέροντεσ apud Io. Chrys. hom. in Matth. 35 3 (Mign. patr. Gr.
LVII p. 409), uide num *merulator* anth. epigr. Buech. 463 1   caueis GL²,
acaueis LM   *iussa*. Plin. n.h. X 116 *minimae auium cardueles imperata
faciunt, nec uoce tantum sed pedibus et ore pro manibus*   **387** consistit passere
GL, constitit pascere M, hoc etiam cod. Venetus   **388** has erit M sicut coniecerat Scaliger, haeserit GL   *erit tribuens*, uide 255   olor aureus cod.
Flor., olo taureus M, color aureus GL   **389–448** cum Capricorno orientia,
Ophiuchus Piscis Notius Fides Delphinus   **389–393** cum Capricorno, incertum quota parte, ut 394 Piscis, 409 Fides, 416 Delphinus, oritur Ophiuchus
   389 anguitenens Scaliger, et qui tenens M, arcitenens GL², arcetenens L :
fuit in archetypo *arquitenens*. Firmicus VIII 15 1 *in primis partibus* (hoc de
suo) *Capricorni oritur Ophiuchus*, Cicero n.d. II 108 *Anguitenens, quem claro
perhibent Ophiuchum nomine Grai*   draconis GL, dracontis M, qua nominis
forma Accium usum esse accepimus et fortasse hic usus est Manilius ad differen-
tiam signandam ; perperam enim Scaliger et plerique littera maiuscula *Draconis*
(Bechertus et Wageningenus etiam *Serpentem* I 331), quasi signum sit ; cui
similem neglegentiam notaui ad I 691   **391–393** creat Ophiuchus quos
Firmicus Marsos appellat, hoc est incantatores serpentium, C.G.L. V p. 572 34
   391 699 sq. *non inimica ferae tali sub tempore natis* | *ora ferent*   **392**
accipient GL, accipiunt LM   sinibus L², senibus GM, sensibus L, sensus cod.
Venetus : uide 421   peploque fluenti G, populoque fluentis LM cod. Venetus,
etiam, ne cum Wageningeno Breiteri mendacio credas, Cusanus. *fluentis*
defendi posse ostendunt Luc. III 421 *robora . . . circum fluxisse dracones* et VI
408 *Python . . . fluxit in arua*, sed uide Claud. X 123 *peplumque fluentem*, Verg.
Aen. I 320 *sinus . . . fluentis*   **393** uenenis quae serpentibus in ore sunt
   394–408 cum Capricorno oritur Piscis Notius. hic poetae fraudi fuisse
potest quod Aratus Piscem νειόθι Αἰγοκερῆοσ αἰωρεῖσθαι dicit 386 sq.
et αὐτῷ ὑποκείμενον Αἰγοκερῆι inducit 702, sunt enim partim in isdem longi-

395 in caelumque ferens alienis finibus ibit,
     quisquis erit tali capiens sub tempore uitam
     litoribus ripisue suos circumferet annos
     pendentem et caeco captabit in aequore piscem
531 et perlucentes cu*piens* prensare lapillos
     uerticibus mediis oculos *in*mittet auaros
399 cumque suis domibus concha ualloque latentis

---

tudinis gradibus positi. hoc sidus Firmicus VIII 15 omittit eiusque in locum
substituit Delphinum, quem Manilius uersu demum 416 commemorat

394 at GL, ac M   producens*, producet in **GM** (fuerat *producetís*), producit
in **L** : uide 364 *se totum produxerit undis.*   *producet in aequore* Iacobum Breiterum Wageningenum non offendit : peritiores, inter quos etiam Fayus et
Bechertus numerandi sunt, cod. Bodl. et Scaligerum sequuntur *ab* pro *in*
nouantes, maiore mutatione quaque non tollatur altera difficultas, quae
Scaligerum non fefellit. ille enim prudenti cum dubitatione ' si mendum
non est ' inquit ' uidetur τὸ *ferens* esse ἀναφερόμενοσ, ut supra (340) ', in quo
uersu *ferens* non magis intransitiuum est quam *torquente* Luc. IX 716, Egnatii
autem uerborum in Macr. Sat. VI 5 2 et thes. ling. Lat. VI p. 561 5 sq. extantium
et lectio et interpretatio incerta est ; omninoque hic participii praesentis usus,
de quo Vsenerus disputauit opusc. I pp. 228–30, paucis poetarum placuit nec
nisi in certis uerbis. itaque recte hactenus Bentleius ' *ferens* non est, ut uult
Scaliger, ἀναφερόμενοσ, sed *se* repetitur ' collatis 157 sq. *Geminis fraterna
ferentibus astra | in caelum*; sed id ut fieri possit, in utroque membro debet
esse participium   **piscis GL²**, **pisces LM**   **396–408** facit Piscis piscatores,
urinatores qui margaritas quaerant, negotiatores piscarios et margaritarios

396 erit M, est G et supra lin. **L**, quod is est fecit **L²**   **397 ue M, que
GL**   post **398** inserui **531 532**, qui inter 530 et 533 collocati *utrumque* uersu
535 positum sensu priuant, hic autem desiderantur. nam etsi Scaligero ad
latentis 399 audienti *pisces*, plurale ex singulari, lex sermonis non obstat (uide
IV 239 *illas* et Maduigium ad Cic. de fin. II 22), iure tamen Huetius pisces in
conchyliorum conchis latentes ab urinatoribus peti negauit ; qui quod margaritas intellegi iussit, quarum mentionem factam esse ex uersibus 401–5
apparet, eae frustra quaerebantur et nunc demum praesto sunt. puto par
uersuum casu omissum, cum ante 399 (*que latentis*) reponi deberet, nouo errore
ante 533 (*que latentem*) insertum esse, quam causam tetigi ad I 167   **531**
cupiens Salmasius Plin. exerc. c. 52 (p. 760 ed. an. 1689), cuperet libri. exci-
derat *piens* ante *prens*, ut superesset *cuprensare* ; *cuperet* ut scriberetur, causa
fuisse potest *legeret* in 530 iam extans   *perlucentes lapillos*, margaritas per
aquam lucentes patente concha, quae, cum manum uidit, comprimit sese
operitque opes suas gnara propter illas se peti, Plin. n.h. IX 110. lapilli passim
appellantur, uelut Ouid. art. III 129 sq. *caris . . . lapillis | quos legit in uiridi
decolor Indus aqua*, Stat. silu. IV 6 18 *Erythraeis Thetidis . . . lapillis*, Mart.
X 38 5 *caris litoris Indici lapillis*, Sidon. carm. II 419 *bacarum . . . lapillos* ;
etiam lapides, uide ad IV 399   **532 immittet** Scaliger, **emittet GL²**, emittit
LM   **399** *domus* margaritarum appellantur eadem translatione qua 285
sq. spica frugibus habitari dicitur ; quae ut 271 prae se fert *uallantis corpus*

400 protrahet inmersus. nihil est audere relictum :
quaestus naufragio petitur corpusque profundo
inmissum pariter quam praeda exquiritur ipsa.
nec semper tanti merces est parua laboris :
censibus aequantur conchae, lapidumque nitore

---

aristas, sic margaritae *concha ualloque* latent, hoc est uallo conchae   **400**
inmersus (L²) M, immensus GL, inmensos cod. Venetus   *nihil est audere relictum,* relictum non est ut quicquam audeamus, Luc. v 298 *mores . . . malos
sperare relictum est*   **401** quaestus M, questus GL. Plin. n.h. xix 52 *mergi
enim, credo, in profunda satius est et ostrearum genera naufragio exquiri* contulit
Breiterus   **402** exquiritur M, exequitur GL   pro *quam* Regiomontanus
cum sequentibus et aliis et Bentleio, quae mutatio nec necessaria uidetur,
de quo post quaeram, nec elisionis raritate commendatur. eliduntur enim
apud Manilium uoces spondiacae bis tantum in hac uersus sede, v 198 *sese
emergit* et sequente monosyllabo iv 923 *paruo in corpore,* praeterea sexies, in
secundi pedis θέσει i 285, iii 344, iv 831, v 206, 476, in tertii iv 445, ubique
ante monosyllabum praeter iv 831 et v 476 ; quorum locorum cum unus a
Cramero de Man. eloc. pp. 15 sq. praetermissus esset, nec Wageningeno ed.
Teubn. pp. 184 sq. nec Garrodo ad ii 747 notus esse potuit, qui ne illud quidem
meminerant, se uersu ii 542, ne meam recipere cogerentur, ad Bentlei lectionem
confugisse, neque aut alter, quid hoc loco et i 213 (ubi uide adnotationem
meam), aut alter, quid ii 860 apud se legeretur, sciebat. *pariter quam* etsi
sine exemplo positum uidetur, non desunt quae satis prope accedant, *aeque
quam* Ouid. met. x 185 sq. *expalluit aeque | quam puer ipse deus* nec nimis
raro alibi, *iuxta quam* Liu. x 6 9, *pariter suades qualis es* Plaut. rud. 875 ; mutuo
autem se tueri uidentur haec lectio et iii 482 *similique redit, quam creuerat,
actu,* ubi nunc nollem eidem Regiomontano *quo* reponenti cum Pingraeo et
Becherto assensus essem   **403** tanti G, tanta LM   merces est parua
GL²M, parua merces est L, parua mercede cod. Venetus. illa *nec semper . . .
parua* deminutionem et attenuationem habere uidentur, expectatur enim potius
quod Pingraeo inuito se obtulit ' ordinairement le profit qu'on en retire est très-
considérable ', uide Ael. n.a. x 13 καὶ πλούσιοί γε ἐξ αὐτῶν ἐγένοντο οὐ μὰ Δία
ὀλίγοι οἷσ ἐστιν ἐντεῦθεν ὁ βίοσ   **404** censibus aequantur conchae, conchae,
quod nomen interdum pro ipsis margaritis ponitur, ut Tib. ii 4 30, iii 3 17,
iv 2 20 (quamquam de Ouid. amor. ii 11 13, met. x 260, Gratt. 403 mire fallitur
thes. ling. Lat. iv p. 28 44–7), tanti aestimantur ut totis patrimoniis eman-
tur.   Sen. dial. vii 17 2 *uxor tua locupletis domus censum auribus gerit,* rem.
fort. 16 7 *non cuius auriculis utrimque patrimonia bina dependeant, non quam
margaritae suffocent,* Prop. iii 13 11 *matrona incedit census induta nepotum,*
Ouid. art. iii 172 *quis furor est census corpore ferre suos ?*   lapidum Salmasius
Plin. exerc. c. 53 (p. 825 ed. an. 1689), rapidum libri   nitore * (Proceedings
Camb. Philol. Soc. an. 1913 p. 17), nitori iam Salmasius, notori LM, notari
metri causa GL². scriptum fuisse puto *nitoro,* deinde duas litteras sedem
inter se mutasse ut exemplis uol. i p. lviii et ad ii 44 adlatis : plane similes
errores sunt Mart. spect. 13 6 *salute* pro *soluta* et Stat. silu. v 3 288 *parte* pro
porta. lapides nitidi (margaritae, uide ad iv 399 adnotata) effecerunt ut uix
quisquam Romae iam locuples sit, de quo ablatiui usu uide iv 6, ubi hunc
uersum contuli : accedant cum negatione coniuncta exempla Cic. Brut. 91

405 uix quisquam est locuples.   oneratur terra profundo.
tali sorte suas artes per litora tractat,
aut emit externos pretio mutatque labores
institor aequoreae uaria sub imagine mercis.
cumque Fidis magno succedunt sidera mundo

uidemus alios oratores inertia nihil scripsisse, Cael. Cic. fam. VIII 8 4 *expectatione Galliarum actum nihil est*, Plaut. capt. 808 *quarum odore praeterire nemo pistrinum potest.* eadem sententia Tacitus ann. III 53 5 *lapidum causa pecuniae nostrae ad externas aut hostilis gentes transferuntur*, Plin. n.h. XII 84 *uerum Arabiae etiamnum felicius mare est. ex illo namque margaritas mittit. minimaque computatione miliens centena milia sestertium annis omnibus India et Seres et paeninsula illa imperio nostro adimunt. tanti nobis deliciae et feminae constant.* Salmasii lectio quomodo accipienda sit non minus ambigitur quam si scribarum menda esset. ipse quidem ita enarrat, ' conchae ... census aequant et lapidum, qui in his conchis inueniuntur, nitorem', sententia aperte falsa praueque copulatis censibus et lapidibus, qui lapides Breiterco interprete (is enim recte *conchas* intellexit margaritas) gemmae sunt terrestres, non minus inepte cum censibus coniunctae et ad Piscem relatae. contra Doruillius ad Charit. p. 531 ed. 2 *lapidumque nitori* ad insequentia trahens interpretatur ' nemo adeo diues iam est ut margaritas et gemmas possit emere', qui sensus uerbis non inest. ceterum inuidis gratum fecero si addidero Scaligerum ed. 1 Salmasio *lapidum* et Pingraeum mihi *nitore* praeripuisse leuibus ac temerariis coniecturis *lapidumque notarii* et *lapidum absque nitore*

405 quisquam LM, umquam G, cui mendae a Becherto probatae Breiterus etiam coniecturam superstruxit *oneratur terra profundo,* ' spoliis maris oneramus terram' Scaliger : immo res pretiosae mari extractae terrae, hoc est hominibus, graues sunt et onerosae propter sumptus, Hier. epist. 130 5 *graues censibus uniones* **406 sorte** Flor. et Bodl., **forte GLM** **407 mutat GL²M, mittat L, mittit** cod. Venetus. *mutat, uendit*, ut Colum. VII 9 4 *lactens porcus aere mutandus est* *externos labores*, alieno labore parta : uide ad 478 **408 institor** pro uar. lect. **G** m. 1, **insitor GL, iustititor M** sub **GM, sibi L** *uaria sub imagine*: et pisces, quorum uariae facies sunt, et margaritas uendunt sub Pisce nati, haec uero in monilibus, inauribus, crepidarum obstragulis, socculis, Plin. n.h. IX 114 **409–415** cum Capricorno oritur Fides siue ea Fidis est. *Fidem* Cicero in Arateis appellat quam Aratus Λύρην, item Columella, diserte Varro r.r. II 5 12 *astri ... quod Graeci uocant Lyran, Fidem nostri*; Lyram autem Manilius 324–38 cum Libra surgentem induxit, qui quod nunc Fidem cum Capricorno oriri uult, id, quamquam uerum non est, plures habet auctores, qui Lyram Fidem Fidiculam mane oriri tradunt nonis Ianuariis, quod si facit, cum Capricorno oriatur necesse est. ut Ouid. fast. I 315 sq. omittam, Plinius n.h. XVIII 234 *prid. non. Ian. Caesari Delphinus matutino exoritur et postero die Fidicula*, Columella XI 2 97 *non. Ian. Fidis exoritur mane* (idem 94 *VI cal. Ian. Delphinus incipit oriri mane*), Clodius calend. in Lyd. de ostent. ed. 2 Wachsm. p. 118 9 sq. νώναισ 'Ιανουαρίαισ ἡ Λύρα ἀνίσχει ... ὁ δὲ Δελφὶν ὅλοσ ἐπιτέλλει ; apud quos omnes (etiam Ouid. fast. I 457 sq.) Delphinus, quem Manilius uersu 416 huic Fidi subicit, circa idem tempus exoritur. neque illi magis quam hic sibi constant, qui altero ac diuerso errore cum Tauro sidus mane oriri tradunt, Plin. n.h. XVIII 248 (*Boeotiae et Atticae*),

410 quaesitor scelerum ueniet uindexque reorum,
qui conmissa suis rimabitur argumentis
in lucemque trahet tacita latitantia fraude.
hinc etiam inmitis tortor poenaeque minister
et quisquis ueroue fauet culpamue perodit
415 proditur atque alto qui iurgia pectore tollat.
caeruleus ponto cum se Delphinus in astra
erigit et squamam stellis imitantibus exit,

Colum. xi 2 40 et 43, Clod. pp. 133 5, 134 2 (cum Geminis 135 6 sq.), idemque
Plinio excepto uerum eius cum Scorpio exortum commemorant, Colum. xi
2 84 et 88, Clod. pp. 152 6 et 153 7. Firmicus, qui apud hos aliosue auctores
Delphinum paulo ante Fidem oriri legerat, Manilii ordinem inuertit viii 15 2
sq. *in parte VIII Capricorni oritur Delphinus . . . in X parte Capricorni oritur
Lyra*; idem quae poeta 324–38 de Lyra rettulit omittenda esse duxit. sed
Manilium in eis quae de quaesitore scelerum et inmiti tortore subiungit Fidi-
culae nomen, quod in uersu ponere non potuit, in mente habere, Firmicus
non intellexit, intellexit Scaliger; est enim fidicula βασάνου γένοσ C.G.L. ii
p. 256 10, *genus tormenti* iv p. 342 45: quod ad lyram referri possit nihil hic
commemoratur. proptereaque etiam peruersa est, quam superuacaneam
esse iam ostendi, Bollii coniectura sphaer. p. 266 prolata et humilibus ad-
sentationibus excepta, Manilio (num etiam Clodio et rusticis?) obuersatum
esse caeli ab Aegyptiis discripti sidus τὴν δυσώνυμον λύραν, quam Capricorno
παρανατέλλουσαν inducit Teucer ib. p. 50 19; etenim, ut ait Scaliger, 'si
fidicula est βάσανοσ Latinis, at Graecis λύρα non est', hoc autem sphaerae
barbaricae sidus musicum organum est, ἡ λύρα ἦν κατέχει γυνὴ ὑδατώδησ καὶ
μελῳδεῖ δι' αὐτῆσ C.C.A.G. v i p. 166 35–7   **410** *uindex reorum*, adsertor qui
eos a falsis criminibus uindicabit, quod iudicis est uero fauentis. sic Perseus
Andromedae uindex appellatur 587, terrae Hercules Ouid. met. ix 241; Sen.
Tro. 471 *Troici defensor et uindex soli*. *uindex* cum genetiuo homines signi-
ficanti pro punitore poni, quod lexica non docent, ostendit Val. Max. vi 3 8
sontium mature uindices extiterunt; sed rei indemnati puniendi non sunt
    411 *suis*, conmissorum, uide Cic. Catil. iii 13 *certissima . . . argumenta
atque indicia sceleris*, part. or. 39 *genus argumentorum . . . quod ex facti uestigiis
sumitur*. dico propter Fayum et Wageningenum interpretes   **412** *latitantia* Scaliger, **latentia** libri, **laetantia** Bentleius collato Verg. Aen. vi 567–9
*subigitque fateri | quae quis aput superos furto laeiatus inani | distulit in seram
commissa piacula mortem*, quae ut minor mutatio est, ita non tam bene
facta quam homines laetari dicuntur. uide 523 sq. *furto . . . latentem | naturam
eruere*   **414** ue fauet Iacobus, fauet LM, fauit metri causa GL² prauo
uerbi tempore   *perodit* nusquam alibi, ut uidetur, lectum uerbum poeta
a peroso finxisse potest ut ab aurato *aurauit* iv 515. ne *promissu*
quidem (578) aut *decircino* (i 296, iii 326) aut *delassabilis* (iv 242) aut
indelassatus (v 63) ex aliis auctoribus refertur   **415** *pectore* G, *pectora* LM.
simultates ex animis litigantium radicitus eximet: recte Pingraeus. uide
iii 115 *soluentem iurgia* iudicem   **416–448** cum Capricorno oritur Delphinus
consentiente Eudoxo ap. Hipp. ii 3 4, Auien. 1260, anon. Maass. comm. Arat.
p. 120 15   **417** *stellis* GL, *stillis* M   **exit** GL, *est sic* M, id est *ecsit*, uide

ambiguus terrae partus pelagique creatur.

nam, uelut ipse citis perlabitur aequora pinnis
420 nunc summum scindens pelagus nunc alta profundi
et sinibus uires sumit fluctumque figurat,
sic, uenit ex illo quisquis, uolitabit in undis.
nunc alterna ferens in lentos bracchia tractus

ad III 324   delphino squamas a natura negatas poetae largiti sunt : attulit
Scaliger Ouid. met. III 675   **418–448** facit Delphinus natatores, urinatores, petauristas, cursores   **418** pelagi nescio quo casu Burtonus, **pelago**
libri, ut Luc. v 50 palimpsestus Bobiensis, nec minus peruerso errore Man. I
650 *caelique imum terraque supremum* LM, Aetn. 599 *terra dubiusque marisque* dimidia pars codicum.   uide IV 795 *ambiguum sidus terraeque marisque.*   emendationem, de qua ad II 231 disputaui, cum non recipiat Wageningenus ac ne commemoret quidem, tamen interpretatur, ' ambiguos terrae et
maris foetus'   **creatur M, creatus GL   421 senibus** libri ut 392 **GM,**
' *e* pro *i*, prisce, id est *sinibus* ' F. Iunius.   uulgaris, ut uidetur, formae pauca
exempla collegit Woelfflinius arch. Lat. lex. x p. 451   *sinibus uires sumit.*
' cum in aerem exilit Delphinus et supra aquam attollitur, curuus apparet.   id fit
ex contentione et nixu quo opus est ad saltum ; corpus enim flectitur et contra-
hitur in conatu.   sinibus igitur, hoc est curuatura et flexura corporis sui, uires
sumit ' Huetius, qui poetarum locos attulit ubi Delphinus *curuus, recuruus,
pandus, repandus, incuruiceruicus* appellatur   **fluctum M,fructum GL.**   *fluctum
figurat,* fluctus formam motumque repraesentat, uide IV 723.   Ouid. art. III
148 *similes fluctibus . . . sinus* capillorum.   satis recte Pingraeus, absurde
Fayus enarrat, quorum diuersissimae interpretationes Wageningeno pro una
eademque sunt   **422** de ordine uerborum uide II 169 ibique adnotata, praeterea II 820   **423–425** duo natandi genera : alterum, nostro sermone ' trud-
geon stroke', Romanis usitatissimum, quod alterno bracchiorum iactatu
fit cum aquae plausu (Ouid. her. XVIII 58 *iactabam bracchia lenta*, XIX 48 *lenta
bracchia iactat*, met. v 596 *excussa bracchia iacto*, ex Pont. I 6 34, Luc. III 651,
662, Ouid. Ib. 589 *per alternos pulsabitur unda lacertos*, Prop. I 11 12) ; alterum,
Anglorum ' breast stroke', sub aqua bracchia aequaliter diducentis, quod sic
describit Nonnus Dion. VII 185–9, χεῖρασ ἐρετμώσασα δι' ὕδατοσ ἔτρεχε κοίρη· |
καὶ κεφαλὴν ἀδίαντον ἐκούφισεν ἴδμονι τέχνῃ | ὕψι τιταινομένῃ ὑπὲρ οἴδματοσ,
ἄχρι κομάων | ὑγροβαφὴσ, καὶ στέρνον ἐπιστορέσασα ῥεέθρῳ | ποσσὶν ἀμοιβαίοισιν
ὀπίστερον ὤθεεν ὕδωρ   inter **423** et **424** excidisse uersum qualem finxi,
uerbum finitum continentem, ex grammaticae rationibus apparet, abundante
in 424 coniunctione, cui Bentleius *nunc* substituit.   quod Iacobus scripsit
explausa aptum non est : simplici uerbo usum Statium silu. I 3 73 sq.
natatu | *plaudit aquas* Bentleius adnotauit, adde Auson. Mos. 344 *plaudenti . . .
flumen pepulisse natatu.*   uersus qua de causa exciderit superest indicium, de
quo post 424 dicetur   **423 nunc** Flor. et Bodl., huic **M**, hinc **GL** cod. Venetus,
hic et 424 *nunc plausa* Bentleius   **tractus** cod. Cusanus, **tactus GLM** cod.
Venetus et iam inde ab Iacobo editores, nam prioribus, ut mihi, natator alternis
bracchiis aquam tangere, et lente tangere, dici posse non uidebatur.   Oct.
fab. 354 sq. *bracchia quamuis lenta trahentem* naufragam, Ouid. met. IV

423A *conspicuus franget spumanti limite pontum*
      et plausa resonabit aqua, nunc aequore mersas
424A [et senibus uiresonabit aqua nunc aequore mersas]
425   diducet palmas furtiua biremis in ipso,
      nunc in aquas rectus ueniet passuque natabit
      et uada mentitus reddet super aequora campum ;
      aut inmota ferens in tergus membra latusque
      non onerabit aquas summisque accumbet in undis
430   pendebitque super, totus sine remige uelum.

353 *alterna . . . bracchia ducens* natator   **424** resonabit **LM**, resonabat
G   mersas **GM** et in dittographia **L**, **mersus L** cod. Venetus   post **424**
extat in **M** et linea transfixus in **L** uersus ex **421** et **424** conflatus et **senibus
uiresonabit aqua nunc aequore mersas**, in cod. Veneto tantum et **senibus iuua.**
scilicet bis posita *res* syllaba librarius a *ui-res* ad *res-onabit* transiluerat, ut
omitterentur tres uersus cum duorum particulis ; quae qui in contextum
reponere aggressus est, **423A** praetermisit pro eoque recepit, qui recipi non
debuit, mixtum hunc ex duobus **424A**   **425 diducet** Vrb. 667, **dicucet M**,
deducet GL   **furtiua biremis ***, **furtiuo** libri, tum **remis G** ante corr. et **L**,
aut hoc aut **renus M**, **remus** ex corr. m. 1 **G**, quo recepto *furtiue* Huetius, *furtiuus*
(*-uos* Ellisius) Bentleius, qui *ipso* interpretantur *se ipso.* at diductis palmis
natantem hominem et ut ait Nonnus χεῖρασ ἐρετμώσαντα remo dissimillimum
esse, similem biremi, inuiti fatentur qui ut illud tueantur adscribunt Ouid.
her. xviii 215 *remis ego corporis utar*, Stat. silu. i 2 87 sq. *Abydeni iuuenis
certantia remis | bracchia*, Musae. 255 αὐτὸσ ἐὼν ἐρέτησ, αὐτόστολοσ,
αὐτόματοσ νηῦσ, Ouid. her. xviii 148 *idem nauigium, nauita, uector ero.*
biremis, δίκωπον σκάφοσ, ut Luc. viii 562 et x 56.   puto scriptum fuisse *furtiua
ui remis*, deinde iactura aliquantum leuatum uersiculum. ceterum iunge
aequore in ipso   **426 rectus**, non pronus ut **424** sq. nec supinus ut **428**
   passu Bentleius, **passum** libri   **natabit** cod. Bodl. et Bentlei δ (inepte
idem cum cod. Flor. *passim*), **notabit GL²** cod. Venetus, **notauit LM**
   Geuartius elect. i 5 ' *passum notare* est natatu passum referre et exprimere et in
aquis uelut in campo erecte ambulantis speciem repraesentare '; sed notandi
uerbum, ut figurandi, ea ui poni posse non docet. quod genus natandi signi-
ficetur nemo dubitat   **427 uada mentitus**, ' quasi fundum pedibus tangeret '
Bentleius   **reddet GL²**, **reddit LM**   in **M** esse *aequore* Ellisii silentio crediderunt et Bechertus et, qui se codicis imaginem phototypicam conferre potuisse
dicit, Wageningenus. id coniecerat Reinesius, quem secuti sunt Bentleius
et post eum plerique, nescio quare ; neque apud hunc poetam *super* ablatiuo
adiungitur   **428 tergus** in homine Manilius praeterea non appellat et raro
omnino ea uoce utitur, ut non sine causa edd. uett. *tergum* dederint ; sed
Vergilium Aen. ix 764 *in tergus* dixisse testantur Charisius et Seruius   **430
super GL²**, **per L**, **pre M**   **totus** Bentleius, **totum LM**, **tutum G**, *tantum* Iacobus,
fortasse *solum*, cuius permutationis exemplis ad i 779 adlatis accedat Luc.
x 503   **remige GL**, **remigere M**   **uelum** Bentleius, **uotum** libri   **est**,
quod in fine habent **GLM**, om. Flor. et Bodl., nec raro id uerbum extremo hexa-
metro additur detrahiturue : uide ad ii 413.   huic loco non conuenit praesens

illis in ponto iucundum est quaerere pontum,
corporaque inmergunt undis ipsumque sub antris
Nerea et aequoreas conantur uisere nymphas,
exportantque maris praedas et rapta profundo
435　naufragia atque imas auidi scrutantur harenas.
par ex diuerso studium sociatur utrumque
in genus atque uno digestum semine surgit.
adnumeres etiam illa licet cognata per artem
corpora, quae ualido saliunt excussa petauro

tempus　　corpus hominis qui super summas undas pendens non nat sed huc
illuc impellitur nauigii uelo ac non remis utentis satis simile est, ueli ipsius
fortasse non satis, nisi uati sanctiori. sed qui illa *tutum sine remige uotum
est* interpretari posse sibi uidentur tum refutatione digni erunt cum inter se
discrepare desierint　　**431** *illis*, aliis, ut III 227 et *ille* II 44. genus a natatoribus diuersum inducit, urinatores　　‘ *in ponto quaerere pontum* est ita
uersari in ponto quasi hic pontus non esset, sed absconderetur interius, quo
mersi natant’ Gronouius obs. II c. 11　　**432** que **immergunt** Scaliger ed. 1
(nam de Voss. 390 fallitur Bentleius), **qui mergunt** libri, *quin* Barthius adu.
p. 322. tradita lectione hoc dicitur, *urinantur qui urinantur*　　**434** ‘ extra-
hunt ea quae pelagus praedatum est et res naufragas quas mare rapuit ’ Fayus.
uide 592 *praeda maris*, Sil. III 320 sq. *aequoreus �376Nasamon, inuadere fluctu |
audax naufragia et praedas auellere ponto*, Luc. III 697 sq. *eximius Phoceus
animam seruare sub undis | scrutarique fretum, si quid mersisset harenis*
436 437 ‘ descripserat primum natatores, deinde urinatores ; de utrisque
nunc dicit : *par ex diuerso studium*, hoc est simile sed non idem studium,
sociari in genus utrumque tam horum quam illorum, *et ab uno semine digestum
surgere* . . . hoc uult, ex urinatoribus facile natatores fieri et ex natatoribus
urinatores ’ Bentleius. *sociatur utrumque in genus*, studium duplex ita in
unum coalescit ut in utrumque genus conueniat ; nam alio sensu dicitur
III 50 sq. *diuersa . . . membra . . . sociaret corpus in unum*　　**436 par** Scaliger,
pars libri　　**studium** M, **studuit** L cod. Venetus, **studet et** GL²　　**437 ingenus**
G, **ingeniis** L², aut hoc (Vrb. 667) aut **ingemis** (Vrb. 668) ut uidetur M, **inge-
minus** L, **in geminos** cod. Venetus　　pro *atque* Marklandus ad Stat. silu. II 1 64
et Bentleius *aque*, de quo dixi ad IV 149　　**438–445** describuntur petauristae.
Photius πέτευρον πᾶν τὸ μακρὸν καὶ ὑπόπλατυ καὶ μετέωρον ξύλον. Daremb.
et Sagl. IV p. 422 ‘ certains acrobates se balançaient sur le *petaurum*, . . .
d’autres s’y suspendaient pour prendre leur élan ’; quorum generum Manilius
hoc uersibus 442–5, illud 439–41 nobis proponit : tertium, ‘ d’autres y mar-
chaient ’, fuisse ex uno Martialis uersu II 86 7 colligunt　　**438 adnumeres**
Reinesius Scal. ed. 3 p. 23, **adnumeros** GM, **ad numerosa** L. Sen. ep. 88 22
his adnumeres licet machinatores　　**illa** G, **ulla** LM　　**439** sursum excutitur
subsilitque qui alterna uice superior est. haec fortasse Iuuenalis imitatus
est XIV 265 sq. *iactata petauro | corpora*　　**440 441** glossarium S. Dionysii
Francisco Danieli notum (Petr. frag. 15 ed. Buech.) *petaurus genus ludi.
Petronius* ‘ *petauroque iubente modo superior* ⟨*modo inferior*⟩ ’, sic enim supplen-
dum uidetur. Angli dicimus ‘ see-saw ’, cuius ludi imago apud Daremb. et

440 alternosque cient motus, delatus et ille
    nunc iacet atque huius casu suspenditur ille,
    membraue per flammas orbesque emissa flagrantis,
444 quae delphina suo per inane imitantia motu
443 molliter ut liquidis per humum ponuntur in undis
445 et uiduata uolant pinnis et in aere ludunt.
    at, si deficient artes, remanebit in illis
    materies tamen apta ; dabit natura uigorem
    atque alacres cursus campoque uolantia membra.

Sagl., uol. IV p. 256 tab. 5439, non apto loco extat, nam oscillatio non est
440 que GL, om. **M**   **441** nunc L, hunc M, huc G, quod quamquam Bentleius
recepit, quo referatur non est. *elatus . . . nunc* Scaliger, in qua lectione requiritur nec facile auditur *prius* ; Postgatius silu. Man. p. 50 *delatus . . .
huic*, id est *ab hoc*, cum tamen inferior non alterius elatione sed suo pondere
defertur, quo etiam illum extollit. mihi unice concinnum et paene neces-
sarium uidetur *elatus et ante* | *nunc iacet.* de duplici *ille* in fine uersuum
posito uide ad II 523 adnotata, quibus adicienda sunt quae dixi ad III 458
    442 Petr. 53 11 *petauristarii autem tandem uenerunt. baro insulsissimus
cum scalis constitit puerumque iussit per gradus et in summa parte odaria saltare,
circulos deinde ardentes transilire.* huc spectat etiam Mart. XI 21 3 *rota trans-
misso totiens intacta* (α, *inpacta* βγ, quo nihil a laxitate rotae alienius) *petauro*,
quae uerba aliter explicari nequeunt quam si *rota* pro circulo, *petaurus* mas-
culino genere pro petaurista accipitur   **444** ante **443** collocaui   **444 quae
delphina** *, **delphinamque LM, delphinumque G.** utroque nomine, Delphinum
et Delphina, Germanicus sidus appellauit phaen. 321, 613, 691 ; hic uero
potius animal est, in quo Vergilius eumque secuti poetae plerique Graeca
uoce uti maluerunt. sed ideo nouaui lectionem uersumque transposui ut
orationis structuram reciperarem, quam in his, *adnumeres licet corpora membraue ponuntur*, nullam esse editores non animaduertunt : accedit ut multo
melius in 445 prius *et* uersum superioribus adnectat quam alteri respondeat ;
ne quis relatiuum, quo opus est, uersui 442 inferre malit *orbis quae missa* scribendo. uersuum inuertendorum causam fuisse suspicor *per* particulam in
eadem utriusque parte extantem. quamquam rerum ordo optimus hic esset,
membraue . . . 445 quae uiduata . . . 444 delphinumque . . . 443 molliter . . . :
mutatio maior nec aperta erroris ratio   *suo . . . imitantia motu* Scaliger,
suos . . . natantia (**natanta M**) *motus* libri   **443** molliter **GM**, tollitur **L**,
mollitur (om. ut) cod. Venetus   **445** uiduata **GL**, uiduat **M**   in aere **G**,
aere **L**, inacre **M**   Manetho VI 443 sq. *ἱπταμένουσ γυίοισ ἐναλίγκιον ὀρνίθεσσιν* |
πιλναμένουσ τε νέφεσσιν ἐπ' ἠνεμόεντι πετεύρῳ (adde v 147 de funambulo
dictum Ἴκαρον *αἰθέριον πτερύγων δίχα καὶ δίχα κηροῦ*), Fest. p. 206 26–8
petauristas Lucilius a peteuro appellatos existimare uidetur, cum ait '*sicut
mechanici cum alto exiluere peteuro*', at Aelius Stilo quod *in aere uolent*, cum
ait '*petaurista proprie Graece ideo quod is πρὸσ ἀέρα πέταται*', Muson. ap.
Stob. ecl. III c. 29 (ed. Wachsm. uol. III pp. 644 sq.) οἱ . . . θαυματοποιοί . . .
ὥσπερ ὄρνεα πετόμενοι διὰ τοῦ ἀέροσ, Claud. XVII 320 *uel qui more auium
sese iaculentur in auras*   **447** apta Flor. et Bodl., **acta GLM** cod. Venetus
    448 uolantia Flor. et Bodl., **uocantia GLM**   *campus* cur Martius in-

sed regione means Cepheus umentis Aquari
450   non dabit in lusum mores.   facit ora seuerae
frontis *is* ac uultus componit pondere mentis.
pascentur curis ueterumque exempla reuoluent
semper et antiqui laudabunt uerba Catonis.

tellegatur nec hic nec uersu 639 causa ulla est, absurde uero Fayus ' in arena ',
cuius et interpretationem et psilosin Wageningenus suam fecit   **449–537** cum
Aquario orientia, Cepheus Aquila Cassiope   **449–485** cum prima, ut uidetur,
Aquarii parte (sequuntur enim 490 et 504 aliae) oritur Cepheus.   is uero nec
oritur omnino nec occidit nisi capite aut summo corpore, quibus tenus cum
Sagittario surgere dicitur Arat. 674 sq.   Firmicus, quem a Manilio discedere
dixi ad 409, haec habet VIII 15 4, *in XV parte Capricorni oritur Cepheus*
    facit Cepheus seuerae mentis homines, paedagogos, poetas tragicos comicos-
que, quique eorum carmina ore efferant gestuue repraesentent   **449** umentis
GL, mentis M.   *umidus . . . Aquarius* Cic. Arat. 327 et Germ. frag. IV 70
    450 in lusum LM, illusum G.   *non dabit in lusum mores*, non tribuet mores
qui in lusum propendeant ducantque : uide IV 508 *dabit in praedas animos*
ibique adnotata   seuerae GL, seuerare M, fauere cod. Venetus, *seuera* Scaliger
et plerique, post hanc uocem interpungentes.   105 sq. *seuerae* | *frontis opus* :
plura exempla collecta sunt thes. ling. Lat. VI p. 1356 20–3   **451** is addidi.
mutato uerborum tempore bene adicitur pronomen, ut 71 ; huius autem
pronominis nominatiuus apud optimos poetas non rarus, quamquam plerumque aut cum relatiuo ponitur aut sequente *est* aut in initio sententiae, ut Man.
III 256 et V 569, tamen extra hos cancellos reperitur, uelut Hor. serm. I 9 18
trans Tiberim longe cubat is prope Caesaris hortos, Ouid. her. XVI 366 *unus
is innumeri militis instar erit*, ex Pont. III 2 65 *praefuerat templo multos ea
rite per annos*, IV 8 27 *quamlibet exigua si nos ea iuuerit aura*, Val. Fl. II 102
sq. *neque enim alma uideri* | *tantum ea, cum tereti crinem subnectitur auro*,
Stat. Theb. VII 586 sq. *eriles* | *forte is primus equos stagna ad uicina trahebat*,
Mart. III 25 4 *Neronianas is* (β, hic γ) *refrigerat thermas.*   etiam Catulli uersus
10 29 sq. sic interpungendos esse suspicor, *meus sodalis* | (*Cinna est Gaius
is*) *sibi parauit*, collato Cic. or. 100 *quis est igitur is ?*   certe ea simplicissima
ratio est.   de Verg. georg. II 239 incertum.   ceterum *is* syllaba geminata
horribili stridore multorum aures offendet qui quotiens *quisquis is est* apud
unum Ouidium legerint dicere non poterunt   mentis M, mentes GL.   illud
iam Scaliger inuenerat, qui scripsit *frontes* (requiritur, quod edd. uett. addi-
derant, *que*) *ac uultus componit pondere mentis* ; sciebat enim, quod Breitero
ignotum fuit, uultus ad mentem ac non mentes ad uultum componi.   interpretatur Firmicus VIII 15 4 *uultum semper ex morum integritate fingentes* : adde
Claud. Stil. II 36 *certum mentique parem componere uultum*, Sil. VI 428 sq.
fronti . . . sedebat | *terribilis decor atque animi uenerabile pondus*, Man. I 771
strictae pondera (*strictas pondere* libri) *mentis* (M, *mentes* GL), II 956 *pectoris
. . . pondus*, Val. Max. VIII 10 ext. 1 *terribile uultus pondus*, Stat. Theb. VII
85 *tardo flectebat pondere uultum*, Sen. Phaed. 799 *pondus ueteris triste supercili*
    452 pascentur Cepheo orti : uide 64   reuoluent G, reuoluet LM   **454**
post **457**, ubi necessarius est, traieci ; parum apte post 451 poneretur.   hic
certe stare nequit, neque enim tolerabiliter coeunt *laudare uerba Catonis* et
laudare tutoris supercilium ; Iacobus autem quemadmodum Breitero Wagenin-
genoque sequentibus orationem interpunxerit ne commemorabo quidem

455 componet teneros etiam qui nutriat annos
et dominum dominus praetextae lege sequatur
quodque agat id credat, stupefactus imagine iuris,
454 tutorisue supercilium patruiue rigorem.
458 quin etiam tragico praestabunt uerba coturno,
cuius erit, quamquam in chartis, stilus ipse cruentus,
460 nec minus hae scelerum facie rerumque tumultu
gaudebunt. uix una trium memorare sepulchra

455 componet Scaliger, **component** libri propter *laudabunt.* finget paedagogum Cepheus, non eo orti   **teneros etiam GL, reueros etiam M**, etiam
teneros cod. Venetus   **456 dominus praetextae M**, dominis praetexta **GL**.
praetextae lege, sic iubente praetexta : Ouid art. I 142 *tibi tangenda est lege
puella loci.* 'seruus paedagogus ratione disciplinae est dominus domini sui.
docet enim herilem filium dominum suum. itaque *praetextae lege* est iure
aetatis. est enim adhuc puer, donec togam puram sumpserit' Scaliger
    457 agat LM, agit G : de subiunctiuo uide II 814 et III 462   quid hoc
uersu dici debuerit apparet, paedagogum prae imaginaria potestate seruilis
condicionis obliuisci, quales a Quintiliano describuntur loco a Gronouio
collato inst. I 1 8 *uelut iure quodam potestatis, quo fere hoc hominum genus
intumescit, imperiosi atque interim saeuientes.* id uero non dicitur ; Gronouius
enim obs. II c. 11 cum sic uerba enarrat, ' quod gerit imperium, quem mimum
domini, id se habere reuera, eum se esse opinari possit ', ea admiscet quae scripta
non sunt, neque, qui imperium uerum esse credit, is credit imperium. quod
desideratur suppeditat 454 huc translatus. seruus imagine iuris stupefactus tutoris se patruiue partes agere credit   **454 tutorisue GL², totorisue
L, totorisque M**   **458 tragico** Flor. et Bodl., **tragica GLM**, quod qui collato I 90
defendat aliquando nascetur. coturnus coturniue tragici multis locis appellantur
in thes. ling. Lat. IV p. 1087 collectis, quorum maxime huc pertinet quamuis
corruptum Ouidii distichon trist. II 553 sq. *et dedimus tragicis scriptum* (fortasse
ex 551, *sceptrum* Francius, uide amor. II 18 13, III 1 13 sq., Sen. ep. 76 31)
regale coturnis (fortasse ex 554, *camenis* Francius, praestat *tyrannis*, uide ex
Pont. IV 16 31), | *quaeque grauis debet uerba coturnus habet.*   Cephea
regis tragici ueste indutum in globo Farnesiano conspici adnotauit I. Moellerus
stud. Man. p. 29   **459 cruentus G** pro uar. lect. et ex corr. **L**, uterque m. 1,
cruentis GLM cod. Venetus   **460 hae *, haec GLM** cod. Venetus, quam
formam scribas interdum prauo studio alteri substituisse ostendit Heraeus
ad Mart. VII 26 4, ipse ad Iuu. VI 259 et Luc. VII 387 exempla ex eorum codicibus
collegi. coturni stilus, quamuis in chartis ac non in scaena exerceatur,
cruentus erit, neque hae chartae minus quam coturnus ipse et scaena scelerum
facie gaudebunt. et **L²** et edd. plerique, qui cum *gaudebunt* ad Cephei partus
referre et *nec minus* pro *atque* accipere cogantur, abundare particulam et metro
tantum utilem esse fateantur necesse est fateturque Stoeberus. quod autem
Iacobus *hac* praetulit, ut ablatiuo appositione adiungeretur *memorare* infinitiuum,
eam constructionem tam barbaram esse quam quae maxime Maduigio adu.
crit. II p. 58 confirmanti eo magis credo quod Horatii editores, quorum intererat
eum opinione falli ostendere, tacere malunt   **461 uix una trium *** (=liixun
atri um), atri (auri **M**) luxum libri   **sepulchra LM, sepulchri GL²** propter *atri.*

ructantemque patrem natos solemque reuersum
et caecum sine *nube* diem, Thebana iuuabit

de plurali uide Ouid. her. xi 116 *tua . . . sepulchra*, Verg. Aen. ii 642 sq.
una . . . excidia Apollod. epit. ii 13 ψευσάμενοσ εἶναι φίλοσ παραγενομένου
τοὐσ παῖδασ, . . .'Αγλαὸν καὶ Καλλιλέοντα καὶ 'Ορχόμενον, . . . ἔσφαξε καὶ παρατίθησι
Θυέστη χωρὶσ τῶν ἄκρων   *uix* (pro quo *lux* scriptum est Moret. 13), quia non
toti comesi sunt   *uerba atri luxum sepulchri* nullam tragoediae materiam mihi
quidem notam ostendunt, nam qui *luxum* pro cena poni et *atrum sepulchrum*
Thyesten ullumue hominem significare posse credunt, sua linguae Latinae
scientia fruantur. *luctum* uero, quod Scaliger aliique ex cod. Flor. adsciuerunt,
multo magis commune est quam ut aut Antigonen aut ullum certum funus
demonstret, neque ueri simile est ut tam paucis uerbis quartum argumentum
comprehensum sit et tribus fusius expositis praemissum.   iure igitur haec
quoque ad Atrei facinus pertinere ratus Bentleius Thyestae personam induxit
scribendo *uiui bustum . . . sepulchri*, cuius figurae exempla ipse aliique contulerunt, Cic. off. i 97 '*natis sepulchro ipse est parens*' . . . *Atreo dicente plausus
excitantur*, Ouid. met. vi 665 (Tereus) *se . . . uocat bustum miserabile nati*, Gorg.
ap. script. de sublim. 3 2 γῦπεσ ἔμψυχοι τάφοι, Lucr. v 993 *uiua uidens uiuo
sepeliri uiscera busto* (ferarum ingluuie); sed *bustum sepulchri* uix recte dici
uidetur neque Statii locis Theb. vii 19 et xii 247 sq. munitur.   Iacobus
Atrei cum synizesi non Maniliana scribendo nullam sententiam effecit
    462 ructantem . . . natos LM, luctantem . . . nato G, quod ob Gembla-
censis amorem amplexum Bechertum ridere non debent qui, si in Matritensi
haberetur, idem et ipsi probarent.   *eructat* Thyestes Sen. Thy. 911, uide etiam
Verg. Aen. iii 632 et Sil. xv 432 ; sensu paulum diuerso Tertullianus apol.
9 11 *ructatur ab homine caro pasta de homine.* Man. iii 18 sq. *natorumque
epulas conuersaque sidera retro* | *ereptumque diem*   **463 nube** Ellisius noct.
Man. p. 196, **sole** libri, *luce* Marklandus ad Stat. silu. iii 3 55 et Bentleius.
Manilium inopia neglegentiaue uel Lucano erubescenda solis uocabulum sic
iterasse, cum praesertim superiore uersu *Phoebumque* ponere posset, ne tum
quidem credam si librariis ad Hor. carm. iv 5 17 sq. multa cum laude patro-
cinatus Ricardus Heinzius hic nouam palmam quaesierit. ne pariter suscipi
possit Mart. viii 14 3 sq. *specularia puros* | *admittunt soles et sine sole diem
iniquo casu factum est quo duae ex tribus codicum familiis *faece* seruarunt.
sed ut recte omnino *caecus sine luce dies* appellatur dies lucis defectu caecus,
quale est Lucr. v 841 *muta sine ore . . . sine uoltu caeca*, quod Manilium imi-
tatum esse ait Vahlenus praef. ad Sen. dial. ed. Koch. p. x, ita multo acutius
dictum est quod recepi *nube*. hic enim Ellisium largius solito ineptiarum copia
exuberantem miseratus deus semel ei emendationem subiecit quam a sagaci
critico inuentam credideris. ipse docte contulit schol. Stat. Theb. iv 307
'*recursum solis*' *propter offensam affabilis dei, qui inter nulla nubila pietate
tanta egit occasum* : similia sunt Sen. H.f. 940 sq. *Phoebus obscuro meat* | *sine
nube uultu* et Val. Fl. v 423 *pinguem . . . sine imbribus annum.* sole autem
non tam ex 462 irrepsisse puto quam consulto repositum esse a scriba parum
intellegenti qui nubi contrariam notionem requireret. cuius originis menda
aliquot, praeter ea quae in Classical Review an. 1903 p. 309 et ad Iuu. x 351
attuli, subiciam, ut doleant oculi eis qui omnia ad apicum mutationes referri
cupiunt. igitur Prop. iii 19 4 *liberae* etiam contra metrum pro *captae* summu-
tatum est, Ouid. trist. ii 186 *parua* pro *magna*, Sen. Phoen. 233 *negastis* pro

dicere bella uteri mixtumque in fratre parentem,
465 quin et Medeae natos fratremque patremque,
hinc uestis flammas illinc pro munere missas
aeriamque fugam natosque ex ignibus annos.
mille alias rerum species in carmina ducent;
forsitan ipse etiam Cepheus referetur in actus.
470 et, si quis studio scribendi mitior ibit,
comica conponet laetis spectacula ludis,
ardentis iuuenis raptasque in amore puellas
elususque senes agilesque per omnia seruos,
quis in cuncta suam produxit saecula uitam
475 doctior urbe sua linguae sub flore Menander,

donastis, Mart. xɪɪ 19 2 *foras* pro *domi*, Ouid. amor. ɪ 3 24 *uara* paruo errore in *uera* abiit, quem deinde magnum fecerunt *falsa* substituendo, Iuu. ɪx 106 similis series est, *fac eant, taceant, clament* ; uide etiam Drakenborchium ad Sil. ɪv 209 et Lobeckium Aglaoph. p. 353   **464** Bentleius attulit Stat. Theb. xɪ 407 sq. *stat consanguineum campo scelus, unius ingens | bellum uteri* fratre GL, statre M   **465** om. cod. Venetus   quin et Bentleius, medeae cod. Flor., queretune deae M, idem fere L (queres L²), quaerere tune dee G, *quaerent* Iacobus.   quaerere poetae Medeae facinora, si illam materiem appetere intellegendi essent (neque aliam interpretationem comminisci queo), obscure dicerentur.   *quin et* habetur ɪ 896   natos GL, notos M   **466** *hinc uestis flammas illinc*, res quae hinc, a forma et specie, uestes erant, illinc, a ui et effectu, flammae, quemadmodum dicitur Prop. ɪɪ 28 61 *diuae nunc ante iuuencae*, ei quae nunc diua est, ante autem iuuenca fuit.   quod Postgatius silu. Man. p. 52 fatetur, se uersum non intellegere, ceteri inuiti ostendunt   pro GL², per LM cod. Venetus   munere GL, munerae M, munera cod. Venetus   **467** natos Iacobus, nectos GL, notos M (item apographa Vrbinatia et Vossianum) ut 465 et 658.   quod proxime a libris abest *netos* non satis tuentur Stat. Theb. ɪv 600 sq. *hos ferrea neuerat annos | Atropos* et cons. Liu. 164 *hanc lucem celeri turbine Parca neat*, ubi Parcae mentione minuitur locutionis audacia. calefactum ahenum Aesoni alteram aetatem peperit.   qui tale argumentum tragoediae conuenire negant, Iolai et Euripidis Heraclidarum obliti sunt; qui rerum ordinem inuerti queruntur, etiam in 465 haerere debebant.   ɪɪɪ 9–13 *Colchida nec referam uendentem regna parentis | et lacerum fratrem stupro . . . et reduces annos auroque incendia facta | et male conceptos partus peiusque necatos*   **468** alias Flor. et Bodl., aliae GLM   falso ex M relatum est *ducant*   **469** cefeus M, cestus L, gestus GL²   actus Scaliger, actis libri   **470** *ibit*, erit. Seru. georg. ɪ 29 ' *ire* ' *ueteres pro* ' *esse* ' *dicebant*, Prop. ɪɪ 34 45 *non tutior ibis Homero*   **471** componet GL², conponit LM   **473** *elusos senes* ex Hor. serm. ɪ 10 40 sq. *Dauo . . . Chremeta | eludente senem*   **475** doctior LM, doctor G   urbe G cod. Venetus, orbe LM. ' doctior doctis Athenis ' Iacobus, ut Prop. ɪ 6 13 et alibi appellantur   *linguae sub flore*, tum cum lingua Graeca atque Attica florebat, ἤκμαζε: *sub* temporale ut ɪɪɪ 245.   contra Phrynichus Menandrum insectatur tamquam purum sermonem

qui uitae ostendit uitam chartisque sacrauit.
et, si tanta operum uires commenta negarint,
externis tamen aptus erit, nunc uoce poetis
nunc tacito gestu referensque adfectibus ora,

inquinauerit, ed. Lobeck. p. 418 τὸν λέγοντα . . . κίβδηλα ἀναρίθμητα ἀμαθῆ,
433 αἰσχύνεισ τὴν πάτριον φωνήν, 440 πάλιν ἡμᾶσ μολύνων οὐδέν τι ἀναπαύεται ὁ
Μένανδροσ **476 uitae** Scaliger, uita libri. Scaliger suam ipse emendationem
non intellexit, qui *uitae* (gen.) *uitam* amorem dici uolebat; *uitae* datiuum
esse uidit Reinesius p. 23 *uitam* non melius interpretatus; primus recte locum
enarrauit Huetius, 'Menandrum . . . dixit . . . uitae ostendisse uitam, hoc est
ob oculos mortalium posuisse uarios hominum mores et diuersos humanae uitae
casus', nisi rectius Bentleius 'mores saeculi saeculo ostendit'. contulerunt
Scaliger Syrian. in Hermog. ed. Rabii uol. II p. 23 'Αριστοφάνησ ὁ γραμματικὸσ
. . . ὦ Μένανδρε καὶ βίε, πότεροσ ἄρ' ὑμῶν πότερον ἀπεμιμήσατο, Fayus Quint.
inst. X 1 69 *Menander . . . omnem uitae imaginem expressit*, Bentleius Mart.
VIII 3 20 *agnoscat mores uita legatque suos* (in epigrammatis); adde Cic. Rosc.
Am. 47 *haec conficta arbitror esse a poetis* (comicis) *ut effictos nostros mores in
alienis personis expressamque imaginem uitae cotidianae uideremus*, qualia
multa de comoedia collegit Marxius ad Lucil. frag. 1029 **chartis** Scaliger,
charus M, **carus** GL, **curas** cod. Venetus. *chartis* (abl.) *sacrauit* ut Liu. XXXIX
40 7 *sacrata scriptis*, Stat. silu. IV 7 7 sq. *cantu Latio sacraui . . . Thebas*
477–485 significantur tragoedi et togatarii et pantomimorum genus tragoediae
uicinum Πυλάδειον cognominatum a Pylade Cilici, cuius ὄρχησισ ὀγκώδησ παθητική
τε καὶ πολυπρόσωποσ perhibetur Athen. p. 20 E et Plut. quaest. conu. VII 8 3.
erraui enim ad II 57 hoc loco comoediarum recitatorem describi ratus. ceterum
uide Lucian. XXXIII 31 αἱ δὲ ὑποθέσεισ κοιναὶ ἀμφοτέροισ, καὶ οὐδέν τι διακεκριμέναι
τῶν τραγικῶν αἱ ὀρχηστικαί, πλὴν ὅτι ποικιλώτεραι αὗται καὶ πολυμαθέστεραι καὶ
μυρίασ μεταβολὰσ ἔχουσαι **478 externis** cod. Cusanus et Vrb. 668, uterque
ex coniectura, **hesternis** GLM **aptus** Voss. 1 aliique, **actus** GLM cod.
Venetus, ut 447 et I 821 *externis* operum commentis, hoc est alienis, ut
407 *externos . . . labores*, Ouid. met. VIII 879 sq. *quid moror externis? etiam
mihi nempe nouandi est | corporis . . . potestas*, Stat. Theb. IX 675 sq. *externum
haurire cruorem | ac fudisse suum*, X 709 sq. *externi te nempe patres alienaque
tangunt | pignora: si pudor est, primum miserere tuorum*, silu. I 2 100 sq.
sua . . . aut externa reuoluit | uulnera; Val. Fl. I 63, quem uersum editores
partim corrumpunt partim praue interpretantur, explicaui in Classical Review
an. 1900 p. 469: *dracone . . . quem regis filia . . . ex adytis cantu dapibusque
uocabat | et dabat externo* (non draconis proprio, qui et ipse uenenatus erat)
liuentia mella ueneno. male Scaliger et plerique distinctione sublata coniungunt *externis poetis*, quod Pingraeus enarrare noluit, ego non possum, et potuit
et uoluit Wageningenus, 'idoneus erit qui reddat commenta aliorum, sc.
poetarum' **479 tacito** M sicut coniecerat Carrio ant. lect. II c. 18, **tanto**
GL, **tantum** G uar. m. 1. Lucian. XXXIII 63 Demetrius Cynicus pantomimum
admiratus exclamat ἀκούω, ἄνθρωπε, ἃ ποεῖσ, οὐχ ὁρῶ μόνον, ἀλλά μοι δοκεῖσ
ταῖσ χερσὶν αὐταῖσ λαλεῖν, anth. Pal. append. Planud. 290 6 παμφώνοισ χερσί,
Cassiod. uar. I 20 5, IV 51 8 **referens *, referet** GL²M, **refert** L: permutantur
-ens (-ans) -et (-at) I 321, 480, II 349, 615, III 606, 678, IV 448, 493. hic ante
omnia curandum erat ut *sua dicendo faciet* ad *ora* ne referretur, quoniam *ora*
nec dicuntur nec possessorem mutant; idque effecit Ed. Muellerus in philol.

480ᵃ et sua dicendo faciet, | scaenisque togatos   482ᵇ
482ᵃ aut magnos heroas aget, | solusque per omnis   480ᵇ
481 ibit personas et turbam reddet in uno ;
483 omnis fortunae uultum per membra reducet,

an. 1903 p. 66 (non, quem ipse dicit, Leo) *orsa* substituendo. sed apparet
opinor contraria poni *sua* et *externis* praedicarique hominem qui aliena commenta dicendo faciat sua ; quae forma orationis uerbo in participium mutato
restituitur.   id uero ἀπὸ κοινοῦ positum esse, qua de figura ad II 29 et alibi
dixi, et ordinem esse *poetis ora nunc uoce nunc tacito gestu affectibusque referens*
(*referet*) uidit Leo anal. Plaut. I p. 9.   tragoedus pantomimusue poetis sonum
et spiritum oris refert ut speculum lineamenta, ille uoce, hic tacito gestu et
adfectibus, id est adfectuum significatione, quemadmodum dicitur Auson.
322 46–9 (Peip. p. 263) *amabilis orsa Menandri* | *euoluenda tibi : tu flexu et*
acumine uocis | *innumeros numeros doctis accentibus effer* | *adfectusque inpone*
legens.   Quintilianus et Gellius *adfectum* interpretantur πάθοσ, fuitque Pyladis
saltatio παθητική ; uide etiam Sen. ep. 11 7 *artifices scaenici, qui imitantur*
adfectus, 121 6 *mirari solemus saltandi peritos, quod in omnem significationem*
rerum et adfectuum parata illorum est manus, C.I.G. 6305 (Kaib. epigr. 608)
1–3 ἱστορίασ δείξασ καὶ χερσὶν ἅπαντα λαλήσασ, . . . συμπάσχων κείνοισ οἶσπερ
κινεῖτο προσώποισ ; sua carmina saltata esse refert Ouidius trist. II 519
et v 7 25   **480** *sua dicendo faciet* : Barthius attulit Mart. I 38 *quem*
recitas, meus est, o Fidentine, libellus ; | *sed, male cum recitas, incipit esse*
tuus, quod imitatur Ausonius 393 14 sq. (Peip. p. 245) *haec . . . tu recita,*
et uere poterunt tua dicta uideri   huic uersui medio inserui **482** hemistichiis
ordine inuersis, quem inferiore loco coniunctissima distrahentem Bentleius
deleuerat. librarium simili litterarum serie (-*et scenisque,* -*et solusque*) de-
ceptum aberrasse conicio, membra autem utrique margini adscripta in unum
uersum coaluisse eumque ibi repositum esse ubi orationem saltem non abrum-
peret   **482 togatos** Iacobus (sed praeterea *ciuisque*), **togatus GLM** cod. Venetus
ut *magnus, togatas* Flor. et Bodl.   Ed. Muellerus in philol. an. 1903 p. 67
contulit Diom. G.L.K. I p. 489 16 sq. *togatae fabulae dicuntur quae scriptae*
sunt secundum ritus et habitum hominum togatorum, id est Romanorum, 23–6
prima species est togatarum quae praetextatae dicuntur, in quibus . . . reges Romani
uel duces inducuntur, personarum dignitate et sublimitate tragoediis similes, p. 490
10–4 *togata praetextata a tragoedia differt, quod in tragoedia heroes inducuntur,*
. . . in praetextata autem quae inscribitur Brutus uel Decius, item Marcellus
    magnos heroas L², **magnus heruas GLM**   **481** *per omnis ibit personas,*
Quint. inst. I 8 7 *cum per omnis et personas et adfectus eat* (comoedia)   **reddet**
GL², **reddit LM**   *turbam reddet in uno.* Lucian. XXXIII 67 οὐκ ἀπεικότωσ
δὲ καὶ οἱ Ἰταλιῶται τὸν ὀρχηστὴν παντόμιμον καλοῦσιν, ἀπὸ τοῦ δρωμένου σχεδόν·
. . . τὸ γοῦν παραδοξότατον, τῆσ αὐτῆσ ἡμέρασ ἄρτι μὲν Ἀθάμασ μεμηνὼσ, ἄρτι δὲ
Ἰνὼ φοβουμένη δείκνυται, καὶ ἄλλοτε Ἀτρεὺσ ὁ αὐτόσ καὶ μετὰ μικρὸν Θυέστησ, εἶτα
Αἴγισθοσ ἢ Ἀερόπη· καὶ ταῦτα πάντα εἶσ ἄνθρωπόσ ἐστι, Cassiod. uar. IV 51 9
idem corpus Herculem designat et Venerem, feminam praesentat in mare, regem
facit et militem, senem reddit et iuuenem, ut in uno credas esse multos tam uaria
imitatione discretos, quod copiosius executus est Libanius or. LXIV 67–70.   adde
anth. Pal. append. Plan. 289, Hier. ep. 43 (Mign. XXII p. 479)   **483** *uultum :*
Ouid. trist. I 1 120 *fortunae uultum . . . meae,* Ib. 122 *fortunae facies . . . tuae.*
nam in Val. Max. II 6 8 et ceteris locis thes. ling. Lat. VI p. 1190 67–9 collectis

aequabitque choros gestu cogetque uidere
485 praesentem Troiam Priamumque ante ora cadentem.
nunc Aquilae sidus referam, quae parte sinistra
rorantis iuuenis, quem terris sustulit ipsa,
fertur et extentis praedam circumuolat alis.
fulmina missa refert et caelo militat ales
490 bis sextamque notat partem fluuialis Aquari.

Fortunae deae uultus dicitur   per nescio an loci potius quam instrumenti
significatione accipiendum sit, ut similia sint 161 *tantus erit per membra uigor*,
518 *perque caput ducti lapides, per colla manusque* ; *re* autem particula indicari
uidetur alia ac rursus alia succedens facies quae toti homini inducatur
484 aequabitque GL², aequabit LM.   aequare choros gestu dici potest qui
saltatione exprimit quae chori narrare solent, ut apud Euripidem supremam
noctem Troiae Hec. 905 sqq. et Tro. 511 sqq. ; sed fortasse significantur qui
pantomimo adsistebant chori, qua de re Hieronymus chron. Ol. 189 3 (Reiffersch.
Suet. p. 22) *Pylades Cilix pantomimus, cum ueteres ipsi cantarent adque saltarent,
primus Romae chorum et fistulam sibi praecinere fecit.*   uide Liban. or. LXIV
113 ἡ τέχνη . . . παύσασα πολλάκισ τὴν φωνὴν τοῦ χοροῦ διὰ τῶν σχημάτων
παιδεί'ει τὸν θεατὴν αἱρεῖν τὸ πρᾶγμα, Lucian. XXXIII 63 ὀρχηστὴσ . . . ἡσυχίαν . . .
παραγγείλασ τῷ χορῷ αὐτὸσ ἐφ' ἑαυτοῦ ὠρχήσατο τὴν 'Αφροδίτησ καὶ "Αρεωσ
μοιχείαν, "Ηλιον μηνύοντα καὶ "Ηφαιστον ἐπιβουλεύοντα καὶ τοῖσ δεσμοῖσ
ἀμφοτέρουσ, τήν τε 'Αφροδίτην καὶ τὸν "Αρη, σαγηνεύοντα καὶ τοὺσ ἐφεστῶτασ
θεοὺσ ἕκαστον αὐτῶν, καὶ αἰδουμένην μὲν τὴν 'Αφροδίτην, ὑποδεδοικότα δὲ
καὶ ἱκετεύοντα τὸν "Αρη, καὶ ὅσα τῇ ἱστορίᾳ ταύτῃ πρόσεστιν   **486–503** cum
duodecima Aquarii parte oritur Aquila   **486 referam quae GL²**, referamque
LM   *sinistra*: immo dextra, ut ad 37 adnotaui   **487 rorantis L²**, rotantis
LM (ut II 53 M), **portantis G**, potantis cod. Venetus. Q. Cicero (Auson. 383,
anth. Lat. Ries. 642) 13 *nebulas rorans liquor altus Aquari*, Verg. georg. III
304 *extremo . . . inrorat Aquarius anno   iuuenis* nomen appellatiuum,
ut 505 *aequorei iuuenis*, II 406, 492, 558 (adde Ouid. fast. I 652 *iuuenis . . .
gerentis aquam*), non, ut IV 385, 709, 797, proprium : uide ad IV 797 et II 662
adnotata.   Wageningeni diligentia hic *rorantis Iuuenis* dedit (quod in indice
nominum omisit, quia omiserat Fayus), 505 *aequorei iuuenis*, rursus II 558
aequoreum Iuuenem   **quem LM, quae G   488 extentis** cod. Flor., **externis
GLM.**   designatur . . . *extensis alis euolitans* schol. Lat. Maass. comm. Arat.
p. 243 14, διαπεπταμένοσ τὰσ πτέρυγασ Erat. catast. 30   **circumuolat**: propius
quam Verg. Aen. III 233 aut Ouid. met. II 719 accedit Stat. Theb. VIII 675 sq.
flammiger ales olori | imminet et magna trepidum circumligat umbra   Hyg.
astr. II 16 *Aquila . . . supra Aquarium uolare uidetur ; hunc enim conplures
Ganymedem esse finxerunt.*   ea uero non Aquario sed Capricorno et Sagittario
imminet, quibuscum etiam oriri dicitur Arat. 691 et Hipp. II 5 13   **489
ales** Flor. et Bodl., **alis GLM   caelo**, ' pour le ciel ' Pingraeus.   I 345 *digna
Ioue et caelo, quod sacris instruit armis*, Prop. IV 6 39 *tibi militat arcus*, Tac.
hist. III 53 *imperatori suo militare*   **490 notat** oriendo   *fluuialis*, qui fundit
alterum Fluminum uersu 14 commemoratorum : recte thes. ling. Lat. VI p. 977
68, tacent enim interpretes   **491–503** facit Aquila rapinis et hominum fera-
rumque caede gaudentes, contumaces, bello strenuos, regum satellites. Teucer

E

illius in terris orientis tempore natus
ad spolia et partas surget uel caede rapinas
cumque hominum derit strages dabit ille ferarum
nec pacem a bello, ciuem discernet ab hoste.
495 ipse sibi lex est, et qua fert cumque uoluntas
praecipitant uires ; laus est contemnere cuncta.
et, si forte bonis accesserit impetus ausis,
inprobitas fiet uirtus, et condere bella
et magnis patriam poterunt ornare triumphis.
500 et, quia non tractat uolucris sed suggerit arma
inmissosque refert ignes et fulmina reddit,

Boll. sphaer. p. 50 15–8 ὁ Ἀετὸσ . . . πρόσωπα βασιλικὰ ἢ περὶ βασιλεῖσ ὄντασ
    491 uide ad 40   **492 partas M, partes GL**   **493** derit Postgatius silu.
Man. p. 53, deerint iam ed. quaternaria typothetae culpa et magis miro errore
Barthius adu. p. 324, **dederit GL, dederunt M**, ut conici possit *derunt*, sed singulari
numero *strages* positum est uersu 673.   Mart. vii 96 3 *derant* αβ, *dederant* γ.
temporum in actionibus distinctio inepta est.   Bentleius uersum sententiam
mediam interrumpere causatus deleuit, quem se legisse testatur Firmicus viii
16 1 *ex caede hominum et ex spoliis habebunt uitae subsidia, capient etiam feras
pariter et domabunt*: fortasse melius post 494 poneretur, quod fecit Postgatius   *ferarum* stragem : uide Cic. pro Marc. 22 *ex unius tua uita pendere
omnium* et multo audaciora ad ii 269 adlata   **494 pacem a G, pace ac LM.**
praepositio, quae necessaria non est et, si opus esset, audiri posset (uide Ouid.
met. xii 124 *uelut muro solidaque a caute repulsa est*, art. i 333 *Martem terra,
Neptunum effugit in undis*, sicut Man. iv 426 uerum esse potest quod **M** praebet
ut signum signo, sic a se discrepat ipsum), haud scio an abici debeat, *m* enim
et *ac* permutari adnotaui ad iii 456   **discernet G, discernit LM** fortasse
recte   **496 praecipitant GLM** cod. Venetus, *praecipitat* cod. Flor. et editores,
donec intransitiuum reduxit Iacobus   **contemnere** Vrb. 668, **contenere
M, contendere GL** cod. Venetus.   Firm. viii 16 1 *erunt . . . tanta uirtute . . .
ut ad laudem suam proficere credant, si mortem secura animositate contempserint*
    497 ' son feu l'engage-t-il par hasard dans le bon parti ' Pingraeus, nam
Fayus aberrauerat   **498 condere GL²M, contendere L**, tendere cod. Venetus.
condere, sepelire : intellexit Firmicus viii 16 1 *quorum uirtute . . . bellorum
. . . impetus sopiantur*, item B. A. Muellerus thes. ling. Lat. ii p. 1835 23 ;
errauit Fayus et grauius in thes. iv p. 153 79 sq. is cuius curae condendi uerbum
demandatum est   **499** *poterunt* plurale quo referatur non habet, nam et ante
et post de uno sermo est.   *poterit* cod. Flor. medicina metro nocenti, quod
ne laboraret cod. Par. teste Stoebero insuper *patriam poterit magnis*, Bentleius
decorare, ego *ditare* collatis script ad Herenn. iv 66 (urbs) *triumphis ditata
certissimis*, Stat. Theb. v 306 (insula) *Getico nuper ditata triumpho*, Verg. Aen.
iv 37 sq. *terra triumphis | diues*.   scriptum fuisse conicio *poteritare*, deinde
quaesitam emendationem   **500** Scaliger, quem sequuntur Iacobus et
Wageningenus, cum recte 489 *ales* dedisset, hic littera maiuscula *Volucris*
imprimendum curauit, tamquam si Ὄρνισ, id est Cycnus, ac non Aquila signi-
ficaretur   **501** *inmissos*, in hostes missos, ut Caes. b.c. iii 92 2 *immissis*

regis erit magniue ducis per bella minister
ingentisque suis praestabit uiribus usus.

at, cum Cassiope bis denis partibus actis
505 aequorei iuuenis dextra de parte resurgit,
artifices auri faciet, qui mille figuris
uertere opus possint caraeque adquirere dotem
materiae et lapidum uiuos miscere colores.
hinc Augusta nitent sacratis munera templis,
511 aurea Phoebeis certantia lumina flammis
gemmarumque umbra radiantes lucibus ignes.

telis et ex Gronouii emendatione iterum Man. v 95 *inmissos ignes* **502**
minister Flor. et Bodl., **magister GLM** cod. Venetus, qui error redit 620 et
Verg. georg. III 488 et passim ; uide etiam quae ad II 621 collegi. Firm.
VIII 16 2 *ministros imperatorum uel satellites regum, et quibus cura imperii
uel armorum custodia credatur.* qui Ioui arma suggerit uolucer, is regis sui
magister non est, uerum minister, quidquid Becherto et Rossbergio Fleck.
annal. uol. 147 p. 717 uidetur **503 uiribus GL**, **urbibus M** **504–537**
cum uicensima Aquarii parte oritur Cassiope, consentiente de signo zodiaci
Eudoxo Hipp. II 3 4. facit ea aurifices, gemmarios, auri et argenti fossores
mercatoresue **504** de *actis* uide ad IV 475, de *partibus . . . parte* ad IV 298,
de *cum resurgit, faciet* ad II 256 sq. **505** equorei L, aequore M, equoreae
GL³. uide II 558 **507 possint GL, possunt M** carae Scaliger, **carni**
libri : scriptum fuerat *carne*, deinde metro consultum est. ' ajouter par leur
travail un nouveau prix à ce précieux métal ' Pingraeus : uide III 28 sq. *auro
. . . decus addere, cum rudis ipsa | materies niteat,* Ouid. met. II 5 *materiam*
(argentum) *superabat opus,* Plin. n.h. XXXIII 4 *quot modis auximus pretia
rerum ! . . . aurum argentumque caelando carius fecimus,* Cens. de d. nat. 1 1
*munera ex auro uel quae ex argento nitent, caelato opere non numquam quam
materia cariora* **508** *lapidum,* gemmarum, ut intellexit Pingraeus, Scaliger
enim de opere tessellato interpretatus erat **509** *Augusta* littera maiuscula
Scaliger ed. 1, recte ; sequuntur enim Pompeia monumenta significanturque
quae Augustus templis intulit, Suet. Aug. 30 2 *aedes sacras . . . opulentissimis
donis adornauit, ut qui in cellam Capitolini Iouis sedecim milia pondo auri
gemmasque ac margaritas quingenties sestertium una donatione contulerit*
510 post **513** traiecit Scaliger sententia ut ait Bentleius praecipiente.
librarius ab *hinc* 509 ad *hinc* 513 delapsus erat **512** umbra *, ub M, uili
G, aut hoc aut iuli L. *iubar* Bentleius, quod ut per se recte dicitur (uide Seru.
Aen. IV 130 *quidquid splendet iubar dicitur, ut argenti, gemmarum*) ita inanem
efficit appositionem : accedit uel *lucibus* inutile sit, nisi aut epitheto, uelut
suis, augeatur aut a uoce contra posita, qualem adieci, uim accipiat. *umbram*
poeta appellat quod Plinius circa gemmam repercussum aera, n.h. XXXVII
63 (smaragdi) *e longinquo amplificantur uisu inficientes circa se repercussum
aera, non sole mutati, non umbra, non lucernis, semperque sensim radiantes
et uisum admittentes* : ita Sidonius carm. XI 24 *per quas* (ualuas) *inclusi l ucem
uomit umbra smaragdi* ; adde etiam Sil. VII 143–5 *aquae splendor, radiatus
lampade solis, | dissultat per tecta, uaga sub imagine uibrans | luminis, et tremula*

M. MANILII

513 hinc Pompeia manent ueteris monumenta triumphi
510 et Mithridateos uultus induta tropaea.
515 [non extincta lues semperque recentia flammis]
hinc lenocinium formae cultusque repertus
corporis atque auro quaesita est gratia frontis
perque caput ducti lapides per colla manusque
et pedibus niueis fulserunt aurea uincla.
520 quid potius matrona uelit tractare creatos
quam factum reuocare suos quod possit ad usus ?

laquearia uerberat umbra. gemmarum umbra radiantes ita dicitur ut Verg.
Aen. XII 102 *oculis micat acribus ignis* lucibus ut 258 *Tyrias . . . luces,*
aliter Cic. Arat. 331 *Gemini clarum iactantes lucibus* (id est stellis) *ignem
ignes* ut Petr. 55 6 13 *quo Carchedonios optas ignes lapideos ?* Mart. XIV
109 1 *gemmatum Scythicis ut luceat ignibus aurum*, Stat. Theb. II 276 *arcano
florentis igne smaragdos*, XII 527 sq. *ignea gemmis | cingula*, Claud. Stil. II 92
uario lapidum . . . igne, IV cons. Hon. 599 sq., Sidon. carm. II 423 *gemmarum
uarios . . . ignes* **513 triumphi G, triumphis LM.** huius triumphi, quem
tertium Pompeius egit, monumenta fuerunt dona ab eo in Capitolio dicata,
dactyliotheca Mithridatis ceteraque apud Plinium n.h. XXXVII 11 sqq. ita
Scaliger : perinepte Iacobus de theatro interpretatus est, quod neque ex
auro gemmisque factum erat neque triumphi commemorandi causa structum.
quae in uersu nunc huic subiecto habentur *Mithridateos uultus induta tropaea*,
eorum mentionem facit Appianus bell. Mithr. 116 τὸν τοῦ Εὐπάτοροσ αὐτοῦ θρόνον
καὶ σκῆπτρον αὐτοῦ καὶ εἰκόνα ὀκτάπηχυν ἀπὸ στερεοῦ χρυσίου παρῆγε, 117 εἰκόνεσ
παρεφέροντο Τιγράνουσ καὶ Μιθριοάτου, μαχομένων τε καὶ νικωμένων καὶ φευγόντων
    514 515 monstrosos uocauit Scaliger et emendandos prius quam expo-
nendos ; quod cum Bentleio non successisset, **514** *et quod erat regnum pelagus
fuit una malorum* Iacobus progr. Lubec. an. 1836 p. 14 pulcherrimo inuento
suum in locum reduxit, ubi orationem sententiamque inter **542** et **543** hiantem
explet. suspicor uersiculum casu omissum, cum post *inc-* 542 reponi deberet,
errore post *hinc* 513 collocatum esse. restat **515** *non extincta lues semperque
recentia flammis*, quem et ipsum aliunde uenisse imperfecta ostendit oratio,
ex pestilentiae alicuius, ut uidetur, descriptione (sequentibus uerbi causa
funera traduntur), quamquam frustra eum inter coniunctissimos uersus I 889
et 890 inferciri uoluit A. Kraemerus de Man. astr. p. 55. prudenter autem
Iacobus p. 15 *lue* ablatiuum nouare ueritus indoctae Breiteri audaciae metrum
uiolandum reliquit, cui ' *luē* eben so zulässig wie *famē* ' uidebatur, sicut etiam
Becherto et Wageningeno. nec uero luis siue potius luei uocabulum sic pro
incendio nondum commemorato poni posse dubitant ; tropaea autem Mithri-
datea identidem conflagrasse uelle uidentur, neque enim aliter *semper recentia
flammis* fuissent   **520 521** ' est αἰτιολογία, cur Cassiope aurifices creet.
quid potius Cassiope, ipsa *matrona, tractare uelit* suo sidere *creatos, quam quod
suos ad usus*, ad lenocinia formae, *reuocare possit* ' Bentleius : *creatos* ut 199
et 302. intellexerat iam Barthius adu. p. 325, non item Geuartius elect. p. 49.
Teucer Boll. sphaer. p. 41 18 sq. Κασσιέπεια (δηλοῖ) γυναῖκασ καλλωπιζομένασ

ac, ne materies tali sub munere desit,
quaerere sub terris aurum furtoque latentem
naturam eruere *omnem* orbemque inuertere praedae
525 inperat et glaebas inter deprendere gazam
inuitamque nouo tandem producere caelo.
ille etiam fuluas auidus numerabit harenas
perfundetque nouo stillantia litora ponto
paruaque ramentis faciet momenta minuti
530 Pactoliue leget census spumantis in aurum ;

522–536 ad hos M&nilii uersus spectant quae Firmicus posteriore loco,
VIII 17 8, habet *quicumque hoc sidere* (Lychno) *nati fuerint, erunt metallorum
inuentores qui latentes auri et argenti uenas et ceterarum specierum
sollertibus inquisitionibus persequantur.* erunt etiam monetarii   **522** *tali
sub munere*, cum munus tale sit   **523** *furto latentem*, 412 *latitantia fraude*
524 omnem addidit Scaliger.   singulas elisiones tuentur IV 617 *Euxino
iniungit*, II 204 *quae sint perspicere et*, I 764 *naturae uictorem Ithacum* ; coniunctae non inueniuntur.   codicum lectionem retinentibus, si qui post Stoeberum futuri sunt, subministro IV 478, Verg. Aen. XII 648, Iuu. VIII 105, X 54
praedae, ad praedam, ut Verg. Aen. VI 599 (uoltur iecur et uiscera) *rimatur
... epulis*   **525 inperat** GL²M, imperit L, imperio cod. Venetus   **gazam**
Flor. et Bodl., **gazas GLM.**   non facile *inuitam* 526 ad *naturam* 524 refertur
interpositis et *orbem* et *gazas*   **527–530** significantur τὰ χρυσοπλύσια
προσαγορευόμενα.   Strab. p. 146 ἐν δὲ τοῖσ ῥείθροισ σύρεται (ὁ χρυσὸσ) καὶ
πλύνεται πλησίον ἐν σκάφαισ, Athen. p. 233 D ποτάμια ... ψήγματα χρυσοῦ
καταφέρει, καὶ ταῦτα ... σὺν ταῖσ ἄμμοισ ὑποψήχοντεσ διωστᾶσι καὶ πλύναντεσ
ἄγουσιν ἐπὶ τὴν χώνην, Plin. n.h. XXXIII 66 *aurum inuenitur ... fluminum
ramentis, ut in Tago Hispaniae, ... Pactolo Asiae*   **527** *ille* ut 256,
neque enim obstat *creatos* plurale ante septem uersus positum.   uide 699–701
natis ... ille, Varr. r.r. III 7 9 *nihil columbis fecundius. itaque diebus quadra-
genis concipit et parit et incubat et educat*, Maduigium ad Cic. de fin. II 22
numerabit GL², numerauit **LM**   **528 perfundet** Flor. et Bodl., **perfundit L²M**,
perfunto L, perfuncto G cod. Venetus   *litora*, harenas fluminis auriferi   ' *nouo
ponto*, aquis superiectis, ut terrea materia aureis micis secreta effluat ' Huetius,
' *nouo ponto* perfundet litora, adhuc uetere stillantia ' Bentleius.   *pontus* abusiue
ponitur ut Sil. VI 13 de Trasumenno, *pelagus* Verg. Aen. I 246 de Timauo,
quae tamen minus tumide dicuntur   **529** *momenta*, pondera trutinam in-
clinatura   **530 pactoli** Breiterus in Fleck. annal. uol. 139 p. 861, **protulit**
libri : anth. Lat. Ries. 376 11 *pactuli* cod. Salmasianus   **ue *** (ad IV 668),
ut libri   **leget** Huetius (*pontique ille leget*), legeret libri   Claud. I 54
despumat rutilas diues Pactolus harenas   aut minutis ramentis parua momenta
faciet aut ex amne auro abundanti magnas diuitias leget.   Pactolus enim,
cuius aurum suis temporibus defecisse refert Strabo p. 626, nihilo tamen setius
apud poetas ditissimus ferebatur   **531 532** ante 399 traieci, illic necessarios,
hic alieno loco inter aurum argentumque subeuntes et propter 535 molestis-
simos.   quod autem Firmicus VIII 16 3 margaritarios commemorat, potest
ad *lapides* 518 respicere, potest de suo largitus esse, ut bracteatores et im-

533   aut coquet argenti glaebas uenamque latentem
eruet et silicem riuo saliente liquabit ;
535   aut facti mercator erit per utrumque metalli
alterum et alterius semper mutabit ad usus.
talia Cassiope nascentum pectora finget.
Andromedae sequitur sidus, quae Piscibus ortis
bis sex in partes caelo venit aurea dextro.
540   hanc quondam poenae dirorum culpa parentum
prodidit, infestus totis cum finibus omnis

plastratores, potest hos uersus iam huc translatos inuenisse   **533 aut** Breiterus
(non, quem ipse dicit, Pingraeus), **ad M**, et **GL** : uide 535   **coquet argenti**
G, quoque targenti L²M, quoqutaurgenti L   auro excepto cetera in metallis
reperta igni perfici auctor est Plinius n.h. xxxiii 62. *uenam* argenti non
in terrae uisceribus sed in materia simul effossa *latentem eruet* coquendo :
Pers. ii 66 sq. *stringere uenas | feruentis massae crudo de puluere*, pro quo
Manilius *silicem* dicit. πρωθύστερον frustra fingunt interpretes   **534 riuo**
saliente L², **riuos alienate GM**, riuo alienate **L**, riuo solum cod. Venetus
liquabit GL², **liquauit LM**   silicem igne liquefaciet, ut riuus fiat saliens.
Stat. silu. iii 1 122 *silex curua fornace liquescit*, Ouid. met. vii 107 *silices fornace*
soluti, Verg. Aen. viii 445 *fluit aes riuis*. ἔψησιν et χύσιν significari uidit
Salmasius Plin. exerc. c. 52 (p. 761 ed. an. 1689) : interpretes incredibiliter
falluntur   **535 aut M**, at **G**, et **L**   *utrumque*, aurilegulum et flatorem
argentarium : recte Pingraeus. Scaliger *per utrumque* ita accepit quasi esset
ex utroque, auro et argento, ipse quidem electrum indicari ratus sequente Fayo,
cum Breiterus et Wageningenus aurum ex auro, argentum ex argento factum
interpretari uideantur   **536 alterum LM**, altum **ni G** : de elisione uide ad
ii 937ᵃ (p. 111)   quid hoc uersu dicatur mihi obscurum est, nec multo minus
obscurum quod Huetius interpretationis loco profert recinuntque nouissimi
editores ' aurum argento, argentum auro commutabit '. disertius et ut saltem
cogitasse intellegantur Scaliger ' qui uasa aurea argenteis, argentea aureis
permutent ', Salmasius l.l. ' quid manifestius quam istis significari nummu-
larium et cambiatorem, qui alterum metallum in (sic enim, *in usus*, ante
Bentleium edebatur) alterius usum mutat ? '   post **537** fortasse inserendum
esse ii 232 ad illum uersum dixi   **538–692** cum Piscibus orientia, Andromeda
Equus Engonasin Cetus   **538–630** cum duodecima Piscium parte oritur
Andromeda : cum Piscibus etiam Arat. 704–9 et Teucr. Boll. sphaer. p. 51 33
   538 andromedae GM, andromachae L   **539** *ortis bis sex in partes*, usque
ad partem xii.   non plane diuersum est i 574 *quinque in partes . . . distat*,
sed similius Germ. phaen. 592 *mergitur in totos umeros Ophiuchus*   **dextro**
M, dextra GL   **540–618** purpurae non sane splendidissimae adsutus pannus.
luculentioribus uersibus eandem materiem tractauerat Ouidius met. iv 670–764,
a quo Manilius non ita multa sumpsit, quaedam certe ab Euripidis Andromeda.
eiusdem argumenti hexametros mutilos ex papyro Chicaginiensi edidit I. V.
Powellus collect. Alexandrin. p. 85, ubi Manilii uersibus 558 sq. respondere
uidentur 12 sq. τὴν δὲ σιδηρέδεσσι βρόχοισ . . . ἀλκυονίσ χήρα παρὰ κύματα
   540 Ouid. art. ii 383 *dira parens* Procne, quamquam nescio an huc magis
pertineat Sen. Tro. 66 *fatalis Ide, iudicis diri domus*   **541–544** Apollod.

incubuit pontus, timuit naufragia tellus,
514 et quod erat regnum pelagus fuit. una malorum
543 proposita est merces, uesano dedere ponto
Andromedan, teneros ut belua manderet artus.
545 hic hymenaeus erat, solataque publica damna
priuatis lacrimans ornatur uictima poenae
induiturque sinus non haec ad uota paratos,
uirginis et uiuae rapitur sine funere funus.
at, simul infesti uentum est ad litora ponti,

bibl. π 4 3 2 Ποσειδῶν . . . πλήμυράν τε ἐπὶ τὴν χώραν ἔπεμψε καὶ κῆτοσ   **542**
pro *naufragia* Scaliger *cum naufraga*, lenissima autem mutatione *nauifraga*
I. Vossius teste Iacobo progr. Lubec. an. 1836 p. 14, item Doruillius et Pingraeus,
qua tamen emendatio non absoluitur, neque enim apparet quid timuerit tellus
iam naufragium passa.   sententiae satisfacit *stupuit*, nisi ipsum illud *nauifraga*
dubitationi obnoxium esset, quod nec ui passiua usurpari uidetur nec secundam
syllabam producere magis quam pleraque sic composita adiectiua ; nam raris
exemplis inueniuntur qualia sunt *multiplex* Lucr. π 163, *semigraece* Lucil.
G.L.K. vπ p. 47 (fr. 379 ed. Marx.).   aptius nihil uidetur quam *fluitauit naufraga* :
Culic. 357 (praeda) *in aequoreo fluitat iam naufraga fluctu*, Flor. π 21 7 *inmensae
classis naufragium . . . toto mari fluitabat*, Man. IV 829 sq. *natat orbis in ipso |
et uomit Oceanus pontum*   **514** huc transtulisse Iacobum supra dixi   **543**
merces malorum est qua mala redimuntur, Iust. vπ 5 1 *Alexander . . . bellum
ab Illyriis pacta mercede . . . redemit*, Liu. v 49 1 *infanda merces* qua Galli
adducebantur ut obsidionem relinquerent   **544** ut M, uel GL   belua Flor.
et Bodl., bella GLM   manderet artus Flor. et Bodl., maneretatus LM, manere
tanis G   **545** himeneus G, chimenaeus M, chimeneus L.   Verg. Aen. IV 127
hic hymenaeus erit.   Aristophanes in parodia Andromedae Euripideae Thesm.
1034–6 γαμηλίῳ μὲν οὐ ξὺν παιῶνι, δεσμίῳ δὲ, γοᾶσθέ μ', ὦ γυναῖκεσ. similibus
locis quos docta cura congessit Ed. Muellerus philol. an. 1907 p. 55 accedere
debebat omnium clarissimus Lucr. I 97–9   solataque Bentleius, solaque G,
solaque in LM propter metrum   **546** priuatis M, primatis L cod. Venetus, pro
natis GL². solatur Andromeda publica damna priuatis ac domesticis. sine causa
nec bene Bentleius *lacrimis* ; sed peruersissime Breiterus in Fleck. annal. uol.
139 p. 861, quem Bechertus et Wageningenus secuti sunt, mutata interpunctione
effecit ut *solata* passiuo sensu accipiendum esset, quod Manilio non conuenire satis
ostendunt quae Neuius habet π pp. 90 sq. ed. 3   uictima GL², uicti LM
poenae Bentleius, poena GL²M, penam L.   Bentleius beluam intellegit,
quae poena uocatur 591   *ornatur*. contulit Ed. Muellerus schol. Germ. Breys.
p. 140 2 *exposita cetui cum omnibus ornamentis* et Ach. Tat. πι 7 νυμφικῶσ
ἐστολισμένη, ὥσπερ 'Αιδωνεῖ νύμφη κεκοσμημένη. consentiunt artis monumenta
547 induitur GL, inductus M   **548** *funere*, cadauere : errat Fayus eumque
secuti Pingraeus et Wageningenus. similes argutias composuerunt Cortius
ad Luc. vI 640 et Baehrensius aliique ad Catull. 64 83 *funera Cecropiae nec
funera*, quarum simillimae sunt Appul. met. IV 34 *uiuum producitur funus*
et Sen. Phoen. 94 sq. *funus extendis meum | longasque uiui ducis exequias
patris*. de *rapitur* uide ad IV 91   **549** at Flor. et Bodl., ac GL cod. Venetus,

550 mollia per duras panduntur bracchia cautes ;
adstrinxere pedes scopulis, iniectaque uincla,
et cruce uirginea moritura puella pependit.
seruatur tamen in poena uultusque pudorque ;
supplicia ipsa decent ; niuea ceruice reclinis
555 molliter ipsa suae custos est uisa figurae.
defluxere sinus umeris fugitque lacertos
uestis et effusi scapulis haesere capilli.
te circum alcyones pinnis planxere uolantes
fleueruntque tuos miserando carmine casus
560 et tibi contextas umbram fecere per alas.
ad tua sustinuit fluctus spectacula pontus

quod reduxit Bentleius, **ae M.** unice apta est *at* particula, nouam et insignem
rem inducens. formulae *at simul*, quae habetur III 323 et 370, exempla collegit
thes. ling. Lat. II p. 1003 51–6, quibus tamen demenda sunt Ouid. ex Pont.
I 2 21 et Val. Flacc. VI 602 : alteri particulae subiectum *simul* plerumque
certe aduerbium est, uelut Verg. Aen. XI 908, Val. Fl. II 540, VI 30, 579, Sil.
IV 96, Stat. Ach. II 370, non coniunctio. in Verg. buc. IV 26, ubi *at simul*
seruauit γ, ac fecit R   **551** *adstrinxere* quibus id opus mandatum erat.
iniecta sunt : uide ad I 85 adnotata et Verg. Aen. V 136 *considunt transtris,
intentaque bracchia remis*   **552** *cruce uirginea* ut Luc. VII 304 *Caesareas
spectate cruces*, ubi schol. *quibus potest Caesarem hostis infigere.* saxum adstricta ei puella crux fit uirginea : Statius silu. IV 3 28 *crucem pendulam*
appellauit uehiculum uiatorem crucians, de quo uersu falluntur Vollmerus
et thes. ling. Lat. IV p. 1259 71. qui ridere uolet, legat Fayum eiusue uerba
mutuatum Wageningenum   **553** *tamen in poena,* quamuis in poena, tamen
seruatur. omissa ut IV 413 et locis ibi adlatis particula concessiua praeterea
anteponitur *tamen,* cuius usus exempla ad Luc. I 333 collegi   **554** *niuea.*
consentire Philostratum imag. I 29 3 ἡ κόρη δὲ ἡδεῖα μὲν, ὅτι λευκὴ ἐν Αἰθιοπίᾳ
adnotauit Huetius, Ach. Tat. III 7 et Heliod. Aeth. IV 8 addidit Ed. Muellerus
philol. an. 1907 p. 57 ; contra ex Ouidio proferunt her. xv 36 *Andromede
patriae fusca colore suae,* art. II 643, III 191   **555** *molliter* ad *reclinis* pertinere
Iacobus solus non intellexit   **uisa** Ellisius noct. Man. p. 203, ipsa **GLM,**
sola Flor. et Par., ceteras coniecturas omitto : certe epitheto post *reclin:s*
locus non est. quamuis uincta, non aliter iacere uisa est quam si libera ac
sui iuris esset. contrario errore Mart. XIV 196 2 *uisa* β ubi *ipsa* αγ   **558** te
Scaliger, **ter** libri, quod Iacobo et Becherto tanto opere placet ut emendationem ne commemorent quidem. accusatiuum Fayus et Pingraeus ad *circum,*
ego ad *planxere* refero   **559** fleuerunt L²M, fleuere GL   **560** et Flor. et Bodl.,
nec GLM, non praestat *ac*   **561** ad Voss. 1 et Bodl., **at GLM,** quod idem
est, et cod. Venetus. *ad tua spectacula,* ad te spectandam : pronomen possessiuum pro genetiuo obiecti est, ut Sen. Thy. 793 *cur, Phoebe, tuos rapis aspectus,*
te aspiciendi facultatem ; *spectacula* autem actiua significatione ponitur,

adsuetasque sibi desit perfundere rupes,
extulit et liquido Nereis ab aequore uultus
et, casus miserata tuos, rorauit et undas.
565 ipsa leui flatu refouens pendentia membra
aura per extremas resonauit flebile rupes.
tandem Gorgonei uictorem Persea monstri
felix illa dies redeuntem ad litora duxit.

ut I 103 *miracula rerum* pro miratione **562 desit** Voss. 390 et Bodl., **desiit**
GLM, ut apud Martialem pars librorum, qui sexiens disyllabum usurpauit
rupes M, ripes L, ripas GL², quod certe nihilo deterius est, alterum autem
ex 566 uenisse potest; sed uide 228 **563 liquido LM**, liquidum GL²
uultus G, uultu LM, uultum L² **564** Nereis lacrimis miseratione motis
non solum uultus rorauit sed etiam liquidum illud, unde emerserat, aequor,
quod umoris adiectione minime egebat. lacrimarum, quarum mentio deest,
notionem suggerunt *uultus* et *miserata*; rorandi uerbum ita positum est ut
Lucr. III 469 *lacrimis rorantes ora genasque* **565 leui GL²**, leuis LM cod.
Venetus **566** Scaligeri culpa festinanter scribentis factum est ut *aura*
Ed. Muellero Breitero Wageningeno Echo esse uideatur: ea scilicet flatu
membra refouebat pro *resonauit* Barthius adu. p. 375 *resonabat* uolebat
obstante ceterorum uerborum tempore. necessaria emendatione *resonarint*
repositum est pro *resonarent* Hor. serm. I 8 41, qui etiam *sonaturum* habet
ib. 4 44; *resonuisse* qui dixerit solus Porphyrion producitur *flebile* ut
II 41 *siluestre canit*, quod accusatiui genus apud hunc poetam rarissimum
est, nam *fuluum nitet* II 912 ualde suspectum est, subditiuus autem eiusdem
libri uersus 969, in quo est *diuersa uolantes* **567** *Gorgonei . . . monstri*,
eius monstri cui nomen est Gorgoni. epitheton appositiuum, ut Catull. 61 1
collis . . . Heliconii, Ouid. ex Pont. IV 10 53 *Borysthenico . . . amne*; quod
genus interpretes notare, lexicographi a possessiuis secernere debebant neque
uno ordine ponere *Argoa nauis* et *Argous malus*, proinde quasi nihil intersit.
etiam tertio modo dicitur pro genetiuo obiecti *Aetnaeus cultor* poet. ap. Charis.
G.L.K. I p. 13 22, *uictor Herculeus* Sen. H.O. 1351 **568** ordo, ut ad I 455
et II 176 significaui, hic est, *tandem Persea, Gorgonei monstri uictorem redeuntem,*
felix dies ad illa litora duxit. nam et inepte felix *illa* dies (qua Andromeda
beluae exposita est) Persea *tandem* duxisse dicitur, et nudum *litora* tam sensu
uacuum est ut Fayus et Pingraeus alterum demonstratiuum fingere coacti
sint, 'illa fortunata dies adduxit ad *has* oras maritimas Persea', 'cet heureux
jour ramène sur *ce* rivage Persée'. sed, ut Marklandum in Hor. carm. I 35 5–8
ruris genetiuum non a *colonus* aut *prece* uerum a *dominam* suspensum esse
docentem uulgus editorum non audiunt (qui tamen epod. 5 19 sq. *uncta turpis*
oua ranae sanguine | plumamque nocturnae strigis recte capiunt neque *turpis*
oua ranae coniungunt), ita hic et ad uersum 713 mihi obnitentur qui antiquis
leges imponere malunt quam quid ipsis placuerit legendo discere; quibus
ne desit fiducia adnoto haec tria uerba, *felix illa dies*, coniuncta inueniri Ciris
27 (sed *ille* cod. opt.), Aetn. 637, laud. Pis. 159. de Maniliana uerborum collo-
catione passim monui, ex quo nunc adscribo III 483 *illa etiam poterit nascens*
uia ducere ad astrum, aliunde Lucr. V 1414 sq. *posteriorque fere melior*
res illa reperta | perdit (posterior reperta res perdit illa priora), Prop. III

isque, ubi pendentem uidit de rupe puellam,
570   deriguit, facie quem non stupefecerat hostis,
uixque manu spolium tenuit, uictorque Medusae
uictus in Andromeda est.   iam cautibus inuidet ipsis
felicesque uocat, teneant quae membra, catenas ;
et, postquam poenae causam cognouit ab ipsa,
575   destinat in thalamos per bellum uadere ponti,
altera si Gorgo ueniat, non territus illa.
concitat aerios cursus flentisque parentis
promissu uitae recreat pactusque maritam
ad litus remeat.   grauidus iam surgere pontus
580   coeperat ac longo fugiebant agmine fluctus
inpellentis onus monstri.   caput eminet undas
scindentis pelagusque uomit, circumsonat aequor

13 33 sq. *his tum blanditiis furtiua per antra puellae* | *oscula siluicolis
empta dedere uiris* (de quo falluntur et alii et thes. ling. Lat. vi p. 1644 48 sq.,
nam furtiua antra nulla sunt), Sen. H.O. 1700 *omnis ardens ora quam torret
dies* (omnis ora quam ardens dies torret, ut intellexit Gronouius)   *uictorem
redeuntem* ad patriam.   *uictor redit, remeat, reuertitur, reuehitur* poetae fre-
quentant, uelut Ouid. trist. ii 177, Stat. Theb. vi 609, xi 332 sq., Claud. Stil.
ii 368, rapt. Pros. ii pr. 40   **569** isque **GM**, usque **L**   **570** interpunxit
Bentleius, quamquam sine causa scripsit *facies. facie* (Andromedae) ad
deriguit adiectum post *ubi uidit* abundat ; contra Gorgonis pars saxifica, quam
ipsos eius angues uitasse ait Lucanus ix 653, apte demonstratur. ceterum
deriguit, quod Fayus et Pingraeus non ceperunt, id significat quod pluribus
exsequitur Ouidius met. iv 672–6 *quam simul ad duras religatam bracchia
cautes* | *uidit Abantiades, ... trahit inscius ignes* | *et stupet*   quem ed.
Aldina, **quam** libri propter *facie*, quam faciem Persei esse putare deprehen-
duntur Iacobus eumque insecuti editores   **571** manu spolium **G, manus
polium M**, manus pelium **L**. *spolium* i 360   **572** andromeda est **M** (etiam
Vrb. 668), andromeden **GL²** cod. Venetus, andromachem **L**.   iv 45 *Cimbrum
in Mario . . . uictum*   **574** *et* in *at* mutauit cod. Flor., quod Scaliger et
Bentleius non iudicio sed neglegentia retinuerunt : illud reuocauit Iacobus
   575 *bellum . . . ponti*, cum ponto commissum, ut iv 178 *bella ferarum*
   576 territus **GL**, intritus **M**   illa *, ira **GLM** cod. Venetus, *ire* Flor. et
Bodl. et ante Bechertum editores, quod post *uadere* inutile est.   ira Gorgonem
terribiliorem non reddit, quae uultu uel placidissimo inuita necat atque adeo
mortua.   *ipsa* propter 574 minus placet   **578** promissu Flor. et Bodl.,
promissum **GLM**   maritam **L²** sicut coniecerat Schraderus, maritum **GLM**,
quod Scaliger coniugium interpretatur ; primus Bechertus uerum recepit.
Ouid. met. iv 703 *ut mea sit seruata mea uirtute, paciscor*   **579** iam **M**, nam
GL cod. Venetus   **580** ac **L**. Muellerus de r.m. ed. 1 p. 395, aut **GLM**, cum
cod. Venetus, *et* cod. Flor.   agmine **GL²**, aumine **LM**   **581** undas cod.
Bodl., undis **GLM** cod. Venetus ob causam perspicuam   **582** uomit Bentleius,

dentibus, inque ipso rapidum mare nauigat ore ;
hinc uasti surgunt inmensis torquibus orbes
585 tergaque consumunt pelagus.   sonat undique Phorcus
atque ipsi metuunt montes scopulique ruentem.
infelix uirgo, quamuis sub uindice tanto
quae tua tunc fuerat facies ! quam fugit in auras
spiritus ! ut toto caruerunt sanguine membra,
590 cum tua fata cauis e rupibus ipsa uideres
adnantemque tibi poenam pelagusque ferentem
quantula praeda maris ! quassis hic subuolat alis

mouit M, mouet GL propter metrum.   Bentleius contulit Ouid. met. xv 513
naribus et patulo partem maris euomit ore (taurus marinus)   **583** *dentibus*
datiuum esse Pingraeus sensit, non Fayus.   contra *rapidum* mare esse quod
rapiatur et in uelocis beluae ore nauiget hic, non ille, intellexit   **nauigat
ore** GL², nauigatorem LM   **584** *hinc*, ab altera et posteriore parte, quae cui
respondeat particula in superioribus deest, ut Tac. ann. III 10 6 *minas accusan-
tium et hinc preces audit*   **uasti surgunt** Vrb. 667, **uastisurguent** M, **uastis
urgent** GL, *uasti turgent* Flor. et Bodl. parum apto uerbo : uide I 433 sq. *Cetus
. . . orbibus insurgit tortis*   **immensi** cod. Venetus, atque ita Scaliger, *uastis
urgent immensi* ; sed quis quidue urgueatur non apparet   **torquibus** audaciore
translatione dictum est quam qua Vergilius usus est georg. IV 276.   torques
ab orbibus non differunt, ut adiectionem habeamus, quam figuram ad I 539 et
IV 644 illustraui   **585** *consumunt*, totum obtinent, fere ut II 318 et 347, aliter
enim dicitur Luc. VII 460 sq. *cursu . . . consumpsere locum* et Nem. cyn. 289
fuga consumere campum   **phorcys** I. Vossius ad Catull. p. 77, **fortus M,
fortis GL** atque etiam cod. Cusanus, *Syrtis* cod. Flor.   eam formam dedi quam
hic M et IV 644 omnes tres libri indicare uidentur.   Il. Lat. 247 *phorcus forcus
fortis* codices   **586** *ruentem* beluam feramue, etsi antecessit *monstri* 581 :
uide ad 181 adnotata   **578–592** in toto hoc loco exclamari, non interrogari,
intellexit Bechertus praeeuntibus in singulis F. Iunio Fayo Postgatio
588 quam tacite Bentleius, qua G, quas LM, quae L², quis cod. Venetus,
ut Flor. et Bodl. et ante Bentleium editores   **auras** Flor. et Bodl., aura G,
auro LM   *quam fugit in auras*, quam nullus in toto corpore relictus est, ut
Lucr. VI 814 *quam uitai copia desit.* nam uanum esse quod Postgatius silu.
Man. p. 55 contendit, *quam* pro *ut* non poni in rebus quae gradum non habeant,
uel ex eo apparet quod dicitur *quam nihil* : adde Cic. de or. II 180 *quam sim
deus*, Mart. XI 53 1 sq. *Claudia caeruleis cum sit Rufina Britannis | edita,
quam Latiae pectora gentis habet !* quod autem *qui* coniecit, non de spiritu
uerum de fuga eius agitur   **591 adnantem GL²,** adnautem **LM**   poena
Andromedae cetus ipsum appellatur, ut *ira deum* et *Tonantis* Harpyiae Verg.
Aen. III 215 et Val. Fl. IV 428   *ferentem pelagus* quod inpellentis onus fugiebat
580 sq., non quod in ore nauigabat 583.   recte Wageningenus post incredibiles
Fayi et Pingraei in hoc uersu errores   **592 quassis** (uel **plausis**) Bentleius,
quantis GL²M cod. Venetus ob antecedens *quantula*, **quantulis** L, fortasse
pansis. Bentleius contulit Ouid. hal. 6 *concussisque leuis pinnis sic euolat
ales* et met. XIV 507 *subuolat et remos plausis circumuolat alis*.   sed nihil

Perseus et *semet* caelo iaculatur in hostem
Gorgoneo tinctum defigens sanguine ferrum.
595 illa subit contra uersamque a gurgite frontem
erigit et tortis innitens orbibus alte
emicat ac toto sublimis corpore fertur.
sed, quantum illa subit, semper, iaculata profundo,
in tantum reuolat laxumque per aethera ludit
600 Perseus et ceti subeuntis uerberat ora.
nec cedit tamen illa uiro, sed saeuit in auras
morsibus, et uani crepitant sine uulnere dentes ;
ecflat et in caelum pelagus mergitque uolantem
sanguineis undis pontumque exstillat in astra.

Breiterum retinere potuit quin scriberet cum hiatu non Maniliano et graui
sententiae detrimento *quantula praeda maris quanti !*, nihil Wageningenum
quin *quantis* seruatum sic enarraret, 'Andromeda uirgo parua et imbellis erat
prae alis magnis et potentibus Persei', nempe adeo magnis ut talaribus aptatae
fuerint. nam Bechertum Gemblacensi addictum omitto   alis **LM** cod.
Venetus, **undis G,** cum *al* post *at* excidisset   **593 semet** ante *caelo* inserui
et post dempsi **pendens,** quod sequente altero participio melius abest : illud
hauserant litterae praecedentes *seuset.* non iaculatur harpen sed defigit ;
passiuum autem praeter participium ante Appuleium non inuenitur.
nugatur Scaliger nec quicquam proficit absolutum uerbum appellans,
Bentleius *sic fertur* coniecit. *se iaculari* dixerunt Lucanus II 155 aliique
in lexicis laudati   **594 defigens GM, defingens** corr. ex **fingens L**
    595 uersam Bentleius, **uersa** libri, *uerso* Bechertus, quod qui mallet etiam
alter inuentus est   **a gurgite M, a surgit a L, assurgit a G**   **frontem** Flor.
et Bodl., **ffonte M, fonte GL**   **596 tortis M, fortis G, sortis L**   **alte** Flor. et
Bodl., **altis GLM**   **598** interpunxi. hyperbati exemplis Manilianis ad I 58
sq. collectis nunc plura adieci ; huius simile est, sed durius, Verg. Aen. I
195-7 *uina, bonus quae, deinde, cadis onerarat Acestes . . . dederatque abeuntibus
heros, | diuidit.* *iaculatus* passiuum Lucanus III 568, quod hic ui reflexiua
ponitur, ut *missus* Ouid. met. IV 718-20 *celeri missus praeceps per inane
uolatu | terga ferae pressit . . . Inachides* et passim *emersus.* *semper* aduerbio
in enuntiato relatiuo locum non esse ante Bentleium senserant Scaliger,
qui ed. 1 *sese eiaculata,* et Gronouius, qui obs. II c. 11 *semet iaculata*
coniecit, Bentleius utroque melius *seque eiaculata profundo est,* quamquam
abesse posse *est* ex II 235 similibusque apparet   **599 que per L²M, per L,
per et G**   **600 ceti L, caeti G, ceci M**   *falcato uerberat ense* pars codicum
Ouid. met. IV 727, pars *uulnerat*   **601** pro *illa,* de quo uide ad 181, Reinesius
Scal. ed. 3 p. 24 *ille* coniecit, quod quid habeat uitii docui ad I 435   **602 uani
GL²,** ciani L, naui M (etiam Vrb. 667)   **603 efflat GL²,** et flat LM, **adflat**
cod. Venetus. Ouid. met. IV 728 sq. *belua puniceo mixtos cum sanguine fluctus |
ore uomit ; maduere graues adspergine pennae*   **604 exstillat M, extollit GL.**
illud multo significantius est recteque ab Iacobo receptum, etsi usus transitiui,
de quo in simplici uerbo constat, exemplum in hoc quidem composito non

605 spectabat pugnam pugnandi causa puella,
    iamque oblita sui metuit pro uindice tali
    suspirans animoque magis quam corpore pendet.
    tandem confossis subsedit belua membris
    plena maris summasque iterum remeauit ad undas
610 et magnum uasto contexit corpore pontum,
    tum quoque terribilis nec uirginis ore uidenda.
    perfundit liquido Perseus in marmore corpus
    maior et ex undis ad cautes peruolat altas
    soluitque haerentem uinclis de rupe puellam
615 desponsam, *magna* nupturam dote mariti.
    hic dedit Andromedae caelum stellisque sacrauit
    mercedem tanti belli, quo concidit ipsa

uidetur extare ; nam de Colum. xii 50 2 parum liquet.   imitatur Verg. Aen.
iii 567 *spumam elisam et rorantia uidimus astra*   605 puella GM, puellae L
   607 *animo pendens* dixit Cicero cons. i ap. Non. p. 204.   sententiam Fayus
assecutus est, non Pingraeus   609 remeauit cod. Venetus, regnauit LM,
renauit GL². Luc. iii 702 *summas remeabat in undas*   611 tunc GL, tuunc
M   nec uirginis ore uidenda, uide 181 sq.   612 perfundit LM, perfudit
GL². Ouid. met. iv 740 *ipse manus hausta uictrices abluit unda*   613 altas
M, alto GL. recte aliquis ex undis usque ad altas cautes peruolare dicitur,
neque praestare arbitror Bentleianum *prouolat*   614 *soluitque.* eadem
uersus sede i 652 *redditque*, 686 *transitque*, iii 55 *staretque*, sed i 88 *fecit et*,
atque ita multo saepius. de Lucano dixi ed. meae p. 75   puellam GL², puella
LM   615 magna *, pugna libri, quod plerique cum *desponsam* construunt, ad
dote adiungunt Huetius et Iacobus, utrumque optante Pingraeo. at neque
pugna desponsa est Andromeda, sed ante pugnam (578), neque pugna dotata,
sed uita ac salute, quae magna dos erat (Ouid. her. xii 203 sq. *dos mea tu
sospes . . . : i nunc, Sisyphias, improbe, confer opes*) et contra atque apud Romanos
fiebat non ab uxore marito sed a marito uxori oblata, quod in Germanis notauit
Tacitus Germ. 18 1. aliqua ex parte similia sunt ab Huetio et Ed. Muellero
adlata Ouid. met. iv 757 sq. *protinus Andromedan et tanti praemia facti* | *indotata
rapit* et Nonn. Dion. xlvii 512 sq. δεσμοὺσ 'Ανδρομέδησ πτερόεισ ἀνελύσατο
Περσεὺσ | ἄξιον ἕδνον ἔχων πετρώδεα θῆρα θαλάσσησ, sed similius xxv 126 sq. τί
πλέον, εἴ με κόμισσασ ἐσ αἰθέρα, νυμφίε Περσεῦ ; | καλὸν ἐμοὶ πόρεσ ἕδνον 'Ολύμπιον
      616 andromedae GL²M, andromache L   stellis cod. Flor., stellas GLM,
' *stellas sacrauit* unbedenklich wie *caelum dedit* ' Breiterus.   quid facias illi
cui haec similia uidentur ? iubeas communi cum Stoebero iudicio frui. *stellis*
ablatiuus est, ut 476 *chartis* ; similiter i 364 (Iuppiter Heniochum) *caelo . . .
sacrauit*, 369 (Capellam) *sacrauit in astris*. ceterum recte Iacobus uirgulam
in fine uersus sustulit : sacrauit Perseus eam quam tanti belli mercedem
accepit ; ita Ouidius Andromedan *pretium laboris* appellat met. iv 739, *tanti
praemia facti* 757.   Perseus fecisse dicitur quod eius merito factum est : Hyg.
astr. ii 11 *Andromeda. haec dicitur Mineruae beneficio inter sidera collocata
propter Persei uirtutem*   617 quo LM, quod G   concidit M sicut coniecerat

Gorgone non leuius monstrum pelagusque leuauit.

quisquis in Andromedae surgentis tempora ponto
620 nascitur, inmitis ueniet poenaeque minister
carceris et duri custos, quo stante superbe
prostratae iaceant miserorum in limine matres
pernoctesque patres cupiant extrema suorum
oscula et in proprias animam transferre medullas.
625 carnificisque uenit mortem uendentis imago
accensosque rogos, cui stricta saepe secure

Barthius adu. p. 376, condidit GL   618 leuius GL², leuis L, lentus M
monstrum concidendo pelagus graui malo liberauit. recte Pingraeus ; alii
duas errandi uias inuenerunt   619–630 Andromeda oriente creatur *aut
poenarum publicarum minister aut carceris custodia aut carnifex cui occiden-
dorum hominum officia credantur* Firm. viii 17 1. Teucer Boll. sphaer. p. 51
32 sqq. ἡ ᾿Ανδρομέδα δεσμῶτασ ibidemque 16 sq. Περσεὺσ προστάτασ τῶν ἐν δεσμοῖσ
et 21 sq. Κῆτοσ φύλακασ δεσμωτηρίων, C.C.A.G. viii iv p. 244 6 τὰ δεσμὰ τῆσ
᾿Ανδρομέδησ παρανατείλαντα δεσμώτασ ποιεῖ   quae sequuntur Breiterus Fleck.
annal. uol. 139 p. 863 ducta esse animaduertit ex Cic. ii Verr. v 118–20 *patres
. . . iacebant in limine, matresque miserae pernoctabant ad ostium
carceris ab extremo conspectu liberum exclusae ; quae nihil aliud orabant nisi
ut filiorum suorum postremum spiritum ore excipere liceret.   aderat
ianitor carceris, carnifex praetoris, . . . cui ex omni gemitu doloreque
certa merces conparabatur. ' ut adeas, tantum dabis, ut cibum tibi intro
ferre liceat, tantum'. nemo recusabat. ' quid, ut uno ictu securis adferam
mortem filio tuo, quid dabis ? ne diu crucietur, ne saepius feriatur, ne cum sensu
doloris aliquo spiritus auferatur ? ' etiam ob hanc causam pecunia lictori dabatur
. . . non uitam liberum sed mortis celeritatem pretio redimere cogebantur paren-
tes . . . uerum tamen mors sit extremum. non erit . . . nam illorum, cum erunt
securi percussi ac necati, corpora feris obicientur. hoc si luctuosum est parentibus,
redimant pretio sepeliendi potestatem...non palam niuorum funera
locabantur?*   619 *in surgentis tempora nascitur*, ita nascitur ut ipsius
et Andromedae ortus in unum tempus competant   620 *ueniet* recte opinor
Fayus ' erit ' interpretatur, ut iv 141, 382, 457, at *uenit* 625 ' oritur ', ut ii
560, 637, iv 375, v 410, 422   minister M, magister GL cod. Venetus : illud
se legisse testatur Firmicus ad 619 adlatus, sed Bechertus Gemblacensis gratia
coniuet   621 custos GL², tustus LM   superbe M cod. Venetus, superbae
GL, *superbo* Dulcinius   622 limine G, lumine LM   623 pernoctes GL,
pernoctent M, quod qui Matritensi seruiunt collato Ciceronis *pernoctabant*
defendent et *cupiantque* conicient   624 cupiant oscula et cupiant transferre
animam, uide 353 sq.   cupiunt patres fugientem filiorum animam ore
excipere et in intimam sui partem abscondere. Stat. silu. v 1 195 sq. *haeren-
temque animam non tristis in ora mariti | transtulit*   625 uendentis Bentleius,
uindentis LM, uincentis GL², idem errores 651   *carnificis imago*, carnifex,
ut Ouid. Ib. 73 *solis imago*, Petr. 124 257 *Mortis imago*   626 cui P. Thomasius
Notes et conj. sur Man. (an. 1891) p. 26, et libri. relatiuum ob *qui denique*
627 necessarium est, frustraque Bentleius pro *stricta . . . secure* accusatiuum

supplicium uectigal erit, qui denique posset
pendentem e scopulis ipsam spectare puellam,
uinctorum dominus sociusque in parte catenae
630 interdum, poenis ut noxia corpora seruet.
Piscibus exortis cum pars uicesima prima
signabit terrae limen fulgebit et orbi,
aerius nascetur Ecus caeloque uolabit,
uelocisque dabit sub tali tempore partus

dedit interrupto tenore orationis   *secure* ueram ablatiui formam esse confirmat Consentius G.L.K. v p. 355 14 praebetque cod. antiquissimus Bernensis
Ouid. met. III 28; ea Manilium, qui etiam *parti* sibi ponere licere arbitratus
est, usum esse non credo sed recte Flor. et Bodl. *securi* fecisse   **627** *denique*
in altero ex duobus membris ut Liu. IV 56 11   posset GL, posse M, possit
L². *posset*, si adfuisset ; *puellam* enim Andromedan esse Breiterum solum
fefellit   **628** e G, et LM, sed male disiunguntur *et ipsam*; de mendo uide
II 182, 641, IV 467, 634, 808, v 131. *ex* coniecturam crudeliter Ellisio praeripuit
Breiterus Fleck. annal. uol. 139 p. 862 ; de forma praepositionis uide ad II 641
adnotata   **629** qui custodiendus erat interdum ad custodem alligabatur.
hunc locum Lipsius cum Sen. ep. 5 7 *eadem catena et custodiam* (eum qui custo-
ditur) *et militem copulat* composuit : plura congessit idem in comm. ad Tac.
ann. III 22   **630** ut noxia*, innoxia GL², noxia LM   seruet M, seruat GL
mutaui interpunctionem. quem uulgo exhibent uersum, *interdum poenis
innoxia corpora seruat*, alienus est et extrinsecus sententiae adiectus : innoxi-
orum autem peruerse inicitur mentio, quasi adhuc de solis noxiis sermo fuerit.
intentus poenis dum noxia corpora seruat Iacobus, qui solus uidetur cogitasse
    631-644 cum uicesima prima Piscium parte oritur Equus ; at Firmicus
VIII 17 3 *in Piscium parte XX*, cuius discrepantiae tollendae causa Bechertus
altero loco *cum pars uicesima primum | signabit*, Skutschius altero *XXI*
coniecit. eandem quam Manilius Piscium partem in tanta aetatis diuer-
sitate commemorat, cuius ad 197 cum eo consensum notaui, astrologus anni
379 in C.C.A.G. v i p. 201 26 sq. et multis post saeculis alter ib. p. 223 21,
de Piscibus consentiunt Teucer Boll. sphaer. p. 51 26, Antiochus ib. p. 58 34,
cod. Barocc. p. 466 9   facit Equus ueloces, equites, cursores, speculatores,
ueterinarios. Teucer Boll. sphaer. p. 42 15-8 τὸ μέροσ τοῦ Πηγάσου (Arieti
παρανατέλλον) βερεδαρίουσ, ἱπποκόμουσ, ἀπελάτασ, καβαλλαρίουσ, ὀνηλάτασ
    631 *Piscibus* datiuus, ut 197 *Cancro*   **632** signabit Bentleius, signauit
M, signauto L, signato GL²   limen LM, lumen GL²   *signabit terrae limen*,
insigniet horizontem lumine suo   *orbi*, terris, ut I 383 et locis ibi adlatis
    633 ecus M, equus GL, aes, es, aces Firmici codices   *aerius*, uolucer,
ut 368 et Val. Fl. I 67 sq. *aerii plantaria* . . . *Perseos*, non aetherius, qui Fayi
et Pingraei error est, similis autem thesauri ling. Lat. I p. 1062 84   **634** huc
huc cito conuenite quotquot ubique estis Cortii Marxiique nec poetam se
liberum hominem existimantem et uersu 699 *tali sub tempore*, hic uero sine
necessitate metrica *sub tali* dicentem tuleritis ; praesertim cum illum ordinem
passim secutus sit, *tali sub munere, tali sub lege, tali de sidere, certa sub lege,
certa sub sorte, sacro sub nomine, primo sub cardine, iuncto sub pisce, mundi
sub lege, linguae sub flore, toto de corpore, summo de uertice, primo de cardine.*

635   omne per officium uigilantia membra ferentis.

hic glomerabit equo gyros dorsoque superbus
ardua bella geret rector cum milite mixtus ;
hic stadium fraudare fide poteritque uideri
mentitus passus et campum tollere cursu.

640   nam quis ab extremo citius reuolauerit orbe

dextra de parte, caeli de partibus, uenti de nomine, certa cum lege, mixto cum crimine, curuum per litus, alterum tantummodo duobus praeterea uersibus (nam I 591 et II 353, qui proprii aliquid habent, sepono) I 624 *per gyri signa* et II 195 *cum uernis roribus.* quae tria exempla, si ingeniosus essem, aut transpositis uerbis emendarem adderemque 'nur so konnte Manilius schreiben', aut nauiter extare negarem, aut causas fingerem a libero arbitrio remotas ; nec tamen, nisi etiam Germanus essem, laudarer. nunc in his, 396 *tali capiens sub tempore,* 634 *sub tali tempore,* 699 *tali sub tempore,* uariandi studium agnosco
     635 omne Flor. et Bodl., come **GLM**, roma cod. Venetus : fortasse scriptum erat o̅m̅e̅. Bentleius confert Claud. Eutr. I 367 sq. *communiter omni | fungitur officio* ; adde Mart. I 90 3 *omne . . . officium . . . obibat,* Man. V 62 sq. *agilem officio mentem curasque per omnis | indelassato properantia corda uigore.* come et *uigilantia* forsitan primo aspectu se mutuo tueri credat aliquis significarique, quae sub Orione 61-6 cum uelocitatis laude coniuncta sunt, urbana officia salutatorum, quibus saepe ante lucem euigilandum fuisse scimus ex Iuu. III 126-9, V 19-23, Mart. XII 68 ; *officii* autem *comitatem* commemorat Iustinus V 2 5 et ad *comis* adscriptum est *officiosus* glossema Cic. inu. I 35. sed obstat quae sequitur partitio *hic . . . hic* (partitio est enim, neque usquam, sicut 642 et passim *ille,* ita *hic* pro *hoc sidere natus homo* ponitur) ; nam equites cursoresque salutatorum genera non sunt neque comitate censentur. ceterum *uigilantia membra,* quae Fayo diligentia, Pingraeo 'alertes', Wageningeno properantia sunt, mihi non minus quam Bentleio displicent ; qui quod *corda* reposuit, membrorum mentio conuenientior est   **636** glomerabit GL², glomerauit LM   gyros cod. Bodl., cyros **GLM**, cyrros L²   **638** stadium GLM, studium L² cod. Venetus   fide Bentleius, fidem libri. 'tam celeriter curret ut stadium iusto breuius esse et campus ipse tolli uideatur' Bentleius   uideri M, uidere GL   **639** cursu G, cursum LM cod. Venetus   *tollere,* abolere, ex longo breuissimum atque adeo nullum efficere. recte Bentleius (nam Huetius errauerat) collato Nem. cyn. 289 *latum . . . fuga consumere campum* ; adde Luc. VII 460 sq. *rapido cursu fati suprema morantem | consumpsere locum* et Catull. 35 7 *uiam uorabit*   **640 641** significantur speculatores, *hemerodromos uocant Graeci, ingens die uno cursu emetientis spatium,* Liu. XXXI 24 4. Suet. Aug. 49 3 *quo celerius ac sub manum adnuntiari cognoscique posset, quid in prouincia quaque gereretur, iuuenes primo modicis interuallis per militaris uias, dehinc uehicula disposuit*   **640** nam quis *, quamuis GL, quauis M. Scaliger *ab,* quod nemo addidisset, delendo numeris, non sententiae succurrit, neque melius Iacobus *gnauus.* quippe ostendit *citius* comparatiuum sub Equo natum hominem sententiae subiectum esse non posse requirique aut *nemo* aut quod idem fere sonet uocabulum. *nam quis* sine ui causali pro *quisnam,* quod apud Manilium non extat, etiam in sermonis initio antiqui dicebant, ut Vergilius georg. IV 445 sq. *nam quis te,*

nuntius extremumue leuis penetrauerit orbem ?
uilibus ille etiam sanabit uulnera sucis
quadrupedum, et medicas herbas in membra ferarum
nouerit humanos et quae nascentur ad usus.

645   nixa genu species et Graio nomine dicta
Engonasin, cui nulla fides sub origine constat,
dextra per extremos adtollit lumina Pisces.
hinc fuga nascentum, dolus insidiaeque creantur,

iuuenum confidentissime, nostras | *iussit adire domos?* ubi Seruius *id est*
'*quisnam*'. *hodie enim* '*nam*' *particula postponitur, antea praeponebatur*; Pris-
cianus G.L.K. III p. 104 9 τίσ δή interpretatur et *nam* repletiuae coniunctionis
uim habere dicit. idem posuerunt praeter Horatium et Propertium Silius
XVI 90 et M. Caesar ad Front. IV 3, Nab. pp. 64 sq., *haud sciam an quis roget*
'*nam quis me prohibet uestimenta lauere potius quam lauare, sudorem lauare
potius quam abluere dicere?*' quod iniuria a Nabero mutatum est   **641 ue**
leuis Iacobus, uel lebis LM, uel bis GL², ue toris cod. Venetus. *citius* ad utrumque uerbum pertinet **643 herbas** Bentleius, artes libri fortasse ex 353
medicas artes ad membra ferarum: illud legit Firmicus VIII 17 3 *medici, sed qui
herbis medelas hominibus pecoribusque conponant* ac paene requirit nascendi
uerbum. neque enim aut facile *quae* statim praecedente feminino pro neutro
accipitur aut bene a sucis ad artes atque inde rursus ad res nascentes transitur.
attulit Bentleius Claud. III cons. Hon. 62 *medicas seu disceret herbas* et Plin.
n.h. II 155 (terra) *medicas fundit herbas* **644 humanos** et Flor. et Bodl.,
humano sed GLM, humanos sed cod. Venetus **quae** GL², qui ut uidetur L,
qualis M **645–655** cum ultimis Piscium partibus oritur Engonasin, quem
Piscibus παρανατέλλειν dicit Rhetorius Boll. sphaer. p. 21 6, Teucer ib. p. 52 9,
Antiochus p. 58 35, cod. Barocc. p. 466 9 sq. **645** Germ. phaen. 627 *nixa
genu species*, 467 *nixa genu facies*, Man. I 316 *nixa ... species genibus   et*
prorsus rectum est, nixa genu et dicta Engonasin : uide ad III 604 **646
engonasin** Barthius adu. p. 376, **en gonasi** (*idolon iuuenis*) iam Regiomontanus, et gonas iu M, et comas in L, et comes in GL². Firm. VIII 17 4 *Ingeni-
culus qui a Graecis Engonasin dicitur* **cui nulla** P. Thomasius lucubr. Man.
p. 12, gui eula M, guicula L, guicola G. *eulla* pro *nulla* pars codicum Germ.
phaen. 540 **fides** Thomasius ibidem, uides libri, inepte Rossbergius anno
post *cui iuncta Fides* (Lyra), quem pro Thomasio emendationis auctorem
ferunt. *fides* sic ponitur ut I 729 *an melius manet illa fides* (quae ne ipsa quidem
constat) *sub origine*, quod ad originem attinet quid dici debeat apparet
ex Arat. 63–6 τῇδ' αὐτοῦ μογέοντι κυλίνδεται ἀνδρὶ ἐοικὸσ | εἴδωλον. τὸ μὲν οὔτισ
ἐπίσταται ἀμφαδὸν εἰπεῖν | οὐδ' ὅτινι κρέμαται κεῖνοσ πόνῳ, ἀλλά μιν αὕτωσ |
Ἐγγόνασιν καλέουσι, 270 ἀπευθέοσ εἰδώλοιο, 616–8 ὅντινα τοῦτον ἀιστον
ὑπουρανίων εἰδώλων ... θηεύμεθα, Man. I 316 *nixa uenit species genibus, sibi* (soli)
conscia causae, hoc uidelicet : si in causam sideris inquirere uelis, certam
auctoritatem et cui confidere possis non habet ; alii enim Herculem esse dice-
bant, alii Cetea, alii Thesea, alii Thamyrin, alii Promethea, alii Tantalum,
alii Ixiona, καὶ ἄλλοι ἄλλωσ **647** *per* ut 270 **648–655** facit Engonasin
fugaces (ita Firmicus VIII 17 4, quod mutatum non oportuit), dolosos, insidiosos,
grassatores, funambulos, catadromarios **648 creantur** GL², creatur LM

F

grassatorque uenit media metuendus in urbe.
650   et, si forte aliquas animus consurget in artis,
in praerupta dabit studium, uendetque periclo
ingenium, ac tenuis ausus sine limite gressus
certa per extentos ponet uestigia funes
et caeli meditatus iter uestigia perdet
655   paene noua et pendens populum suspendet ab ipso.

649 media . . . **urbe** cod. Bodl., **mediam GLM,** tum **urbem GL²,** orbem
LM. non in mediam urbem ex circumiacentibus partibus uenit sed ibi
grassatur et quamuis in tanta hominum frequentia metuitur. mendum
reduxit Iacobus, qui de Scaligero falsum refert, tenuerunt insecuti editores.
ueniendi uerbum qua significatione ponatur item hic quemadmodum uersu
620 dubitari potest   **650 consurget** Flor. et Bodl., **consurgit L²M, et surgit L,**
exsurgit G cod. Venetus, *animis exsurget* Bentleius. praesens uerbi tempus
defendi posse ostendunt quae ad II 256 et alibi notaui, sed mutationem suadent
v 279 *et si forte* . . . *tardauerit,* 497 *et si forte* . . . *accesserit,* 470 *et si* . . . *ibit,*
446 *at si deficient*   **651** *in praerupta dabit studium* Fayus interpretatur ' ad-
hibebit studium suum in res periculosas ', quod sic Latine dici uix puto ; neque,
si conferimus IV 526 *dabit studia* (sidus natis), v 71 *dabit proprium studium*
(Heniochus), IV 252 *in uestes studium,* 274 *in pontum studium,* 508 *dabit* (Aries)
in praedas animos (ubi uide adnotata), aliter uerba accipi posse uidentur quam
in hanc sententiam : dabit Engonasin nato suo studium in praerupta (animum
ad pericula propensum). tenemus igitur eandem sideris et hominis eo orti
confusionem de qua ad IV 149 et v 350 dixi ; nam quae sequuntur uerba *ponet*
perdet suspendet aperte hominis actiones declarant   **uendet** cod. Venetus,
uindet LM, uincet GL². IV 139 *seque sua semper cupientia uendere laude,* ad
Herenn. II 47 *artificii signandi, ingenii uenditandi, memoriae ostendendae causa.*
emptionis aut pretii significationem nullam esse propter Breiterum et Wageningenum dicendum est   **652–655** Maneth. IV 287–9 σχοινοβάτασ, . . . καλοβάμονασ,
ὑψόθεν εἰσ γῆν | γειτονίῃ θανάτοιο καταρριπτοῦντασ ἑαυτοὺσ, | ὧν ὁ πόροσ μόροσ ἐστὶν,
ἐπὴν εἰσ σφάλματα νεύσῃ, anth. Lat. Ries. 112   **652** anth. Lat. Ries. 281 de
funambulo *uidi hominem pendere cum uia* | *cui latior erat planta quam semita*
653 Stat. Theb. x 861 sq. Capaneus in scalis *uacuo* . . . *sub aere pendens,* |
plana uelut terra certus uestigia figat   **extentos ponet** cod. Flor., **extinctos**
ponit GLM. Hor. epist. II 1 210 sq. *per extentum funem* . . . *ire*   **funes**
GL cod. Venetus, **fines M**   **654 iter GL²,** **inter LM**   Sen. dial. IV 12 4
didicerunt tenuissimis et aduersis funibus currere, Plin. n.h. VIII 6 *aduersis* . . .
funibus subire, Plin. ep. IX 26 3 *uides, qui per funem in summa nituntur,*
quantos soleant excitare clamores, cum iam iamque casuri uidentur   **655 pene**
sua Bentleius, **noua *, et peneua** libri. ' dum per extentum . . . funem incedit,
certa uestigia ponit ; at cum caeli iter meditatus per . . . erectum funem
(catadromum) scandit, uestigia sua pene perdit ' Bentleius uniuersam sententiam
assecutus. *noua* ut 379 *uolucres noua* . . . *in commercia ducet.* incerta
sane emendatio, sed minus probo de qua aliquando cogitaui *ex pede uel pendens,*
quemadmodum Engonasin pede et genu a circulo arctico pendens figuratur
capite deorsum uerso, qui funambulorum mos est. similis I. Vossii Catull.
p. 202 coniectura *et perna pendens* eo praestat quod facit ut in fine uersus

laeua sub extremis consurgunt sidera Ceti
Piscibus Andromedan ponto caeloque sequentis.
hoc trahit in pelagi caedes et uulnera natos
squamigeri gregis, extentis laqueare profundum
660 retibus et pontum uinclis artare furentes ;
et uelut in laxo securas aequore phocas
carceribus claudent raris et compede nectent
incautosque trahent macularum nomine thynnos.

seruari possit *ipsa* ; sed pernam pro poplite Ennius posuit, Manilius positurus
non erat   populum Bentlei δ et Dulcinius, **porulum GLM**   **suspendet L²M,**
suspendit GL   ipso Flor. et Bodl., **ipsa GLM**   **656–692** cum extremis Piscium
partibus oritur Cetus : cum parte eorum uicensima Hipp. III 1 8   **656**
extremis Regiomontanus, **extremi** libri   **caeti GL**, ceci M   **657** *ponto*
caeloque, olim ponto, nunc caelo   **658–692** facit Cetus cetarios quique salinas
exerceant. Non. p. 49 *cetarii genus est piscatorum quod maiores pisces capit,*
dictum ab eo quod c e t e *in mari maiora sunt piscium genera . . . Varro* γνῶθι
σεαυτόν *. . . ' cetarios, cum uidere uolunt in mari* t h u n n o s, *escendere in malum,'*
C.G.L. v p. 12 31 et p. 54 18 *cete dicitur genus marinae beluae. ab hoc genere*
abusiue piscatores cetarii dicuntur et qui tractant ea quae ex piscibus fiunt, ut
sunt l i q u a m i n a r i i *qui ex corporibus piscium umorem liquant.* Teucer Boll.
sphaer. p. 51 28–31 τὸ μέροσ τοῦ Κήτουσ (Piscibus παραανατέλλον) . . . ταριχευτάσ
658 *hoc*, Cetus, de cuius nominis genere Bentleius errauit   **natos** cod.
Bodl., **notos GLM**   **660 artare** Scaliger, **armare** libri, quod qui tuentur
Gronouius diatr. c. 45 (p. 461 ed. Hand.) et Huetius pontum uinculis instrui
intellegunt quibus pisces capiat, quasi aut mare piscetur aut tolerabiliter cum
hoc componatur *laqueare profundum*, quae uerba emendationis uiam demon-
strant. contracta pisces aequora etsi non statim sentiunt, at postmodo
experiuntur **furentes ***, furentem libri. furentem pontum piscatores
uitant, neque furor eius retibus coercetur ; infinitiui autem unde pendeant
deest in hac oratione, *hoc trahit natos in pelagi caedes laqueare profundum* ;
nam historico infinitiuo Manilius non utitur, neque magis eo qui uerbis motum
significantibus adicitur. *furentes*, gestientes : Hor. carm. I 15 27 *furit te*
reperire, fortasse serm. I 3 56 *sincerum furimus uas incrustare* (ita cod. Gothanus
Blandiniani uetustissimi adsecula, *fugimus* Bernensis, *cupimus* ceteri), Stat.
Theb. XI 356 sq. *fastigia muri | exsuperare furens*   **662 nectent G** cod. Venetus,
nectant LM   **663 trahent GL²**, **trahant LM**   **macularum GL²**, meularum
LM   **nomine LM**, numine GL², *lumine* Bentleius hac addita explanatione,
' *maculae* sunt foramina et quasi fenestrae retis. ad thynnorum igitur capturam,
qui inter pisces praecipua magnitudine sunt, retia adhibentur grandibus
maculis ; quo fit ut thynni non sentiant aquas opacari uel se retibus includi ' :
ceteros omitto. *macularum nomine*, rebus quae translato uerbo maculae
dicuntur ; translatio est enim cum retium maculas appellamus. proxime
accedit Enn. Iph. ap. Cic. rep. I 30 *cum Capra aut Nepa aut exoritur* n o m e n
a l i q u o d b e l u a r u m (uide n.d. III 40 *stellas numeras deos eosque aut beluarum*
nomine appellas, ut Capram, ut Nepam, . . . aut rerum inanimarum), sed etiam
alibi *nomen* ponitur pro re nominata, ut in supellectile piscatoria Auson. 393
55–7 (Peip. p. 247) *nodosas pestes animantum Nerinorum | et iacula et fundas*

nec cepisse sat est : luctantur corpora nodis
665   expectantque nouas acies ferroque necantur,
inficiturque suo permixtus sanguine pontus.
tum quoque, cum toto iacuerunt litore praedae,
altera fit caedis caedes : scinduntur in artus
corpore et ex uno uarius discribitur usus.
670   illa datis melior, sucis pars illa retentis.
hinc sanies pretiosa fluit floremque cruoris

et nomina uilica lini | *colaque*, Petr. 119 26 *laxi crines et tot noua nomina
uestis*, Plin. n.h. XXXII 152 *his adiciemus ab Ouidio posita nomina quae
apud neminem alium reperiuntur sed fortassis in Ponto nascentia*, . . . *bouem,
cercyrum* etc. ; nam minus similia sunt quae Vahlenus opusc. I pp. 57–60 collegit,
ut Cic. fam. VII 5 3 *huic ego neque tribunatum neque praefecturam neque
ullius beneficii certum nomen peto* aut Sen. clem. I 26 2 *apparentur* (conuiuia)
magna inpensa et regiis opibus et artificum exquisitis nominibus. sed mota
mihi suspicio est et in Manilii et in Ausonii uersu rariorem uocem fuisse, *nemine,
nemina*, quo ducere uidetur schol. Iuu. VI 80 (conopeo) *hoc est linum tenuissimis
maculis netum* (Lessingius, *nanctum* cod. eadem litterarum *e ae ac* confusione
qua ex *macularum* hic factum est *meularum*). idem uocabulum, quod extat
in C.I.L. VI 20674 (carm. epigr. Buech. 436) 11 *trino de nemine fati*, nescio an
reponi debeat in el. Maec. II 32, *expleat amissi nemina rupta gener*, nam magis
proprie stamina quam *munera* rumpi dicuntur (Luc. III 19, Sen. Oct. 15, Stat.
Theb. VIII 13, Iuu. XIV 249, carm. epigr. 1549 5) nec minus recte expleri, scribae
autem *munera* passim pro *nomina* et *numina* supposuerunt   **665** *nouas
acies*, nouum discrimen.   recte thes. ling. Lat. I p. 412 78 : Manilii interpretes
noua thynnorum agmina adnatantia intellegere iam facile mihi credetur
666 pontus GL², potus LM   *suo sanguine*, ‘ex se nato, quem ipse dedit
piscibus ’ Gronouius. Manilii uerbis aliam significationem subiecit Lucanus
III 576 sq. *semianimes alii uastum subiere profundum* | *hauseruntque suo
permixtum sanguine pontum*   **667** **tum quoque** Bentleius, **totum
quoque M, totum** metri causa **GL**. Sil. XV 686 *tum quoque* C, *tantum quoque*
FL, *tantum* OV   **668** fit G, sit L², sic M, om. L.   *caedis caedes*, necatorum
sectio : *membratim caesi* thynni commemorantur Plin. n.h. IX 48   **669**
corpore Voss. 1, corpora GLM : ‘ tum constructio erit *ex uno usu uarius
usus*. prorsus absurde ’ Bentleius   **discribitur M, describitur GL**   usus
quam uarius fuerit declarant τεμαχῶν nomina Plin. n.h. IX 48 et passim apud
Graecos, *ceruix abdomen clidium melandrya* ἦτρον ὑπογάστριον κεφάλαιον οὐραῖον
alia   **670–675** duo ex multis commemorantur usus, alter liquaminis, alter
solidioris condimenti   **670 retentis G, recentis LM** cod. Venetus   numero-
sius post *sucis* Molinius et Scaliger quam post *pars* Fayus et Bentleius inter-
pungunt, sicut Luc. II 54 nunc editur *hinc Dacus, premat inde Getes*   **671**
hinc, ex parte datis sucis meliore, quae intestina sunt, unde fit garum.   contulit
Huetius geop. XX 46 6 τὸ δὲ κάλλιον γάροσ, τὸ καλούμενον αἱμάτιον, οὕτω γίνεται.
λαμβάνεται τὰ ἔγκατα τοῦ θύννου μετὰ τῶν ἐμβραγχίων καὶ τοῦ ἰχῶροσ καὶ τοῦ
αἵματοσ etc., Plin. n.h. XXXI 93 *liquoris exquisiti genus, quod garum uocauere,
intestinis piscium ceterisque quae abicienda essent sale maceratis, ut sit illa*

ASTRONOMICON V

85

euomit et mixto gustum sale temperat oris ;
illa putris turbae strages confunditur omnis
permiscetque suas alterna in damna figuras
675 conmunemque cibis usum sucumque ministrat.
aut, cum caeruleo stetit ipsa simillima ponto
squamigerum nubes turbaque inmobilis haeret,
excipitur uasta circum uallata sagena
ingentisque lacus et Bacchi dolia conplet
680 umorisque uomit socias per mutua dotes
et fluit in liquidam tabem resoluta medullas.

putrescentium sanies: adde Sen. ep. 95 25 *illud sociorum garum, pretiosam
malorum piscium saniem, non credis urere salsa tabe praecordia?* florem L²M,
florum GL cod. Venetus (hic etiam cruores). Mart. XIII 102 *expirantis adhuc
scombri de sanguine primo | accipe fastosum, munera cara, garum. gari flos*,
hoc est garum optimum, C.I.L. IV 5663 in amphora et urceis, Veg. mulom. II 22 8
et III 28 10   672 mixto LM, guxto G praecepto sequentis uocis initio   cibi
condimentum est. Mart. XIII 40 2 *Hesperius scombri temperet oua liquor*,
Plin. n.h. XXXI 87 (sal) *pulmentarii uicem implet, excitans auiditatem inuitansque
in omnibus cibis ita ut sit peculiaris ex eo intellectus inter innumera condimenta
ciborum in mandendo quaesitus garo*, 95 *innumerisque generibus ad sapores
gulae coepit sal tabescere   673-675* alterum et magis uulgare condimenti
genus quod ex thynni carnibus fit retentis sucis. hallecem describi ait Mar-
quardtius Privatl. ed. 2 p. 441 n. 6 repugnante ut uidetur Plin. n.h. XXXI 95
uitium huius (muriae) *est hallex atque imperfectae nec colatae faex* ; id autem
nomen incertae significationis est, plerumque liquidam, interdum, ut Cat. agr.
58, Mart. XI 27 6, geop. XX 46 2 et 3, C.G.L. II p. 391 22 (ὀψάριον τεταριχευμένον),
solidiorem rem ostendens   673 turbae strages Reinesius Scal. ed. 3 p. 24,
turba est rages M, turbat strages GL², turbatae st rages L, *turba est strages* cod.
Flor.   675 uilius garo condimentum praebet   676-681 gari muriaeue
genus non ex thynno factum sed ex minoribus piscibus quales geop. XX 46 1
et 3 enumerantur ἀθερῖναι, τριγλία, μαινίδεσ, λυκόστομοι, σαῦροι, σκόμβροι.
ibid. 2 κόφινοσ μακρὸσ πυκνὸσ ἐντίθεται εἰσ τὸ μεστὸν ἀγγεῖον τῶν προειρημένων
ὀψαρίων, καὶ εἰσρεῖ τὸ γάροσ εἰσ τὸν κόφινον, καὶ οὕτω διὰ τοῦ κοφίνου διηθηθὲν τὸ
καλούμενον λικουάμεν (liquamen) ἀναιροῦνται. Maneth. VI 463 sq. εὐχανδεῖ
χαλκῷ κοίλοισ τε λέβησιν | πυθομένοισ μέλδουσιν ἅμ' ἰχθύσιν οὐλοὸν ἅλμην
    677 turba Bentleius, turbae GLM, *terrae* cod. Flor. : ' immobilis prae
turba ' Bentleius   678 sagena GL², sagina LM   680 umoris M, humoris
L², ut moris GL   uomit Bentleius, uomet iam Scaliger, uolet libri : scriptum
fuerat *uoluit*   socias . . . dotes Bentleius, socia (L²M, saucia GL) . . . dote
libri, *sociam . . . dotem* Breiterus. seruato ablatiuo Scaliger *humores* scripserat,
quem pluralem nec Manilius nec, quantum obseruaui, ullus bonae aetatis
poeta post Lucretium posuit praeter Ouidium met. II 237   681 liquidam
tabem Bentleius, liquidas tabes libri. tabes resoluit, non resoluitur, neque
in medullas fluit, sed illae in tabem : Plin. n.h. IX 120 *aceti . . . uis . . . in
tabem margaritas resoluit.* sed sine causa Bentleius *medulla* nouauit, qui ipse
attulit Ouid. met. XIV 431 sq. *tenues liquefacta medullas | tabuit.* puto librarium

quin etiam magnas poterunt celebrare salinas
et pontum coquere et ponti secernere uirus,
cum solidum certo distendunt margine campum
685 adpelluntque suo deductum ex aequore fluctum
claudendoque negant *abi*tum : *sic* suscipit undas
area et *epoto* per solem umore nitescit.
congeritur siccum pelagus mensisque profundi
canities detonsa maris, spumaeque rigentis

qui nominatiuum quaereret *tabes* fecisse, deinde *liquidam* substantiuo carens
ad *medullas* accommodatum esse. ceterum Becherti causa adnotandum
est Charisium G.L.K. I p. 32 7 (Barw. p. 33 11) *tabes* inter semper singularia
rettulisse   **682** *salinas*, ἁλοπήγια, quam salis faciendi rationem describit
Rutilius Namatianus uersibus ab Huetio adlatis I 475–84 *subiectas uillae
uacat aspectare salinas,* | *namque hoc censetur nomine salsa palus,* | *qua mare
terrenis decliue canalibus intrat* | *multifidosque lacus paruula fossa rigat.* | *ast
ubi flagrantes admouit Sirius ignes,* | *cum pallent herbae, cum sitit omnis ager,* |
tum cataractarum claustris excluditur aequor, | *ut fixos latices torrida duret
humus.* | *concipiunt acrem natiua coagula Phoebum* | *et grauis aestiuo crusta
calore coit.* adde Plin. n.h. XXXI 73 et 81   **683** coquere et G, quoqueret
LM, tertiam e addidit L²   *uirus* Scaliger, uires libri, quod ut ferri possit,
alterum multo magis proprium est: uide 690 sq. *uenenum et suco amaro*,
Lucr. I 718 sq. *aequor . . . aspargit uirus*, II 476 sq. *linquit . . . supera taetri
primordia uiri*, V 269 et VI 635 *percolatur . . . uirus* (aquae marinae)
   684 *solidum*, pauitum   distendunt L², distendant GL, discyndant ut uidetur
M (non *discendant*, quod habent Vrb. 667 et 668)   **685–687** adducta per
canales aqua marina et redire inhibita sic campo ante praeparato infunditur,
qui sole eam siccante crusta salis operitur   **685** adpellunt Scaliger, ad bellum
libri   deductum GL, diductum M   ex GL², et LM   **686** abitum (*tum
suscipit*) Barthius adu. p. 378, tum libri ; sic *, demum libri metri causa ut
uidetur, cum *abi* post *ant*, sic ante *su* intercidisset.   certe *tum demum* impor-
tunum est, ne *tum* quidem accommodatum, nisi scribatur uelut *succidit unda* ;
necessarium autem *abitum* uel simile aliquid, nam *fluctum negant* sensu caret
neque Scaliger locos ubi adest datiuus comparare debuit.   *ligant* Rossbergius,
quod ut non sane aptum, ita minus ineptum est quam quae Iacobus et Breiterus
coniecerunt   **687 area** Flor. et Bodl., **aepa** GLM (sed i supra p scripto GL), om.
cod. Venetus.   *area* et *aera* confusa sunt Stat. Theb. VI 57, Ouid. met. VI 350 ;
uide etiam thes. ling. Lat. II p. 496 70.   *areas salinarum* commemorant Vitruuius
VIII 3 10 et Columella II 2 16 ; talem autem uocem requirit nitescendi uerbum
   epoto Rossbergius Fleck. annal. uol. 139 p. 719, poto iam Barthius, ponto
libri.   contulit Rossbergius Lucr. V 384 *epotis umoribus*   **688 mensis** LM,
quod etiam G, cui mersis tribuitur, uoluisse puto collato compendio quo *menbra*
uersu 643 scriptum est.   *mensis*, ad cibi condimentum.   aptissimum uocabulum (nam ἅλεσ καὶ τράπεζα res sunt coniunctissimae) a prioribus editoribus
cum cod. Flor. in *mersi* mutatum restituit Bentleius, quod rursus expulerunt
recentiores Iacobum p. 213 *messis* commentum secuti   **689 detonsa** *,
sed nota GL cod. Venetus, sed uota ut uidetur M (ita certe Vrb. 667 et 668).
detonsa et *sed nota* isdem litteris constant, quod mendi genus (*tamen manet*,

690   ingentes faciunt tumulos, pelagique uenenum,
      quo perit usus aquae suco corruptus amaro,
      uitali sale permutant redduntque salubre.
      at, reuoluta polo cum primis uultibus Arctos
      ad sua perpetuos reuocat uestigia passus
695   numquam tincta uadis sed semper flexilis orbe,
      [aut Cynosura minor cum prima luce resurgit
      et pariter uastusue Leo uel Scorpius acer

ialmenus alinemus, argolica agricola) in uol. I pp. lviii sq. illustraui. seruatur quae in illo *canities* instituta est translatio, ut Plin. n.h. VI 54 *depectentes frondium canitiem.* *seposta* Bentleius collato Sil. VIII 376 sq. *ipsius mensis seposta Lyaei | Setia.* minus commodo uerbo Pingraeus uol. II p. 333 *semota*; neque magis probo, quod ad Matritensem proxime accedit, *seducta*   **rigentis GL**, **rigentes M** cod. Venetus   **690 tumulos GL, tumultos M,** *cumulos* Scaliger ed. 1 et Bentleius, qua mutatione opus non esse ostendit Plin. n.h. XXXI 81 *Africa circa Vticam construit aceruos salis ad collium speciem*   **uenenum GL², uenerunt LM**   **691 quo perit** Bentleius, **quod erit LM, quodque erit GL².** Verg. georg. II 466 *nec casia liquidi corrumpitur usus oliui*   **692 uitali sale**: Plin. n.h. XXXI 88 *uita humanior sine sale non quit degere,* 102 *totis corporibus nihil esse utilius sale et sole,* Isid. orig. XVI 2 6 *hinc et salus nomen accepisse putatur*   **salubre** Bentleius, **salubrem** libri ut 695 *orbem.* ipsum uenenum salubre redditur, non usus aquae marinae, quam praeter solem pauci potant   **693–709** Firm. VIII 17 6 *oriente Septentrione . . . quicumque nati fuerint, erunt mansuetarii ferarum.* Arctos cum nec oriatur nec occidat, poeta pro ortu id tempus commemorat cum infimum circuli sui punctum et horizonti proximum tetigit ac rursus ascendere incipit. intellexerunt Scaliger et Huetius. ceterum sideris conuersionem alii media nocte (Vett. Val. p. 14 1 μεσαζούσησ τῆσ νυκτὸσ ἀνατέλλει, pseudAnacr. 31 1–3, Ouid. met. X 446 sq., Luc. II 236 sq.), alii appropinquante luce (schol. Luc. IV 523 *uicino die tantum Septentrionis flectitur sidus,* Sen. H.f. 129–31, Stat. Theb. I 692 sq.) fieri fingebant   **693 at GL², ad LM, aut** cod. Venetus   *primis*, **primoribus,** hoc est rostro, nugatur enim Huetius   **694 perpetuos GL², perpetuas LM**   **695 sed GM, si L**   **orbe** Flor. et Bodl., **orbem GLM**   **696–698,** quibus uersibus, si quaeris, hoc dicitur, mansuetarios tum nasci cum Cynosura, oriente Leone uel Scorpione et sole paulo post orituro, circulum meridianum infra polum transeat, deleuit Scaliger. etenim, praeterquam quod nullo modo fieri potest ut simul resurgat Cynosura oriaturque Scorpius, matutinum tempus, quod illis *prima luce* et *nocte sub extrema* (Luc. V 734) significari impudenter Huetius negauit, et solis in zodiaco locus nihil omnino ad sideris apotelesmata pertinent. idem Huetius planos et apertos uersus esse adfirmans et sic interpretatus, ' oriente Cynosura, oriente Leone, oriente Scorpio ', et *pariter* neglexit et prae Scaligeri odio oblitus est de Leonis et Scorpii apotelesmatis dictum esse libro IV. aliter Pingraeus, ' au lever du Lion la grande Ourse est au plus bas de sa révolution et commence à remonter ; et pareillement au lever du Scorpion la petite Ourse, parvenue au méridien sous le pôle, commence également à se relever ' ; quae mendacia (nam Leone oriente non maior uerum minor Vrsa ascendere incipit, Scorpio neutra) sua fecit Breiterus, suis admiscuit Wagenin-

nocte sub extrema promittunt iura diei,]
non inimica ferae tali sub tempore natis
700 ora ferent, placidasque regent commercia gentis.
ille manu uastos poterit frenare leones
et palpare lupos, pantheris ludere captis,
nec fugiet ualidas cognati sideris ursas
inque artes hominum peruersaque munera ducet ;
705 ille elephanta premet dorso stimulisque mouebit

genus, id est, quos Scaliger a se dissensuros praedixerat, 'rerum caelestium imperiti'. non legit hos uersus Firmicus, apud quem VIII 17 6 Cynosurae Leonis Scorpii mentio nulla est : accedit ut poeta ipse uersu 703 singulari numero *sideris* dixerit. interpolator ferinorum siderum, quae mansuetariis gignendis apta uiderentur, nomina intempestiue intulit, uerba fortasse ab Arati loco parum intellecto mutuatus, quem Scaliger apposuit, 303 sq. σῆμα δέ τοι κείνησ ὥρησ καὶ μηνόσ ἐκείνου (cum sol in Sagittario est) | Σκορπίοσ ἀντέλλων εἴη πυμάτησ ἐπὶ νυκτόσ, 308 sq. τῆμοσ καὶ κεφαλὴ Κυνοσουρίδοσ ἀκρόθι νυκτόσ | ὕψι μάλα τροχάει. is uero paene operam dedisse uidetur ne pro Manilio haberetur : tot singularia in tres uersus congessit. primum enim *leo* finalem, cum sexiens seu potius nouiens corripiat, semel uersu II 229 producit, ubi requiritur coniunctio, qua adiecta uocalis eliditur. deinde *diei* datiuo casu nullus poeta tribus syllabis extulit ; quamquam hoc fortasse ab eo qui III 107 *fidei* posuerit non plane abhorret. tum *ue* ... *uel* particulae inter se relatae, ut raro omnino, ita nusquam praeterea in hoc carmine reperiuntur   **698** *promittunt iura diei*, diei promittunt noctem ei de caeli regno decessuram cum sol in Virgine Sagittarioue positus surrexerit   **699–709** similibus artibus praeditos Sagittarius creat IV 234–7. Seneca ep. 85 41 *certi sunt domitores ferarum, qui saeuissima animalia et ad occursum expauescenda hominem pati subigunt nec asperitatem excussisse contenti usque in contubernium mitigant : leonibus magister manum insertat, osculatur tigrim suus custos, elephantum minimus Aethiops iubet subsidere in genua et ambulare per funem*
   699 ferae Scaliger, *fere* libri, quod superiores transuersos egerat ; neque ab eis factas mutationes Scaliger expulit, sed Bentleius   *non inimica facit serpentum membra creatis* Ophiuchus 391   **700 ora** L ex corr., *hora* GM cod. Venetus et ante corr. L   **cōmertia** GL, **cōmergia** M   *placidas* reddent *regent*que *commercia* horum hominum *gentes ferarum* (I 236). Pingraei errorem incredibilem dicerem nisi credulum inuenisset Wageningenum   **701** *ille*, tali sub tempore natus, quamquam antecessit pluralis, ut 527, ubi uide adnotata. nam *ille* ... *ille* ... *ille* anaphora est, non, ut 162-71, partitio   Plinius n.h. VIII 55 *iugo subdidit eos* (leones) *primusque Romae ad currum iunxit M. Antonius*   **702** *pantheris ludere*, tamquam si eae instrumenta ac non comites lusus sint, quemadmodum dicitur *nucibus, pila ludere*   **703** *cognati sideris*, ursas enim Vrsa sibi cognata belua nasci credibile est
   704 ducet GL², **duce** LM   Isocrates XV 213 θεωροῦντεσ ἐν τοῖσ θαύμασι ... τὰσ ... ἄρκτουσ καλινδουμένασ καὶ παλαιούσασ καὶ μιμουμένασ τὰσ ἡμετέρασ ἐπιστήμασ
   705 dorso stimulis GL², **dorsos timulis** M, **dorsos tumulis** L   *monebit* Voss. 390 et Bentleius collato Ouid. trist. IV 6 7 sq. *sui monitis obtemperat Inda magistri | belua*, ut non male ita minus bene   **706 punctis** Barthius adu.

turpiter in tanto cedentem pondere punctis ;
ille tigrim rabie soluet pacique domabit,
quaeque alia infestant siluis animalia terras
iunget amicitia secum, catulosque sagaces
  * * * * *
710 tertia Pleiadas dotauit forma sorores

p. 378, cunctis libri **707 domabit L²M, donabit GL** **708** *siluis.* Donat.
G.L.K. iv p. 394 18–20 (soloecismus fit) *cum* (praepositio) *necessaria subtrahitur,
ut ' siluis te, Tyrrhene, feras agitare putasti '* (Verg. Aen. xi 686) *pro ' in
siluis '* : adde georg. I 187 et Ouid. her. iv 93. *siluae ferarum* appellantur
Lucr. v 201. sed non facile ablatiuus a uerbo iuxta posito diuellitur ; ut
uideantur animalia non caede nec formidine terras sed siluis, mirum ni a se
satis, infestare dici ; neque, si loci significatione ponitur, aptissimus est, cum
ferae, si intra siluas se contineant, quae loca, ut ait Lucretius, uitandi plerumque
est nostra potestas, eo minus terras infestent. itaque dicendum potius fuisse
uidetur *infestant siluas animalia terris,* ut ii 99 *muta animalia terris,* Verg.
Aen. iii 147 *terris animalia somnus habebat.* quod olim conieci *furiis,* furiae,
hoc est ira furorque, tigrium aliorumque animalium commemorantur Stat.
Theb. vii 580, Val. Fl. iii 590, Mart. ii 43 5, alibi ; eadem est *rabies* 707 et
iv 235 **709 amicitia G, amicitias LM** *catulos* accusatiuum non ad *iunget*
sed ad uerbum nunc desideratum referri intellexit Pingraeus inter **709**
et **710** hiatum agnouit Scaliger. plura legisse uidetur Firmicus, qui viii 17 7
haec habet, *extremus est Anguis, qui inter duas Arctos positus in modum fluminis
sinuosis flexibus labitur* (hoc ex Verg. georg. I 244 sq.). *quicumque hoc sidere
nati fuerint, erunt Marsi uel qui uenenis ex herbarum pigmentis salutaria soleant
remedia conparare* ; neque enim a uero abhorret Manilium de Draconis ortu
locutum esse, cuius caput extra circulum arcticum prominere, occidere ergo
et oriri, tradiderat Attalus ab Hipparcho I 4 7 sq. reprehensus sed sequente
Cicerone n.d. ii 108. sed quod deinde signum Firmicus Angui, quem ipse
extremum esse dixerat, tamen subicit, *Lychnus quoque ad huius signi* (Piscium,
quorum ad ultimam partem etiam Septentrionem trahere conatus est quibusque
Draco παρανατέλλειν dicitur in cod. Barocc. Boll. sphaer. p. 465 13) *pertinet
partem,* id eum apud Manilium inuenisse non credo sed, ut fissionem ungulae
Tauri viii 7 5 et Styga 12 2, aliunde intulisse ; quae enim de genitis illo tradit,
*quicumque hoc sidere nati fuerint, erunt metallorum inuentores, qui latentes
auri et argenti uenas et ceterarum specierum sollertibus inquisitionibus persequantur. erunt etiam monetarii,* ea respondent Manilii uersibus 522–36, quos
illo loco uertere neglexit. ceterum sphaerae Aegyptiae signum ὁ τὰ λύχνα
φέρων Teucr. Boll. sph. p. 16 primo Arietis decano παρανατέλλει et p. 42
κανδηλάπτασ et λαμπαδαρίουσ δηλοῖ, idem C.C.A.G. v i p. 188 21 τῇ σελήνῃ
παραβάλλον ἁρμόσει δᾳδουχίαισ **710–745** sequitur locus initio mutilus de re
a quinti libri argumento aliena, stellarum in sex classes secundum lucem et
magnitudinem diuisione. Porph. in Ptol. tetr. p. 200 ἔχουσιν (τὰ ζῴδια
καὶ τὰ παρανατέλλοντα) ἐν ἑαυτοῖσ λαμπροὺσ ἀστέρασ καὶ ἀμυδροὺσ καὶ
στυγνοτέρουσ. τούτουσ τηρήσαντεσ οἱ παλαιοὶ εἶπον τοὺσ μὲν λαμπροτάτουσ αὐτῶν
μεγέθουσ πρώτου, τοὺσ δὲ ἀμυδροτέρουσ μεγέθουσ δευτέρου, τοὺσ δὲ στυγνοτέρουσ
μεγέθουσ τρίτου, καὶ ἑξῆσ ἀκολούθωσ εὗρον αὐτοὺσ ἕωσ τοῦ ἕκτου μεγέθουσ
 710 *forma,* magnitudo, ut Ouid. met. v 457 sq. *in . . . breuem formam*

femineum rubro uultum suffusa pyropo,
inuenitque parem sub te, Cynosura, colorem,
et quos Delphinus iaculatur quattuor ignes
Deltotonque tribus facibus, similique nitentem
715　luce Aquilam et flexos per lubrica terga dracones.

. . . *contrahitur*, Petr. 64 7 *ingentis formae* . . . *canis*, Colum. II 2 24 *minoris formae bubus*, Plin. n.h. XXXIV 19 *maxima forma statuam*. non recte thes. ling. Lat. VI p. 1071 45 'genus coloris', neque enim sex colores enumerantur, quorum hic tertius sit. ceterum Pliadum nulla tertiam magnitudinem attingit, quamquam duae inter se proximae eam speciem praebere possunt　711 Verg. georg. I 430 *uirgineum suffuderit ore ruborem* (luna), Ouid. met. I 484 *uerecundo suffuderat* (al. *suffunditur*) *ora rubore*, amor. III 3 5 *candorem roseo suffusa rubore*　rubro M, rubo GL, rubeo cod. Venetus. Pliadas proprio appellationis sensu (quae ipsa quam incerta sit, cum aliter rubeat ignis, aliter sanguis, aliter ostrum, aliter crocum, aliter aurum, Gellius II 26 disserit) rubras non esse sciunt qui uiderunt, ut suspicari possit aliquis nihil amplius significari quam illam lucis mediocritatem quam Porphyrius ἀμυδρόσ et στυγνόσ uocabulis demonstrat, ut Sen. n.q. VII 11 3 *prout cuique acrior acies aut hebetior est, ita ait aut lucidiorem esse* (cometen) *aut rubicundiorem* ; cui suspicioni cum non obstet *colorem* uersu insequenti positum, qua uoce I 407 et 459 tantummodo lumen significatur, aliquantum obstat pyropi nomen, rei ab igneo splendore appellatae.　quae Bollius de hoc loco disputauit Abh. d. koen. bayer. Ak. d. Wiss. philol. Kl. XXX i pp. 87–9 partim falsae opinioni innituntur, partim animo non satis ingenuo scripta sunt ; sed quod poetam raptim ex auctoribus suis quae ipse parum intellegeret exscripsisse arguit, id sane probabile est '*pyropus*' unde lexicographis innotuerit nescio : certe Isid. orig. XVI 20 6 *pyropum* est　712 inuenitque L²M, inuenti GL　Cynosura tres stellas tertiae classis habet, quamquam Ptolemaeus duas earum secundae adsignat synt. VII 5 (Heib. uol. I ii p. 39)　713–715 interpunxi, ordo est enim *et* pares inuenit *ignes quos Delphinus quattuor facibus Deltotonque tribus iaculatur, similique luce nitentes* inuenit *Aquilam et dracones*. sed non libentius *quattuor ignes* disiungunt quam 568 *illa dies*　713 delphinus L²M, delphinos GL cod. Venetus propter *quos*　hae *quattuor* faces eae sunt quae τὸ ῥομβοειδὲσ τετράπλευρον effingunt, Arat. 317 sq. τὰ δέ οἱ περὶ τέσσαρα κεῖται | γλήνεα : accedit quinta eiusdem classis in cauda posita　714 *tribus*, quae in angulis collocatae figuram sideris efficiunt　715 *Aquilam* non expectabamus, quae praeter quattuor tertiae magnitudinis unam stellam habet secundae ac potius primae, quam et ipsam Ptolemaeus ᾽Αετόν appellat, nos Arabico nomine *Altair*　flexos per lubrica M, flexos in lubrica L², lubrica flexos in GL (qui primo flexos in omiserat), omnia post *aquilam* om. cod. Venetus　dracones M, leones GL : Petr. 134 12 7 *dracones* al. *leones*. Seru. georg. I 205 *tres sunt angues in caelo: unus qui in septentrione est, alter Ophiuchi, tertius australis, in quo sunt Crater et Coruus*. horum septentrionalis apud Ptolemaeum octo, ὄφισ ᾽Οφιούχου quinque, Hydrus tres stellas tertiae magnitudinis habet, sed hic praeterea unam secundae　716 sextum *, quintum libri admodum procliui errore, quales plurimos notarum similitudo in prosae orationis scriptorum codicibus creauit (uelut Firm. III 5 25 libri partim *v* partim *vi*, 11 8 unus *vi* pro *v*), non

tum quartum sextumque genus discernitur omni
e numero summamque gradus qui iungit utramque.
maxima pars numero censu concluditur imo,
quae neque per cunctas noctes neque tempore in omni
720 resplendet uasto caeli summota profundo,
sed, cum clara suos auertit Delia cursus
cumque uagae stellae terris sua lumina condunt

nullos etiam apud poetas, ut Man. ıv 489, ubi *septima* M, $\overset{a}{vi}$ L, *sexta* G; ııı 457
ternis omnes, quod mihi in *senis* mutandum fuit, sicut anth. Lat. Ries. 761 2
ratio arithmetica *senis* pro *quinis* postulat, de quo dixi in Classical Quarterly
an. 1918 p. 32. *quintum* si hoc uersu retinebitur, plura in 717 molienda erunt.
sextum genus ante quintum ponitur ut tertia palma ante secundam ı 787 sq.
  omni Dulcinius, omnem GLM, omne L² 717 summam Bentleius,
summa libri iungit *, utramque Bentleius, iungitur angue libri. gradus
qui quartum sextumque genus iungit quintus est. Bentleius *summamque
gradus disiungit utramque*, superuacua adiectione, in eo falsus quod sextum
genus, cui Ptolemaeus synt. vıı et vııı non plus xlıx stellas attribuit, uersibus
718–25 significari putauit. Bentleium subsecutus Ellisius noct. Man. p. 210
summamque gradus qui uincit utramque, commento Ellisianissimo; sexta
enim magnitudo non uincit quartam quintamque sed ab eis uincitur; ac
ne numerus quidem senarius non inepte quaternarium et quinarium *utrumque*
uincere diceretur, tamquam si ita hunc uincere posset ut non simul illum
uinceret: quid quod nec senarius nec ullus sic definitur numerus? nam
quaternarium quinariumque uincit etiam centenarius. uerum tamen recte
idem et, quantum scio, primus atque adeo solus intellexit uersibus 718 sqq.
non sextam classem contineri sed infinitam illarum stellarum multitudinem
quae minores sunt quam ut in illam ullamue referantur 718 pars numero
(numo) Bentleius, numeros eius cod. δ, per minimos GLM. *minimos* substantiuo cuius genus et numerum sequatur caret, desideratur autem nominatiuus numeri singularis, generis feminini imo GL cod. Venetus, aut idem aut
uno M, hoc apographa eius 719 hoc uersu solo *neque* extra primum pedem
ita ponitur ut semipedis mensuram impleat nec, ut ııı 165, 238, 376, 444,
elisionem patiatur. nam etiam praecedenti in primo pede *neque* subicitur
ἐν ἄρσει *nec* ı 137, 212, ıı 55 sq., 78, 131, 665, ııı 301 sq. 720 resplendet
uasto Bentleius, resplendent iam Fayus, respondent alto (alta L) libri, ut Dir.
40 *respondens* duo pro *resplendens*. *uastus* epitheton, quod maris profundo
apponitur Luc. ııı 576, Val. Fl. vııı 314, Sil. ıv 245 sq., ne caelo minus accommodatum uideatur conferantur Enn. Scip. ap. Macr. Sat. vı 2 26 *mundus
caeli uastus*, Verg. Aen. v 821 *uasto aethere*, ıx 530 *uasto suspectu*, Ouid. met.
ıı 60 *uasti . . . Olympi*, Sen. n.q. ııı 10 2 *uastum caeli spatium*, Plin. n.h. ıı 110
uastitas caeli, denique Man. ıv 869 *uasto* (caeli) *recessu* caeli profundo, Plin.
n.h. ıı 65 *profundum aeris*, Macr. Sat. vıı 14 13 *caeli profunditatem*, Eur. Med.
1297 αἰθέροσ βάθοσ; ter Vergilius Ennii exemplo *caelum profundum*
  721–725 Arat. 469–72 722 723 nugatorii sunt, neque enim aut planetarum
aut Orionis (qui, ut hoc addam, brumae tempore paene tota nocte lucet) tantus
fulgor est ut uel minimarum stellarum lumini officiat; sed similem supra-
lationem habent 59 sq. 722 uagae stellae Bentleius anno 1708 in litteris

mersit et ardentis Orion aureus ignis
signaque transgressus permutat tempora Phoebus,
725 effulget tenebris et nocte accenditur atra.
tum conferta licet caeli fulgentia templa
cernere seminibus *minimis* totumque micare
[spiritus aut solidis desint sitque haec discordia concors]
stipatum stellis mundum nec cedere summa
730 floribus aut siccae curuum per litus harenae,
sed, quot eant semper nascentes aequore fluctus,

---

ad G. Richterum scriptis apud Wordsworthium p. 368, **uaga est illa** e libri. de
terris uide ad II 949 adnotata   **sua lumina** pro uar. scr. L², **sulumina** M, **sub-
limia GL** cod. Venetus.   **723 ignis** Flor. et Bodl., **igni GLM**   **724 permutat *,
mutat** per libri nulla, quae mihi quidem appareat, sententia : signa enim sol
singulis mensibus mutat, *per tempora* autem quam hinc alienum sit ostendunt
I 258 *solem* (signa) *alternis uicibus per tempora portant,* pan. Mess. 169 *per tempora
uertitur annus,* Auson. 333 9. quod hic dici debere intellexit post Huetium
Bentleius, 'stellae minimae magnitudinis . . . hieme cum sol in brumalibus
signis uersatur, tum effulgent noctibus tenebrosis', id non dicitur ; Pingraeus
enim non codicum lectionem sed eam quam ego substitui interpretatur, 'le
soleil, après avoir parcouru tous les signes, renouvelle l'année'. sol duodecim signis a bruma ad brumam transitis permutat tempora, hoc est unum
annum absoluit, alterum incohat. Varr. l. L. VI 8 *tempus a bruma ad brumam
dum sol redit uocatur annus,* Isid. n.r. 6 4 *solstitialis annus est, cum sol expleto
per omnia signa circuitu in id unde principium cursus sui sumpsit recurrit,*
Ouid. fast. I 163 sq. *bruma noui prima est ueterisque nouissima solis ;* | *princi-
pium capiunt Phoebus et annus idem,* Seru. Aen. VII 720 *proprie sol nouus
est VIII kal. Ian.,* Luc. v 6 *ducentem tempora Ianum.* qui meam coniecturam
quindecim post annis repetiit Wageningenus non intellexit, aequinoctio uerno
noctes obscurissimas esse pro sua mundi scientia arbitratus. ceterum eandem
sententiam efficiet *mutat cum tempora*   **726** ordinem esse *conferta semini-
bus,* ut Stat. Theb. VII 260 sq. *confertissima lucis* | *Nisa,* propter errorem the-
sauri ling. Lat. IV p. 172 dicendum est   **727 seminibus GL,** siminibus M,
luminibus solidis M², cuius nulla auctoritas est. semina appellantur corpuscula
seminis ritu sparsa   **minimis** addidi, quod cur exciderit patet. quod uersui
deerat suppleuit L² ex insequenti huc uocato *desit,* neque alii fundamento
innititur apta sane Regiomontani coniectura *densis. lucis* Breiterus in Fleck.
annal. uol. 139 p. 864   **728 spiritus LM,** om. G metri causa   **desint GLM**
(item Vrbinates), **desit L²**   **sit L, sint G, sic M**   haec ex I 141 sq. *frigida
nec calidis desint aut umida siccis* | *spiritus aut solidis sitque haec
discordia concors* uenisse uidit expulitque Scaliger   **729 stipatum**
Bentleius anno 1708, **spatium G, spacium LM**   **731–733** Apoll. Rhod. IV
214–8 ὅσσα δὲ πόντου | κύματα χειμερίοιο κορύσσεται ἐξ ἀνέμοιο, | ἢ ὅσα
φύλλα χαμάζε περικλαδέοσ πέσεν ὕλησ | φυλλοχόῳ ἐνὶ μηνί (τίσ ἂν τάδε
τεκμήραιτο ;) | ὣσ οἱ ἀπειρέσιοι ποταμοῦ παρεμέτρεον ὄχθασ   **731 732** quod
. . . quod **GLM,** quae recte interpretatus est cod. Flor.   de *eant* et *cadant*

quot delabsa cadant foliorum milia siluis,
amplius hoc ignes numero uolitare per orbem.

utque per ingentis populus discribitur urbes,
735 principiumque patres retinent et proximum equester
ordo locum, populumque equiti populoque subire
uulgus iners uideas et iam sine nomine turbam,
sic etiam magno quaedam res publica mundo est
quam natura facit, quae caelo condidit urbem.

subiunctiuis dixi ad IV 888   **732 delapsa** cod. Flor., delibia **M**, deliba **GL**
metri causa. *labsus* triginta locis optimi Vergilii codices, Ribb. prol. p. 390,
labium pro *labsum* carm. epigr. Buech. 480 8 (C.I.L. VIII 434). imitatus poeta
est Verg. Aen. VI 309 sq. *quam multa in siluis autumni frigore primo |
lapsa cadunt folia*; qui locus si non retinuit Breiterum quin haec scriberet,
' die Ausgaben lesen *delapsa*, wie stimmt das aber zu *cadant* ? ', frustra adicientur
Cic. off. I 77 *delapsa . . . ceciderunt*, Ouid. art. I 547 *cecidit delapsus*, Petr. 16 2
delapsa cecidit, Stat. Theb. II 257 sq. *delapsus . . . cadit.* ceterum *decliua*
siue *decliuia* folia Latine non dici omnibus notum esse oportuit neque ante
nostram aetatem ignorabatur   **733 amplius** pro *plures* adiectiuo positum
(neque enim uolitandi uerbo id aduerbium conuenit) editores non animaduertunt neque consignauit thes. ling. Lat., sed ex deterioribus auctoribus
similia I p. 2012 27, 32, 50 sq., 83, p. 2015 82, uelut Ital. Ioh. IV 41 *multo amplius
crediderunt* (πολλῷ πλείους ἐπίστευσαν). cum uulgo diceretur *amplius mille
ignes*, facile huc delapsi sunt : quid quod ipsum *mille* ex singulari plurale factum
est ?   **734 que GL**, om. **M**   **populus LM** et corr. ex *populi* **G**, *populos* cod.
Venetus   **discribitur M, describitur GL**   urbes Bentleius, urbem (et
ingentem) iam Flor. et Bodl., *orbes* **GLM**, *orbos* cod. Venetus   **735** *principium*,
pro quo editores *praecipuum* dederant, restituit Iacobus praeeunte Vierschroto
apud Stoeberum. *principium* (hoc est principatum) columenque omnium
rerum pretii margaritae *tenere* dicuntur Plin. n.h. IX 106   de elisione uide
uol. II p. 111 : eodem pede Ouidius *fluminum amores, uirginem et unam,* Lucanus
Ariminum et ignes, Manilius ipse III 423 *ducito in aequas*   **736 equiti** Regiomontanus, **equitum GLM,** equitem cod. Venetus   **737 et iam** Bentleius,
etiam libri. *iam sine nomine,* οὐκέτι ὀνομαστήν, non, sicut priores gradus,
nomen habentem. *iam* est *postquam huc descendimus enumerando.* Verg.
Aen. IX 343 *sine nomine plebem,* Sil. XII 317 *sine nomine uulgus,* X 28 sq. *ingens
nominis expers . . . turba*   **738 respublica** Bentleius in litteris anno 1724
datis (Hauptii opusc. III p. 106), **respondere LM,** res pendere **G.** Bentlei
emendationem iterauit Withofius in dissertatione ab Arntzenio anno 1754
edita (Dion. Cat. distich. p. 566), quem rerum ordinem inuertere cupienti
Iacobo restiti uol. I p. xix, cuius fidem nunc ad eum locum in suspicionem
uocaui. et *resp.* et *rp.* uulgo pro *res publica* ponuntur, r̄p. etiam pro *respondit*
in notis iuris G.L.K. IV p. 299 1 ; Sen. apoc. 3 1 libri partim *rei publicae* partim
respondit. Withofius contulit Plin. ep. VIII 16 2 *seruis res publica quaedam
et quasi ciuitas domus est   est **M,** om. **GL**   **739 urbem** Barthius adu. p. 379,
orbem libri. Plut. de comm. not. 34 6 τόν γε κόσμον εἶναι πόλιν καὶ πολίτασ τοὺσ

740   sunt stellae procerum similes, sunt proxima primis
sidera, suntque gradus atque omnia iusta priorum :
maximus est populus summo qui culmine fertur ;
cui si pro numero uires natura dedisset,
ipse suas aether flammas sufferre nequiret
745   totus et accenso mundus flagraret Olympo.

ἀστέρασ Stoicorum placitum   **740** Rutil. Nam. I 7 commemoratur *Romanorum procerum generosa propago*, deinde 11 sq. *proxima munera primis sortiti*   **741** iusta *, iura iam Bentleius, uicta libri   priorum M², priorem GLM   **742** *populus* : Sen. n.q. VII 24 3 *credis . . . inter innumerabiles stellas . . . quinque solas esse quibus exercere se liceat, ceteras stare fixum et immobilem populum?* de quo loco mire errauit Bollius Paul.-Wiss. encycl. VI p. 2407 neque minus mire p. 2413 de Plin. n.h. II 110, ubi *discreta altitudine* coniungit, cum Plinius caeli uastitatem, cuius altitudo immensa sit, in signa discretam esse dicat   *summo culmine*, orbe lacteo, qui etsi non semper nobis supra caput uertitur, at ita uerti fingitur, I 714 sq. *super incumbit signato culmine limes | candidus et resupina facit mortalibus ora*, Plin. n.h. II 7 *candidiore medio per uerticem circulo.* de stellis eius Achilles isag. 24 (comm. Arat. Maass. p. 55 24–7) ἐκ μικρῶν πανὺ καὶ πεπυκνωμένων καὶ ἡμῖν δοκούντων ἠνῶσθαι διὰ τὸ διάστημα τὸ ἀπὸ οὐρανοῦ ἐπὶ τὴν γῆν ἀστέρων αὐτὸν εἶναί φασιν, ὡσ εἴ τισ ἀλάσι λεπτοῖσ καὶ πολλοῖσ καταπάσειέ τι, Man. I 755–7. has poetam reapse ceteris fixis stellis minores esse credere, non propterea quia remotiores sint minores uideri, ostendunt uersus 743–5. neque ceteris remotiores esse credere potuit, quibus nihil altius esse ipse I 534 confirmarat quasque caelo omnia complectenti inhaerere (ἐνεστηρίχθαι) cum reliquis poetis et doctorum indoctorumque uulgo persuasum habuit. Stoicorum quidem sententiam sic exposuit Chrysippus ap. Stob. I 21 (Wachsm. uol. I p. 185 11 sq., Diels. dox. Gr. p. 466 7–9) τετάχθαι . . . τὰ μὲν ἀπλανῆ ἐπὶ μιᾶσ ἐπιφανείασ, ὡσ καὶ ὁρᾶται· τὰ δὲ πλανώμενα 'ἐπ' ἄλλησ καὶ ἄλλησ σφαίρασ (adde περὶ κόσμ. Arist. p. 392ª 16–8 τὸ . . . τῶν ἀπλανῶν πλῆθοσ . . . ἐπὶ μιᾶσ κινουμένων ἐπιφανείασ τῆσ τοῦ σύμπαντοσ οὐρανοῦ) ; a qua non discrepare, ut festinantibus uisum erat, quae Plut. plac. phil. II 15 2 et Stob. I 24 (Wachsm. uol. I p. 205 6 sq., Diels. dox. Gr. p. 344 10 sq.) tradita sunt, agnouerunt F. Malchinus de auct. qui Posid. lib. meteor. adhib. p. 11 et Bollius Paul.-Wiss. VI p. 2413. nihil huc pertinere Man. I 408 sq. stolidorum causa, qui se his studiis immiscent, monendum est ; de I 394 suo loco disserui   **744 745** uerborum tantum similitudinem habent I 461 sq. *non poterit mundus sufferre incendia tanta,* | *omnia si plenis ardebunt sidera* (hoc est *signa*) *membris*   **745** flagraret L, fraglaret M, fragraret G

CAPITVLA

capitula in **M** a prima manu scripta sunt litteris maiusculis praeterquam ad III 160 et 537 et IV 866, ubi cum pro poetae uerbis habita essent minuscula scriptura exarata sunt.

etiam in **G** pleraque, nisi fallor, prima manus scripsit, et quidem maiusculis praeterquam ad I 566, II 150, 159, III 43. sed post addita esse quam ipsum carmen scriptum esset clare ostendunt spatia nimis arta et in marginem exundantia uerba ad II 433, III 1, 385, 510, ne addam tota in margine adscripta capitula ad I 566, II 150, 395, III 203.

in **L** usque ad I 666 capitula minusculis scripta sunt rubris, fortasse a prima manu, sed solito maioribus et crassioribus. in reliquo carmine spatia uacua relicta sunt capitulis qualia in **M** uel **G** habentur recipiendis accommodata: ipsa capitula minutis litteris in margine addidit manus minus antiqua **L³** eo consilio ut a rubricatore contextui insererentur. sed index capitulorum libro II praemissus a prima manu scriptus esse uidetur quamuis minoribus quam quibus uti solet litteris.

non omnia minima singulorum codicum menda enotaui, nec nisi raro recentiorum manuum rationem habui.

I

ante **1** titulus duarum linearum erasus in **G**. *Arati philosophi astronomicon | liber primus incipit* duabus lineis **L** in ras. manu antiqua ac fortasse prima. periit folium in **M**.

ad **1** *Prelibatio* **L** in marg.

ante **118** *De origine mundi* **GLM**.

ante **194** *Quare terra sit rotunda* **GLM**.

ante **263** *De XII signis. De Ariete I* **L**. in **M** nullum interstitium, in marg. *signa XII* fortasse man. 1, recentiore *De XII signis et primo de ariete.* nec titulus nec interstitium in **G**.

ad **274** in marg. *De axe*, **294** *De argonautis*, **299** *De cynosura* man. 1 ut uidetur **L**, in sequentibus plura siderum nomina plus una manu adscripta ; pauciora **M**, nulla ut uidetur man. 1.

ante **483** *De aeternitate mundi* **GLM**.

ante **566** *De parallelis circulis* **GLM**.

ante **539** *De magnitudine et latitudine* (**GL**, *latitudine et magnitudine* **M**) *mundi et signorum* **GLM**.

ante **561** *De circulis caelestibus : de coluris* **M**, *De coluris* **L** et man. rec. in marg. **G**, qui etiam ad 603 ab alia manu *Coluri* habet.

ante **630** *De anabibazonte* (immo μεσημβρινῷ) *et orizonte* **GL**.
ante **666** *De zodiaco et lacteo circulis* **L**, *De zodiaco lacteo* **G**.
ante **809** *De cometis* **M** et in marg. **L³** ut man. rec. in **G**.   linea uacua in **L**.

II

ante **1** *M. Manili astronmicon* (*astronomicon* Vrb. 667) *liber* | *primus explicit* | *incipit secundus* tribus lineis **M**, tres uacuae in **L**, duae in **G**.
sequuntur in **L** et **M** capitula libri II sic scripta.
Quae signa masculina sunt (**M**, *sint masculina* **L**) *et* (om. **L**) *quae feminina.*
Quae humana quae duplicia et quae (om. **L**) *biforma* (corr. in *biformia* **L**).
Quae nocturna aut (**M**, *et* **L**) *diurna.*
Quae humida aut (**L**, *quae* **M**) *terrena aut communia.*
Quae fecunda quae currentia aut recta.
Quae sedentia aut latentia (immo *iacentia*, uide infra 249), *quae debilia.*
Quae uerna estiualia autumnalia et hiberna.
Quae cauta (uide infra 270) *et eorum dextra aut* (**L**, *et* **M**) *sinistra.*
De mensura trigonorum et quadratorum in partes.
De signis exagonis. de coniunctis (immo *inconiunctis et*, uide infra 385) *quae* (*et quare* supra scr. **L**) *sexto loco sint* (immo *sunt*).
De contrariis. ad cuius (*dei* supra scr. **L**) *tutelam quaeque signa referuntur* (corr. in *-antur* **L**).
Quorum menbrorum in homine | *Quodque signum tutelam habeat* duabus lineis.
Signorum inter se commercia uisus auditus odia.
De duodecim cathemoriis (*duodecathemoriis* ex corr. **L**).
tum in **M** statim sequitur II 1 ; in **L** reliqua paginae pars, hoc est lineae x, uacua est, item in proximae initio duae.
ante **150** *Quae signa masculina sint, quae feminina* (**G**, *feminin* **M**, *femina* **L³**) *et quae humana* **GL³M**. duae lineae uacuae in **L**.
ante **159** *Quae signa duplicia* (**L³M**, *dupla* **G**) *sint et quae* (**M**, om. **GL³**) *biformia* (**L³M**, *biforma* **G**) **GL³M**. una linea in **L**.
ante **197** *Quae sint aduersa* **GL³M**. una linea in **L**.
ante **203** *Quae nocturna aut diurna habeantur* (om. **G**) **GL³M**. una linea in **L**.

ante **223** *Quae humida* (L³M, *humana* G) *aut terrena aut communia* GL³M. una linea in L.

ante **234** *Quae foecunda* (L³, *fecunda* ex corr. G, *facunda* M) *habeantur* (om. G) GL³M. una linea in L.

ante **244** *Quae sint currentia* (*signa* add. L³) *aut recta* GL³M. una linea in L.

ante **249** *Quae sedentia aut iacentia* GL³M. una linea in L.

ante **256** *Quae sint debilia* GL³M. una linea in L.

ante **265** *Quae uerna* (M, *uernalia* GL³) *aestiualia autumnalia* (*et* add. L³) *hiemalia* GL³M. una linea in L.

ante **270** *Quae cauta* (*coniuncta* Garrodus) *et* (*cauta et* om. G) *eorum dextra aut sinistra* GL³M. una linea in L.

ante **297** *De mensura eorum signiliter atque partiliter* GM. *De mensura trigonorum et quadratorum in partes* L³. una linea in L.

ante **358** *De signis exagonis* GL³M. una linea in L.

ante **385** *De inconiunctis* (GM, *coniunctis* L³) *signis et quae* (GM, *quare* L³) *sexto loco sunt* (GM, *sint* L³) GL³M. duae lineae in L.

ante **395** *De contrariis signis* GL³M. una linea in L.

ante **433** *Sub cuius dei ·tutela quaeque signa sint* L³M. *Signorum commertia et quae cuique deo attribuantur signa* G. una linea in L.

ante **439** *Signorum commercia* G.

ante **453** *Quae membra humana cuique signo adtributa sint* (L³M, *attribuantur* G) GL³M. duae lineae in L.

ante **466** *Signorum commercia, auditus uisus mores* (*amores* Bodl. et Caesen.) *odia* (*auditus . . . odia* om. G) GL³M. una linea in L.

ante **693** *De duodecathemoriis, quae sint et quas uires habent* (immo *habeant*) L³M. duae lineae in L.

ante **738** *De duodecathemoriis* L³M. una linea in L.

ante **788** *De cardinibus mundi* GL³M. una linea in L.

ante **841** *Diuisio aetatis in partes caeli* GL³M. una linea in L.

ante **903** pro titulo scriptam partem uersiculi *per tanta pericula mortis* M. in L una linea uacua et in fine uersuum 894 et 902 signum ·,·. in G nullum interstitium sed in 903 initialis solito maior.

III

ante **1** *M. Manlii Boeiii astronomicon liber* | *II explicit feliciter incipit tertius* M duabus lineis. *Explicit liber secundus. Praefatio libri tertii* G. una linea uacua in L.

ad **1** *Liber III* L³.

ante **43** *De athlis, quid sit athlum et quod sint ea et quae* (*ea et quae* om. L[3]) *nomina* (M, *omnia* L[3]) *et quas uires et quem ordinem habeant* L[3]M.   duae lineae in L.   *Explicit praefatio* G in marg.

ante **154** *Quomodo fortunae locus inueniatur* M, tum uersus 175 et 176 ex inferiore loco praeceptos, inter quos hic titulus collocandus fuit et recte illic collocatus est.   in L duae lineae uacuae, tum duo uersus erasi et in margine rasura, sub quibus lituris quid lateat facile intellegitur.   in G nullum interstitium sed in 154 maior initialis.

ante **160** *Quomodo athla per* (L[3], *adaper* M) *signa scribantur* (L[3], *desonib; amnri* M, *describantur* Iacobus) L[3]M.   una linea in L.

ante **176** *Quomodo fortunae locus inueniatur* L[3]M.   una linea uacua in L, uersus autem 176 in duas distractus.

ante **203** *Quomodo hopus* (M, *opus* GL[3], *horoscopus* Ellisius) *inueniatur* GL[3]M.

ante **247** *De mensura temporum et signorum* GL[3]M.   una linea in L.

ante **301** *De inclinationibus mundi* GL[3]M.   una linea in L.

ante **385** *Quomodo in omni inclinatione* (GM, *Quomodo inclinationibus* L[3]) *mundi hopus* (M, *opus* GL[3], uide supra 203) *inueniatur* GL[3]M.   tres lineae uacuae in L ob membranae defectum.

ante **443** *De accessionibus temporum et decessionibus* (corr. ex *accessionibus* L[3], *desessionibus* M) L[3]M.   una linea in L.

ante **483** *Altera ratio* (GL[3], *Alteratio* M) *inueniendi horam* GL[3]M.   una linea in L.

ante **510** *Cuius signi quisque annus aut mensis aut dies aut hora sit* GL[3]M.   duae lineae in L.

ante **537** *Altera ratio* (L[3], *Alteratio* M) *cuius signi quisque annus aut mensis aut dies aut hora sit* L[3]M, sed M *Aut mensis . . . sit* minusculis pro poetae uersu scriptum.   *Cuius signi quisque annus sit* G.   duae lineae in L.

ante **560** *Quod* (GM, *quot* L[3]) *annos unumquodque signum tribuit* (*tribuat* Bodl.) GL[3]M.   una linea in L.

ante **581** *Quod* (GM, *quot* L[3]) *annos quaeque loca tribuant* GL[3]M.   una linea in L.

ante **618** *Quae sint triplica* (M, *triplicata* GL[3], immo *tropica*) *signa et quas uires habeant* (GM, *habeant uires* L[3]) GL[3]M.   una linea in L ; in duas distractus titulus in G.

ante **669** *Quae partes in quattuor signis tropicae* (GM, *tropicae in quattuor signis* L[3]) *sint* GL[3]M.   una linea in L.

IV

ante 1 *M. Milnili astronomicon liber III explicit incipit IIII* **M.**
Finit liber tertius incipit quartus **G.**   duae lineae in **L.**
ad 1 *Incipit liber quartus* **L³.**
ante 294 *Decanico* (*De decanico* Vrb. 668) **M.**   nullum interstitium
in **G** aut **L.**
ante 502 *Orientia signa quid efficiant* **GL³M.**   una linea in **L.**
ante 585 *De partibus terrae distributis ad signa fide* (*et de* Scaliger)
uniuersa terra et mari (*fide . . . mari* om. **L³**) **GL³M.**   una linea in **L** ;
in duas distractus titulus in **G.**
ante 818 *De eclipticis* (**G** et corr. ex -*as* **L³**, *eglipiicis* **M**) *signis*
GL³M.   una linea in **L.**
ante 866 *Fatorum rationem perspici posse* **GM.**   *Quomodo possimus*
fatorum rationem perspicere **L³.**   una linea in **L.**

V

ante 1 *Finit liber quartus sequitur quintus* **G.**   *Explicit liber II*
incipit liber III **M.**   in **L** reliqua pars paginae, hoc est lineae xvi,
uacua est, item in proximae initio duae.
ad 1 *Liber V* **L³.**
postea nihil.

ORTHOGRAPHIA CODICVM GLM

In the apparatus criticus I have never without special cause made mention of purely orthographical variants, and have sometimes for the sake of brevity ignored orthographical trifles, as in saying '*componet* GL², *conponit* LM' at v 471, where L has *componit*; and in the text I have often tacitly corrected the medieval spelling of all MSS and have even excluded for the sake of perspicuity forms so correct and well supported as the numeral *quod* and the conjunction *ad*. This appendix is meant to record the legitimate variations of the MSS and such of their errors as are not merely barbarous. It disregards for the most part the usual or regular misspellings of the middle ages : their treatment of *ae* and *e* and *oe*, *i* and *y*, *ph* and *f*; their addition (very frequent in *ora* both singular and plural) or subtraction of the aspirate; and such things as *menbrum* and *utrunque* and *Ligurgus*.

A

ad in compositis non adsimilatum.

ubique *adfundere, adnare, adnumerare, adquirere, adstringere, adsunt.*

adcumulare LM III 610.

adfectus LM II 341, 476, v 479, M I 875, IV 812.

adfinis LM II 671.

adfirmare LM III 182.

adgerere : I 426 *aggestos* GL, *adgressos* M.

adpellare LM III 621.

adpellere LM v 48. *adpellunt* : v 685 *ad bellum* GLM.

adpositus LM III 110, 568, 577, IV 467, v 348, M v 149.

adscribere LM III 298, *asscribere* G.

adserere LM II 845, III 60, 519, IV 135, 700, 786, 795, M II 922 ; IV 746 *adserit* M, *arserit* GL.

adsiduus M IV 796.

adspectare L IV 907.

adspirare L v 175.

adsuescere **LM** I 273, II 506, V 562, **L** III 104.   *adsueta* : I 344
    assueto **GL**, *adsudet* **M**.   *adsuetum* : IV 844   *ad coetum*
    similiaque **GLM**.

adtendere **LM** II 514, IV 914.

adtollere **LM** II 202, **M** V 647.

adtribuere **LM** II 716, **L** I 109, II 210.

ad coniunctio : uide *d* et *t*.

adque : uide *d* et *t*.

ae et *e* et *oe*.

    caestus **M** V 163, *cestus* **GL**.

    faenus **GM** V 273, *fenus* **L** ; *faenore* **G** III 473, *fenore* **M**, *foenore* **L**.

    glaeba **M** V 525 et 533, *gleba* **GL** et 295 **GLM**.

    paene **G** V 347, *pene* **M**, *poene* **L** ;   *pene* **G** I 130, *poene* **LM**.

    scaena : V 323 *staenae* **M**, *sene* **L**, *seue* **G** ; 482 *scenis* **GLM**.

    uesanus **GLM** V 543.

aetherius **GLM** I 12, 149, 561, 761, II 56, V 10, **M** I 282, 802 ; *aethereus*
    GLM I 774.

aliut : uide *d* et *t*.

arcessere **GLM** V 376, **LM** V 56, ubi **G** *accersere*.

Arquitenens : uide *qu* et *c*.

at praepositio : uide *d* et *t*.

B

b et *p*.

    nubturam **M** V 615.

    delabsa : V 732 *delibia* **M**, *deliba* **GL**.

    uide etiam *ob*.

Bacchum **L** II 658, **M** *Baccum* ;   *Baechus* **M** III 153, IV 204, V 143, 227,
    238, 333, *Laeche* IV 736.   praeterea ubique *Bachus*.

brachia ubique.

C

c et *qu* : uide *qu* et *c*.

Carthago **GLM** IV 778 praetereaque quater **M**, semel **L** ;   *Cartago* semel
    M, bis **L**, quinquiens **G** ;   *Kartago* **L** I 792 et IV 599.

chartis : V 459 *cartis* **GL**, *carthis* **M** ;   476 *charus* **M**, *carus* **GL**.

cludere **LM** I 274, **GL** 365 (*eludentes* **M**), **M** IV 472 et 476.   praeterea
    ubique *claudere*.

cn et *gn*.

    cycnus **M** V 381.   praeterea *cygnus* uel *cignus*.

    Gnosius ubique (bis).

con in compositis non adsimilatum.

    conmissus **L** i 419, **M** v 411.

    conmunis **M** iv 702, v 66, 675.

    conmutant **M** ii 639.

    conpagine **M** i 840, *conpagibus* **M** iv 828.

    conpendia **LM** ii 928, **M** iv 192 et 305.

    conplecti **L** i 150, **M** i 861, iii 70, iv 805, quo uersu *ampl-* **GL**.

    conplet **M** v 679.

    conponere **M** i 578, iii 107, 137, iv 341, v 286, 471.

    conprendere **L** i 348, **M** iii 104.

    conpulsus **LM** ii 878.

    conrectis : v 203 *contextis* **G(L)M**.

condicio **M** iii 130, *conditio* **GL**.

conexus **GL** ii 180, **LM** ii 388 et 459, **L** ii 660 ; *connexus* **G(L)M** iii 348.

coniugatio uerborum.

    exiliit i 166.

coturnus v 458.

D

d et *t*.

    ad coniunctio **GL** ii 287, **LM** ii 497, 564, 929, iii 323, v 197, 504, 693, **L** iii 370, **M** i 392, 495, 518, iii 194, 593, iv 330, 518, v 270, 311, 446. v 76 *at cum* **GL**, *d deum* **M**.

    adque **L** ii 170, iii 516, v 179, **M** iii 486, iv 282, 915, v 15, 154, 229, 448, 517, 586.

    aliut **LM** iv 710.

    at praepositio **LM** iv 677 (*ac* **G**) ; *atmissus* **M** iv 598. v 242 *abiunget* : *adiungit* **GM**, *atiungit* **L**.

    quod plurale **GLM** iii 290, 387, 418, iv 793, v 731, 732, **GM** iv 69 (*quo* **L**), **LM** i 508, 509, ii 4, iii 70, 275, 470, 564, iv 375, 623, 741. *quodcumque* **LM** iv 315, **M** iii 67. *quodquod* **LM** ii 683.

    quoda **LM** iii 420 (*quota* **G**) et v 29 (*quod* **G**). ii 740 *quota* : *quod* **GLM**. iii 485 *quota* **GLM**.

    quot singulare **G** iii 427.

    set **L** iii 569, *sed* **G**, *et* **M**.

de et *di*.

    derigere **LM** iv 601. praeterea *di-*.

    deriguit **LM** v 570, *di-* **G**.

    discribere (distribuere) **LM** iv 742, **M** v 669 et 734. praeterea *de-*.

declinatio nominum Latinorum.

  secundae gen. sing.

    Aquari **GLM** v 449, **GM** II 232, **LM** v 490 (*-is* **G**), **M** II 464 et 505.
      praeterea *Aquarii* contra metrum.

    negoti **G** III 92, *negotii* **L**, *nego* **M**.

    Sagittari **M** I 691.   praeterea *Sagittarii* contra metrum.

    studii corrupte IV 123 pro *studia et.*   contra in Graeco uoca-
      bulo recte **LM** II 740 (*dodecat*)*emorii* (*-iis* **G**).

  secundae nom. plur.

    Deci : I 789 *Decii* **GLM** contra metrum.

    Grai II 897, III 162.

  tertiae nom. sing.

    honos I 328 ; nusquam *honor.*

  tertiae abl. sing.

    igni in fine uersuum I 832, II 56, IV 498, *igne* II 942 ; I 647
      igni **M**, *igne* **GL**.   metro munitum *igni* IV 384, *igne*
      I 870, IV 30, v 208.

    parti corruptum sed metro munitum III 395.

    secure in fine uersus v 626.

  tertiae nom. plur in *-is*.

    seruantis I 601, *natalis* III 617, *loquentis* v 222 ; errore *sequacis*
      v 143.   *similis* **LM** I 804.

  tertiae acc. plur. in *-is*.

    substantiuorum.

      amnis v 193, *-es* 237.

      anguis II 44.   praeterea *-es.*

      artis **GLM** v 650, **M** v 231 ; v 279 *artes* **GL**, *actis* **M**.   prae-
        terea *-es.*

      auris **GLM** IV 575 ; v 336 *aures* **GL**, *iuris* **M**.   praeterea *-es.*

      finis II 317.   praeterea *-es.*

      fontis II 76.   casus nusquam praeterea inuenitur, nam
        IV 269 errore **LM** *pontis*, **G** *pontes.*

      gentis IV 602, 799, v 700.   praeterea *-es.*

      hostis **GLM** II 557, **LM** I 920.   nusquam praeterea.

      ignis **LM** IV 500, **G(M)** v 38, **M** I 210 et 866.   pro *-nis* **GLM**
        -ni v 723, IV 683 *-ni* **GL**, *-m* **M**.   praeterea *-es.*

      iuuenis **GLM** v 472, **LM** II 662.   nusquam praeterea.

      lucis **GLM** III 446, **LM** IV 164.   praeterea *-es.*

      montis **LM** IV 28, **M** IV 753.   praeterea *-es*, nisi quod
        v 138 pro *montis* **GLM** *noctis*, 185 *montes* **LM**,
        mortis **G**.

declinatio nominum Latinorum—cont.

   tertiae acc. plur. in -*is*—cont.

      substantiuorum—cont.

         mortis **GLM** in loco dubio II 912 ; IV 186 *mortes* **M**, *mores* **GL**.

         noctis **LM** IV 254, **L** I 498. praeterea -*es*, nisi quod V 138 *noctis* **GLM** pro *montis*.

         orbis III 342. praeterea -*es*.

         parentis **GLM** V 577, **GL** II 12 (*potentis* **M**) ; -*es* IV 77.

         partis **GLM** II 77, 294, 347, 696, 742, III 163, 352, IV 356, V 102, 339, **LM** I 594, 707, II 319, 344, IV 353, **M** et ante corr. **G** II 268, **L** IV 297, **M** III 492, V 39. II 684 *partis* **L**, -*es* **G**, -*ibus* **M** ; III 405 *partis* **G**, *partus* **L**, uers. om. **M** ; IV 349 *partis* **M**, -*es* **G**, *partus* **L** ; IV 378 *partis* **M** et ex corr. **L**, *partus* **G** et ante corr. **L**. praeterea -*es*.

         pontis : uide *fontis*.

         postis : IV 180 *positis* **GLM**. nusquam praeterea.

         sortis : II 283 *tortis* **GLM**. praeterea -*es*.

         Syrtis IV 600. nusquam praeterea.

         tigris IV 235. nusquam praeterea.

         uestis V 466. praeterea -*es*.

         uiris uel *iuris* V 279. praeterea -*es*, idque frequentissime.

         umoris **M** V 680 (*ut moris* **GL**). nusquam praeterea.

      adiectiuorum.

         aequalis II 274, item corrupte IV 637 ; -*es* IV 326.

         breuioris **LM** IV 89.

         brumalis III 266.

         caelestis IV 120.

         celeris **GLM** III 343, IV 173 (*scel-* **L**)), 785 ; -*es* IV 242.

         ciuilis **LM** I 906.

         dulcis II 42, V 145, 332.

         duplicis **GL** II 180.

         facilis **GLM** IV 187, **M** I 649.

         fortis : IV 721 *fortes* **G**, *sortis* **L**, *sortus* **M**.

         gracilis **LM** IV 154.

         habilis I 143.

         ingentis **GLM** V 503, 679, 734, **M** I 440 et 816 ; -*es* IV 715 et V 690.

         mendacis V 186, sed eodem uersu *tenaces*.

         mollis II 189, IV 654, V 254 ; -*es* IV 754.

mortalis IV 870 et V 276.

naualis **LM** IV 288.

omnis **GLM** I 223, II 76, III 301, 529, 534, 628, IV 735 ;
III 165 et V 62 et 480 *omnis* **M**, *oms* **GL** ; III 149
in oms **GL**, *nominis* **M**.   *-es* III 146, 161, 555.

paris **GLM** III 248, **M** IV 790 (*patris* **GL**).   IV 433 *paris* :
patris **LM**, *partis* **G**.   III 436 *pares* **GLM**, IV 732 **M**
(uers. om. **GL**).

pluris IV 364 et 386 ; *-es* 378.

potentis II 159.

prioris III 431.

regalis I 41 et V 360.

rudis IV 130.

sagacis V 200.

salubris III 144.

similis **GLM** III 122, IV 865, V 388, **LM** I 71 et IV 594,
G III 644 (*-li* **LM**), **M** I 450 et 458.   praeterea *-es*.

sollertis V 61 et 314.

stabilis V 86.

sterilis **GLM** V 151 errore pro *teretis* ;   **GL** IV 413 (*sceleris*
M).   *-es* I 878.

sublimis I 32.

talis **GLM** V 250, **GL** V 231 (*alis* **M**).   *-es* III 535.

tenuis I 152, 157, II 378, V 652 ; *-es* I 868 et II 10.

teretis :   I 207 *teretes* **GL**, *terens* **M**.   uide etiam *sterilis*.

tris I 699, II 274, III 318, 602, 605, IV 52, 452 ; III 405 *tris*
GL, uers. om. **M**, I 793 *tris* **LM**, II 310 et 349 *tris* **M**.
I 675 *tres* **GL**, *terris* **M**.

trucis III 11.

uernalis III 258.

uiridis **M** I 705.

uolucris **GL** V 160 (*uolo eris* **M**), **LM** I 850.   praeterea *-es*.

participiorum.

ardentis **GLM** I 894, V 472, 723, **LM** IV 220 et 232.

cludentis (**G**)**LM** I 274.

colentis **M** V 344.

currentis **GL**(**M**) V 187.

errantis **LM** V 14, **M** I 742.

ferentis **GLM** II 45, **M** V 635.

figurantis I 845.

flagrantis V 442 et pro *flagrantem* II 880.

declinatio nominum Latinorum—cont.

   tertiae acc. plur. in *-is*—cont.

     participiorum—cont.

       flammantis I 870.

       flentis v 577.

       frigentis **M** I 315.

       fugientis **LM** IV 625.

       gementis **LM** v 355.

       haerentis IV 356.

       iacentis **M** I 536.

       inportantis **M** I 428.

       labentis I 882.

       latentis v 399, *-es* I 443.

       lucentis I 255, sed *perluccntes* v 531.

       maerentis I 879.

       merentis **M** IV 96.

       nascentis **GLM** II 833 et 845, **GL** III 166 (*-ibus* **M**), **G** II 535
          (*-i* **LM**).

       natantis **LM** I 155.

       nocentis IV 115.

       nutantis **L(M)** I 5.

       pendentis **GLM** IV 881, **M** v 282.

       pugnantis III 54.

       rorantis II 53.

       signantis **M** I 596.

       tangentis **L(M)** I 42.

       tenentis **M** v 122.

       trahentis **M** I 666.

       ualentis III 156.

       uallantis **M** v 271.

       uenerantis v 346.

       uidentis : *uidendis* IV 918.

       uolantis v 77.

   quartae abl. plur.

     artubus **GL** IV 703, *-ibus* **M**.   *arcubus* **GLM** III 213.

   heteroclita.

     materies nom. ubique metro munitum. formae obliquae *-am*
        I 822, II 190, IV 9, 248, 714 ; *-ae* gen. IV 931, dat. II 114
        et v 508 ; *-a* abl. IV 293.

     nequities nom. sing. **GM** II 602, *-as* **L**.

     currus acc. plur. **GL** v 10, *-os* **M**.

lacus GL IV 264, -*os* M.

saltus G III 2, -*os* LM.

sucos : -*us* GLM III 144.

declinatio nominum Graecorum.

primae nom. sing. fem.

    Cretă IV 785 metro munitum ; *Creta* IV 634 ubi metrum requirit *Crete*.

primae uoc. sing. masc.

    Philoctete L v 299, -*ae* GM.

primae acc. sing. masc.

    Aenean M IV 24, -*am* GL.

    Bellerophontē v 97.

    Borean GM IV 646 (metro munitum), G I 372. praeterea -*am* uel -*ī*.

    syboten : v 126 -*ē* GM, -*em* L.

    Tydiden M I 763, -*em* GL.

    Xerxen : IV 65 -*e*.

primae acc. sing. fem.

    Andromedan GLM v 544, M v 23. praeterea -*am* uel -*ā*.

    Erigonen M II 507. praeterea -*em* uel -*ē*, etiam II 32, ubi metrum -*en* requirit.

    Helicen GLM I 218, G IV 792, ubi -*em* LM.

    Libyam GLM IV 598 et metro munitum 779 ; L et ex corr. M IV 661, -*an* G et ante corr. M, sequente in libris uocali.

primae gen. sing. fem.

    Andromedae I 616, v 538, 619.

    Cyrenes : IV 780 *Tyrrhenos* LM, -*as* G.

    Erigones : IV 469 -*e* (hoc est -*ae*) GLM, ubi uide adnotata.

    Messanae III 14.

primae abl. sing. fem.

    Andromeda GLM I 350 ; v 572 *Andromeda est* M, *Andromedē* G, -*em* L.

secundae nom. sing. masc. et fem.

    Arctos GLM v 693, M I 502.

    Cypros IV 635.

    Epiros IV 690, sed *Epirum* acc. 611.

    Hesperos I 178.

    horoscopos GLM III 389 et 518, -*us* II 829, III 200, 440, 504 ; III 608 -*os* M, -*us* GL.

    Ninos : IV 804 *pimos* GLM.

    Rhodos IV 764.

declinatio nominum Graecorum—cont.

    secundae nom. sing. masc. et fem.—cont.

        Scorpios **GLM** II 237, 254, 258, 407, 443, 462, 557, III 574,
           IV 344, -*us* I 690, II 229, 544, 636, 667, IV 321, 383, 477,
           553, 707, 780, V 697, *Scorpion* contra metrum II 213
           et IV 217 ; II 633 -*os* **M**, -*us* **GL**.

    secundae nom et acc. sing. neutr.

        Cetus **GL** I 433, *coeptos* **M** ; V 15 *cecum* **M**, *caecum* **GL**.

        Deltoton **GLM** V 714, **GL** I 353, ubi -*to* **M**.

        Daemonium II 938.

        dodecatemorium **GLM** II 700 et 741 (hic *i* om. **L**), **M** 736, ubi
           -*iis* **GL**.

        trigonum ubique.

    secundae acc. sing. masc. et fem.

        Arcton I 566.

        Canopon **M** I 216.

        Delon IV 637, sed 638 *Tenedum*.

        horoscopon metro munitum **GLM** III 190 et 205 ; III 538 -*on*
           M, -*os* **GL**.

        Iolcon : V 34 *C*(*h*)*olc*(*h*)*on*.

        Rhodon IV 637.

        Scorpion metro munitum I 268, II 365, 499, 502, 513.

        Tartaron : II 64 -*an*.

        Aegyptum Arcturum Centaurum metro munita ; nam *Ebusum*
           Latinum est.

    secundae acc. plur. masc.

        onus **M** V 350, *ōmis* **GL**.

    tertiae nom. sing.

        Solon **GL**, -*o* **M**.   metro munita sunt *Orion Platon Procyon*.

    tertiae acc. sing.

        Aulida IV 638.

        Charybdin **G** IV 605, -*im* **LM**.

        Phasin metro munitum V 45.

        Tanain uel *Tanaim* : IV 677 *tantam* **LM**, *tantum* **G**.

        Tiphyn uel *Tiphun* : V 45 -*ī* **G**, -*um* **LM**.

    tertiae gen. sing.

        Cepheidos I 436 ; *Phasidos* IV 517 et V 376 ; *Propontidos* IV
           616 et 679.

        Colchidis V 34 ; *Persidis* I 776.

        Heliconos uel -*is* : II 50 -*es*.

        dracontis **M** V 389, -*onis* **GL** et I 627 **GLM**, ut *dracone* et *dracones*.

tertiae acc. plur.

  Arabas **GLM** IV 654, **M** 754, ubi *-es* **GL**.

  Cyclades IV 637.

  gigantas **M** I 421, *-es* **GL**.

  Pleiadas **GLM** V 710, **M** 142, ubi *-es* **GL**.

  Titanas II 15.

  elephantas heroas lampadas metro munita, ut nom. *Arcadĕs*.

derit **M** IV 434. praeterea *deerit deerant deest deesset*.

desiit pro disyllabo V 562.

diuisio uocabulorum.

  ante ire V 77. nusquam praeterea.

  stupe facta **LM** IV 692, **L** I 68, ubi deest **M** ; *stupe fecerat* **LM** V 570.

  super est **GLM** I 589 et IV 119, **LM** II 260, IV 681, 882, **M** IV 361 ;
      superest **GLM** IV 272.

  super sunt **LM** II 885 ; *supersunt* **GLM** II 782.

  super uenit **L** I 218.

E

e et *oe* et *ae*.

  fetus **M** IV 373, *fętus* **GL** ; *effeta* **GM** IV 825, *effoeta* **L**.

  uide etiam *ae*.

e pro *ει*.

  spera I 576, *spira* 627. *spera* : III 364 *semper*.

  Euxenus **LM** IV 678. praeterea *i*.

e et *i*.

  genetrix **M** IV 634.

  Mauretanea **LM** IV 729, *Mauritanea* **G**.

  pensabat IV 567, *pinsare* V 166.

  pinna **LM** V 558, **M** V 419 ; V 445 *pinnis* **L**, *pinus* **M**, *pennis* **G**.

  protinus **GL** (om. **M**) I 814, ne mendaciis credatur.

  recĕpit **M** IV 331, *recipit* **GL**. III 37 *percere* **M**, hoc est *percepe*.

  senibus **GLM** V 421 pro *sinibus* ; V 392 *senibus* **GM**, *sensibus* **L**.

  tremebunda V 135. *tremescere* **M** I 101, *tremiscere* **GL**.

  ualitudo **GL** I 404, *ualundo* **M** ; *ualecudo* **M** III 140, *ualitudo* **GL**.

  uindentis **LM** V 625, *uindet* 651 ; utrobique *uinc-* **G**. praeterea
      uend-.

e et *u*.

  subrupto **GM** (*subruto* **L**) III 352, *eruptis* **GLM** 355.

eus pro αιοσ.

  Arachneo IV 136.

  Atalanteos **M** V 179 (*Atlanteos* **GL**).

  de *Ariadneae* V 21 et 253 et de Graeca forma dixi in Journal of
      Philology XXXIII p. 62, ubi lege ' anth. Pal. V 221 8 '.

ex et *e* ante consonantes.

    e binis I 700.

    e causis III 386.

    ex diuers- I 310, 504, II 170, v 436.

    e Geminis **GLM** IV 152, **M** II 182, ubi *et* **GL**.

    et Iouis II 446, ubi *e* Scaliger et plerique.

    ex longo **GLM** II 378 et 677, **GL** 399, ubi *et* **M**.

    ex minimis I 493, *et mediis* I 864, *e medio* III 370.

    ex nullis I 122, *ex nihilo* I 130, *e* (**GL**, om. **M**) *niueo* I 751, *e numero*
        v 717.

    ex paribus II 167, *et paribus* II 279, *e* (**GM**, *ex* **L**) *partibus* II 395,
        e partibus IV 593.

    ex quo I 235, *e quibus* I 261, *e quis* I 488, *e* (**GM**, *et* **L**) *quibus* IV 808.

    ex recto II 373, *e rupibus* v 590.

    e solido I 285, *ex simili* I 354, *ex signis* II 303 et 484, *e* (**GM**, *et*
        L) *signis* 641, *e summo* II 407, *ex semet* II 581 et 634, *ex*
        se IV 100 et 129, *e* (**G**, *et* **LM**) *scopulis* v 628.

    et toto I 203 et III 375, *e* (**G**, *et* **LM**) *tribus* IV 467.   IV 91 *exceptos*
        pro *ex tecto.*

    ex uariis II 35, *ex uiribus* II 908.

ex seu potius *e* et *ec* in compositis mutata.

    et domuit **L** IV 904.

    et fingere **LM** v 315, **M** v 263 ; *et flat* **LM** v 603 ; *et fluat* **GL** (*ut* **M**)
        II 764 ; *et fundere* **LM** II 239, **M** v 230.

    et gelido **GL** v 131.

    et mentita **LM** v 60.

    et nata **G** IV 27 ; *et nata* **GL** IV 607.

    et ripit **M** I 351.

    et uenit **LM** II 323 ; *et uincunt* **GL** III 63.

    euolitans : I 344 *et uolitans* **M**, *uolitans* **GL**.

ex in compositis haurit *s.*

    exiliit I 166.

    existunt I 834.

    expectare v 355 et 665.

    expirant IV 594.

    extincta v 515.

    extiterint **GL** II 877.

    exuperare **GLM** IV 925, **GL** III 650, **GM** III 427, **G** III 423.

    exurgit I 439.

    contra *exsiccat* IV 729, *exsuscitat* v 227.   v 604 *exstillat* **M**, *extollit* **GL**.

F

fluuidum **M** I 164, *fluuitabunt* v 51.

fraglare pro *flagrare* **LM** II 880, **M** v 745.

futtilis : I 876 *futilibus* **GL**, *furtilibus* **M**.

G

gm.

    aumine pro *agmine* **LM** v 580, *tecmina* pro *tegmina* v 152.

gn et *cn* : uide *cn.*

gnatus : III 132 *gratorum* **LM**, *fatorum* **G**.   *natus* passim.

gu et *g.*

    tinguitur **GM** I 411, *tinguntur* **L**.

    urguet **LM** II 567, *urguent* **GM** III 675.

gulam **G** v 196, *gilam* **LM**.

H

h addita.

    coercet **GM** III 647, *cohercet* **L** ; *coercita* **GM** IV 190, *cohercita* **L** ;

        cohercent **G** I 220, *coherent* **LM**, ut III 163 **GLM**.

    onus **M** v 33, *honus* **L**, *honos* **G**.

    humerus **GLM** II 459, **GL** I 390, IV 581, v 556.

    humor **GLM** IV 499 **GL** I 138, 162, IV 413, v 687, **G** v 249. praeterea *umor*.

    humidus **GLM** I 818 et II 233, **GL** I 141.   contra v 449 *umentis* **GL**,

        mentis **M**.

h detracta.

    Adriam **GL** IV 609.

    arena **LM** I 160, **G** v 435.   praeterea *harena.*

    arenosis **GL** IV 728.

    astilia v 203.

    exalet **L** I 157.

    ortus **GL** v 256.

h transposita.

    inchoat II 193.

I

i et *e* : uide *e.*

i et *u.*

    concipiunt : II 908 *concupiunt* **G(L)M**.

    decimus **GLM** IV 445 bis, 450 bis, 460, 470, *decimus* II 336, III 681,

        v 270 ; *decimus* **G** IV 462, 472, 474, 478, 487, 490, 495,

        LM *decimus* ; v 365 *decuma* **L**, **GM** *decima*.   III 615 *decimam*

        GL, *decum* **M**.   v 57 *deusma* **LM**, *summa* **G**.

i et *u*—cont.

> *lacrumas* **G** v 328.   praeterea *i*.
>
> *monumenta* **GLM** v 513, *monimenta* I 323 ;   *monumenta* **LM** IV 685 et v 253, *monimenta* **G**.
>
> *proxuma* **M** IV 789.   praeterea *i*.
>
> *quadrupes* **GLM** IV 234, *quadripes* v 351 ;   *quadrupes* **GL** v 86 et 643, *quadripes* **M**.
>
> *septuma* **LM** IV 463.   praeterea *i*.

idcirco **M** ubique, item **L** praeter III 525 ;   *iccirco* **G** praeter I 168, 215, III 525, 553.

idem.

> nom. sing. masc. *isdem* **LM** I 521.   praeterea *idem*.
>
> dat. sing. *eidem* disyllabum **GM** III 73, *idem* **L** ;   III 487 *hisdem* **LM**, *iisdem* **G**.
>
> nom. plur. *idem* II 518.   nusquam praeterea.
>
> abl. plur. *eisdem* trisyllabum II 707.   disyllabum *isdem* **GLM** IV 652, **LM** I 186 et IV 589, **M** IV 510 ;   *hisdem* **GLM** II 97, **GL** III 78 ;   *iisdem* **G** I 186 et IV 589 ;   *eisdem* **M** III 78 ;   *idem* **GL** IV 510.

in in compositis non adsimilatum.

> *inludere* **LM** IV 263.
>
> *inmatura* **M** III 617.
>
> *inmensus* **GLM** III 205 (pro *inmerso*), IV 90, 821, **LM** I 178 (pro *emenso*), 247, 295, 330, 489, II 46 (pro *inmersum*), IV 924, v 584, **L** I 14, 23, II 18, **M** I 542, v 95 (pro *inmissos*).
>
> *inmergere* **GLM** IV 538, **LM** IV 842, **M** I 392, 830, v 400.
>
> *inmitis* **LM** v 413 et 620.
>
> *inmittere* **LM** II 89, III 21, v 402, **L** I 24, **M** v 501.
>
> *inmobilis* **M** II 630 et v 677.
>
> *inmotus* **LM** v 428, **M** I 632.
>
> *inmundos* **M** v 125.
>
> *inmunis* **LM** IV 393, **M** IV 459 et v 33.
>
> *inmurmurat* **GL** v 382.
>
> *inpedit* **M** IV 200.
>
> *inpellere* **GM** III 269, **LM** IV 644 et v 113, **M** v 581.
>
> *inpendĕre* **LM** IV 407, **M** III 38.
>
> *inperare* **M** II 464 et v 525.
>
> *inperium* **M** IV 544 et 774.
>
> *inplerunt* **M** IV 858.
>
> *inponere* **GM** v 98, **LM** I 338, II 68, IV 208, 239, v 92, **M** I 741, III 114, IV 550, 695, 905.
>
> *inportantis* **LM** I 428.

inpressis **GM** III 663.

inprobitas **M** v 498.

inprouidus v 311.

inpune v 393.

inriget **M** II 65.

inriguos **M** v 237 ; IV 727 *irriguis* **GL**, *uirginis* **M**.

inrita **M** III 148.

ceterum uide IV 611 *Illiricum* **G**, *inl-* **M**, *ynl-* **L**.

iucundum **M** v 431, *iocundum* **GL**.

Iuppiter **GL** v 343, **GM** I 337, II 890, IV 29, **G** v 25 (*ipp-* **M**), **L** I 431,
   M II 441 ; *Iupiter* quinquiens **G**, totiens **L**, semel **M**, qui I 431
   corruptus est.

iuuenalis **LM** IV 260 et 357, *iuuenilis* **G**.

L

litus **GLM** IV 656, v 406, 528, 549, 568, 579 (*ditus* **M**), 730, **GM** v 397
   et 667, **LM** IV 643, 806, 814 bis, **M** I 437, IV 50, 64, 263, 286
   (*litor ibi*), 600, 627, 637, 639, 684 (*luctus* **GL**), 747 (*ditora*).
   littus deciens **GL**, quater praeterea **G**, ter **L**.

litoreus **GLM** v 191, **LM** III 316.

M

m et *n* ante *d*.

   circumdat **L** I 595, *-un-* **G**, *-ū-* **M**.   praeterea *um* uel *ū*.

   tantumdem **L** I 169 (*-un-* **GM**) et 593 (*-un-* **G**, *-ū-* **M**).

m et *n* ante *qu*.

   umquam **LM** I 307, II 131, 582, III 363, 440, **M** IV 470; IV 540
      unquam **GL** *umque* **M**, IV 5 *unquam* **LM**, *ū-* **G**.

   numquam **GLM** I 175 et 876, **GL** IV 820 (*umquam* **M**), **LM** III 367,
      v 112, 695, **G** II 471 (*umquam* **L**), **L** II 617, 680, III 60, 304,
      IV 49 (*umquam* **M**) ; I 524 *nunquam* **G**, *nū-* **LM**.

N

n et *m* : uide *m*.

ns et *s*.

   totiens ubique, nisi quod II 580 *quotiens* scriptum est.

   quotiens ubique.

   decies **GLM** III 592 ; III 487 *decens* **LM**, *dece* **G**.

   ubique *uicesimus tricesimus centesimus*.

   adamans **GL** IV 926, *adamas* **M**.

   monstrum **GM** v 618, *mostrum* **L**.

O

o pro *u.*

   obliquos III 319 nom. sing. ?

   uirgola **LM** II 289.

   orna **LM** IV 272.

ob in compositis.

   obposuit **L** I 903.

   optineat **M** ante corr. I 540.

oe : uide *ae* et *e.*

P

p et *b* : uide *b.*

p inserta post *m.*

   contempne **LM** IV 923.

   hiemps **LM** III 633.

   temptare ubique, nisi quod **M** IV 834 *temtauit.*

prendere et *prehendere.*

   prendere **GLM** II 127 et III 388, **M** IV 21, ubi **GL** *pendere.*

   comprendere **GLM** V 233, sed *prehe-* **LM** I 832, **L** I 348, **M** III 104,
      praehe- **M** I 108.

   deprendere **GLM** V 525, sed *prae-* **L** I 63, *praehe-* **GLM** I 822,
      prehe- **LM** I 506 et 830, **L** III 215, **URH** I 63, *dependere*
      L V 296.

Q

qu et *c.*

   Arquitenens **LM** II 187, **M** II 246, 408, 504, 523, IV 708, V 357, 364
      (*Arquitens* IV 560).

   ecus **M** V 633.

   oblicum **M** I 687 et V 80, *oblituus* III 334.

   quoi : II 7 *que* **M**, *quae* **GL**, 888 *quod* **GLM**, IV 449 *quo* **GLM**.   quod
      V 743 **M** habet *coui* corr. in *cuoi* non propius ad *quoi*
      accedit quam ad *cui,* quod est in **GL.**

   quoquere **LM** V 533 et 683, **M** III 316.   V 264 **GLM** *incoquet.*

   qum **G** II 619 ; *quum* **L** V 311.

   relinqunt **GM** IV 861.

   sequntur **LM** III 278, **M** III 526 ; *secuntur* **M** III 516.   *sequontur* :
      IV 269 *sequentur* **GLM.**

quattuor.   *quatuor* **GLM** III 578.   praeterea *quattuor* ubique **G** praeter
      III 576, ubique **M** praeter II 349, III 317, 621 (*quactuor*
      III 666) ; *quatuor* ubique **L.**

querella **GM** II 624, **M** IV 429 ; IV 13 *querelis* **GL**, *que sellis* **M**.

quidquid **LM** V 90, **M** I 463, 812 (fortasse **L** ante corr.), III 102, 117, 324, IV 244, 791 ; I 650 *quicquid* **GL**, *quidque* **M**.   praeterea *quicquid*.

R

r transposita.

    Euphartes **M** IV 800.

    Tharsymetne **M** IV 39.

S

sepulchrum **GLM** I 883, 895, V 461 ; sed *sepulcrum* **GL** IV 92, **GM** IV 541 et 660, **G** II 594, IV 71, 837.

sollemni **G** III 93, *sollempni* **L**, *solemni* **M**.

sub in compositis non adsimilatum.

    subcinctis IV 556.

    subcumbere **LM** I 543 et IV 74, **L** I 464.

    submersus ubique praeter IV 580, ubi *summersa* **LM** (om. **G**), ut I 265 et IV 142 *summittere* **GLM**.

    submotus **GLM** III 256, **LM** II 354, 393, 398, 677. praeterea *summ-*.

    subrupto **GLM** III 352 ; *subripit* **LM** II 954, *supripit* **G**.

    substuleris **LM** V 47.

T

t et *d* : uide *d*.

Thrace **G** IV 691, *hrece* **LM**.   *Thraecia* : I 769 *Grecia* **GM**, *Graetia* **L**. *Thracia* : IV 756 *-t hrachia* **M**, *-t brachia* **GL**.

thuris V 340.

tum et *tunc* ante consonantes (pleraque exempla collegit Tappertzius de coniunctionum usu apud Man. pp. 26 sq.).

    ante gutturales.

        tum.   I 75 *tumque*, 346 *tum quoque*, 472 *tum cernere*, 501 *tum cum*, III 495 *tum* (**GM**, *cum* **L**) *quo*, 629 *tum* (**M**, *cum* **L**, *tunc* **G**) *Cererem*, V 716 *tum quartum*, 726 *tum conferta*.

        tunc.   I 46 *tunc qui*, 831 *tunc quia*, II 757 *tunc coniuncta*, III 192 *tunc cetera*, 315 *tunc quo*, 430 *tunc cetera*, 481 *tuncque*, V 611 *tunc* (**GL**, *tuunc* **M**) *quoque*.

        corrupta.   III 281 *cum cetera* pro *tum*, IV 765 *tuque* pro *tumque*, V 667 *totum quoque* **M**, *totum* **GL**, pro *tum quoque*.

tum et *tunc* ante consonantes—cont.

    ante alias consonantes.

      tum.   I 69 *tum uelut, tum laeta,* 89 *tum belli,* 267 *tum Libra,* 271 *tum uenit,* 343 *tum magni,* 361 *tum uicina,* 412 *tum nobilis,* 438 *tum* (**LM,** *tunc* **G**) *Notius,* 546 *tum tertia,* 644 *tum* (**GL,** *tamen* **M**) *premit,* II 364 *tum Virgine,* 735 *tum Luna,* III 195 *tum materna,* 197 *tum Phoeben,* 536 *tum uertimur,* 652 *tum* (**LM,** *tunc* **G**) *primum,* 662 *tum Liber,* IV 554 *tum suffragantibus,* 648 *tum demum,* 851 *tum* (**LM,** *tunc* **G**) *tantum,* 860 *tum uicina,* V 104 et 686 *tum demum.*

      tunc.   I 329 *tunc siluas,* 412 *tunc Procyon,* 431 *tunc Iuppiter* **GL** (*orauit et* **M**), II 732 *tunc summa,* 759 *tunc rerum,* 782 *tunc demum,* III 187 *tunc* (**GL,** *tun* **M**) *si,* 641 *tunc riget* (*figit* **M,** *fugit* **GL**), 654 *tunc pecudum,* V 588 *tunc fuerat.*

    corrupta.   I 365 *hunc* (**M,** *tunc* **GL**) *subeunt,* 422 *tumidi* pro *tum di,* 470 *cum lumina* (**M,** *luna* **GL**) pro *tum,* II 213 *nunc Pisces* pro *tum* (uide adnotata), 756 *componitur* pro *tum ponitur,* III 661 *tum* (**GL,** *cum* **M**) *tempora* pro *dum,* 665 *tum* (**L,** *cum* **M,** *tunc* **G**) *semina* pro *dum,* V 38 *cum prima* pro *tum.*

V

u pro *v*

    guro : V 75 *guiro* **M,** *giro* **GL.**

u et *e* : uide *e.*

u et *i* : uide *i.*

u in *o* mutata : uide *o.*

uocat **L**(**M**) I 13 pro *uacat.*

X

x et *cs.*

    III 65 *sanxit* **GL,** *sane sit* **M.**

    III 324 *preuecteris* pro *prouecserit* ?

    V 417 *exit* **GL,** *est sic* **M** pro *ecsit* ?

x et *cx.*

    IV 535 *producxerit* **L** ut uidetur.

    IV 693 *maxima* **GL,** *mae xima* **M.**

    V 661 *lacxo* **M.**

x et *xs.*

    III 325 *conuexsa* **M** ; II 374 *conuerso* **GLM** pro *conuexso* ?

    V 202 *fixa* **GM,** *fixta* **L** pro *fixsa* ?

INDEX QVINQVE VOLVMINVM

numeri Arabici quibus p. non praefixum est uersus significant

ablatiuus   II 77, 148, 540, IV 6, 184 (et p. 130), 530 (et p. 131), V 83, 404, 708

abruptus . . . . V 107

abruptis faucibus, non *abreptis* . . . . IV 643

abundare cum genetiuo . . . . II 600

accliuus . . . . I 233

accusatiuus adiectiui pro aduerbio . . . . . II 969, V 566

accusatiuus ex eiusdem formae nominatiuo auditur . . . . III 451

accusatiuus nominum Graecorum in ιϛ exeuntium . . . . IV 605

accusatiuo casu praeceptum pendentis enuntiati subiectum . . . II 588

ad . . . . IV 470

ădice . . . . I 666

adiectionis uitium . . . . . . I 539 (et p. 111), IV 472, 644

adiectiuum appositiuum et obiectiuum . . . . V 567

adiectiuum et substantiuum in duo orationis membra distributa . . I 270

adiectiuum possessiuum pro nomine patronymico . . . . II 3

adiectiuum pro aduerbio . . . . I 226, 834

adiectiuum sine substantiuo . . . . III 91, 111

adnominationis figura . . . . II 130, p. 123

aduerbium numerale distributiuis et ordinalibus adiectum . . . IV 451

aduerbium pro adiectiuo . . . . II 291, 502

-ae et *-a* et confusa . . . . III 88, p. 70

aequo Ioue . . . . IV 174

aequor . . . . II 225

aequoreus iuuenis . . . . II 558

aer aether aequor confusa . . . . IV 743

aerius . . . . V 633

aestiuum nomen sibi sumit . . . . I 571, p. 112

Aethiopes Asiatici . . . . IV 804, p. 134

aethra . . . . II 907

Aetnae carmen 246 . . . . I 576

     ,,   539 et 540 . . . . I 657

affectus . . . . V 479

aliena signa . . . . II 472

alter orbis . . . . IV 674

alternus de pluribus . . . . V 117

altus et *alius* confusa . . . . I 426

aluus cuius sit generis . . . . III 195

ambago . . . . IV 304

ambiguitas orationis . . . . V 92

ambiguus cum genetiuo, datiuo, ablatiuo . . . . . II 231

amplexi . . . . II 412
amplius pro *plures* . . . . v 733
anacoluthon . . . . I 771 (et p. 114), 898
ἀνάπαλιν . . . . III pp. x sq.
Andromedae color . . . . v 554
animae sanguineae . . . . IV 892
animus, animi . . . . III 38, pp. 69 sq.
anni pro gradibus aequatoris . . . . . III pp. xxv sq., p. 69
anth. Lat. Ries. 395 36 . . . . v 87
,,   404 . . . . IV 47
,,   438 . . . . IV 53
,,   465 1 . . . . IV 341
,,   596 5 . . . . II 713
,,   719ᶠ 4 . . . . II 582
,,   761 2 . . . . v 716
anth. Pal. VI 40 1 sq. . . . . IV p. 132 (v. 534)
ἀντικαταδύνοντα . . . . v p. xlvi
antrum pro ualle . . . . v 311
apisci . . . . III 146
ἀπὸ κοινοῦ posita uocabula . I 237, 492, 875, II 29, 952, IV 482, 539, 726, v 479
Appuleius met. II 4 . . . . I 616
archetypus . . . . v pp. xviii-xxiii
Arcti conuersio . . . . v 693-709
Arctoe australes . . . . I 443
Aries ducit Olympum . . . . II 945
Arietis cornu amissum . . . . v 32
articulus in lingua Latina desideratus . II 269 (et p. 124), 552 (et p. 126), III 22
artus Virginis . . . . II 414
arx mundi . . . . I 262
asinus a poetis uitatum . . . . v 350
asperum iter . . . . II 937
astrum quid sit . . . . I 465
astrum pro planeta . . . . I p. 101 (v. 58)
astrum Virginis, non *astra* . . . . II 414
astrum et *astra* pro templo dodecatropi . . . . . II 882, 905
at simul, ac simul . . . . v 549
athla . . . . III pp. v sq., 162
auersus et *aduersus* confusa . . . . I 264, II 930, III 679
auersus Taurus femineus est . . . . II 153
            cinaedos creat . . . . IV 521
auferre . . . . III 217
Augusti genitura . . . . I pp. lxix-lxxi, pp. 93-5, IV 547, 776
Auienus Arat. 248 . . . . I 576
,,   532 et 533 . . . . I 352
,,   546 . . . . I 264
,,   718-20 . . . . I 374
,,   761 . . . . I 245

Auienus Arat. 765 . . . . v 36
,, 963 . . . . II 502
aula . . . . II 42
Aulis insula . . . . IV 638
aurare . . . . IV 515
Ausonius 369 28 . . . . II 964
aussus . . . . v 10
aut . . . . v 385
aut pro seu . . . . I pp. 102 sq.
autumni τοῖσ ὀπώρασ . . . . II 269
autumnus pro autumnali . . . . II 269

Bacchylides IX 27-9 . . . . I 471
belli tumulus . . . . II 879
biferus Centaurus . . . . IV 230
bis e senis . . . . I 549, p. 111
breuium finalium productio . . . . I 10, p. 100
,, ,, ,, in hiatu . . . . . IV 478, v 524
bucolicus Einsidlensis II 21-4 . . . . I 414

cacophonia quae perhibetur II 938 (et p. 130), p. 124 (v. 242), III p. 72 (v. 299),
p. 74 (v. 669), IV 165, 221, 780 (et p. 134), 799, v 135, 451
caedunt aequora gentes . . . . IV 602
caelatum siderum lumen non est . . . . . . I 680, p. 113
caesura hexametri . . . . . . I 47, 194 (et p. 104), III 597
Calpurnius buc. VII 39 . . . . I 58
Calpurnius decl. 2 . . . . IV 715
Cancri nubes . . . . IV 530
Canis et Canicula . . . . v 207
Caper pro Capricorno . . . . II 179
caper piscisque . . . . II 659
capitula codicum . . . . v pp. 95-9
Capricornus Augusti sidus natale . . . . I pp. lxix-lxxi, pp. 93-5
captare . . . . II 496, 510
cardo . . . . II p. xxvi, 686, 929
castra . . . . II 964, p. 131
catal. cod. astr. Gr. VIII iv p. 111 20 . . . . I p. 104 (v. 167)
,, ,, VIII iv p. 231 24 . . . . . . II p. 120
Catochoras, Catachoras . . . . III p. xiii, p. 69
Catullus 10 30 . . . . v 451
causa . . . . II 27, 695
cauus σομφόσ . . . . v 150
cedere . . . . III 468
censere . . . . II 293, 653, 667
censeri per annos . . . . III 597
censeri per artus . . . . IV 899
census . . . . II 167, 457, 888

cetus cuius sit generis . . . . ɪ 435 (et p. 110), v 15, 658

ceu . . . . v 217

charybdis appellatiuum . . . . ɪv 421

Charybdin accusatiuus . . . . ɪv 605

chori . . . . v 484

χρόνοι ζωῆσ . . . . ɪɪɪ pp. xxiii–xxviii

χρόνοι ἰσημερινοί . . . . ɪɪɪ p. xiv

χρονοκρατορία . . . . ɪɪɪ pp. xxii sq.

Cicero phaen. 7-9 . . . . ɪ 352

,, ,, 249 . . . . ɪɪ 944

,, ,, 279 . . . . ɪ 171

,, ,, 395 . . . . ɪ 319

,, ,, 438 . . . . ɪ 318

Cimber in Mario uictus . . . . ɪv 45

circa et *circum* . . . . v 8

Ciris carmen 33 . . . . ɪ 428

,, 90 . . . . ɪɪɪ p. 70 (v. 103)

,, 118 . . . . v 373

,, 443-6 . . . . ɪ 25

clepsisset . . . . ɪ 27, p. 101

climata Alexandriae et Rhodi . . . . ɪɪɪ p. xiii

codices

G . . . . . . ɪ pp. xxiii–xxx, v pp. vi-xii, xiii-xvi

L . . . . . ɪ pp. xxiii–xxx, p. 82, pp. 88 sq., v pp. v sq.

L² . . . . . ɪ pp. xxiii–xxx, p. 82, v pp. xiii-xvi

M . . . . ɪ pp. xxiii–xxx, pp. 88 sq.

V . . . . . ɪ pp. viii sq., xxiii–xxx, pp. 83–5

U . . . . ɪ pp. x sq., pp. 86 sq.

R . . . . ɪ pp. x sq., pp. 86 sq.

H . . . . ɪ pp. 86 sq.

Ven. . . . . . . ɪ pp. ix sq., pp. 85 sq., v p. xiii

Cusan. . . . . ɪ p. ix, pp. 84 sq.

Voss. 1 . . . . ɪ p. ix, p. 85, v p. xiv

Flor. . . . . ɪ p. ix, v p. xvii

Bodl. et ceteri . . . . v pp. xvi sq.

coeptus substantiuum . . . . ɪ 825, p. 115

cognatus cum genetiuo . . . . . . ɪɪ p. 123 (v. 123)

Columella x 262 . . . . ɪv 719

componere . . . . ɪv 53

concessa potiri . . . . ɪv 337

condere urbem . . . . ɪv 776

coniunctio numerorum gratia postponitur . . . . . v 295

coniunctione copulata quae grammatica forma paria non sunt . ɪɪ 491, p. 126

coniungere . . . . ɪɪ 757

consilium . . . . ɪɪ 485

consolatio Liuiae 391 . . . . ɪv 674

consul totiens exul . . . . ɪv 46

consumere et *consummare uota* . . . . IV 400
contingere . . . . II 825
contrarii sensus uoces permutatae . . . . V 463
corpora pro hominibus . . . . II 580
corpus et *pectus* confusa . . . . IV 923
credere homini diuinos uisus . . . . IV 933
crepido . . . . IV 48
crescere pro *oriri* . . . . III 290
Culicis carmen 61 . . . . I p. xlvi
,, 117 . . . . I 350
,, 269 . . . . I 350
,, 287 . . . . I p. xlvi
,, 400 . . . . I 792
culmen pro orbe lacteo . . . . V 742
culmina submersi mundi . . . . II 892, p. 129
cum duae subeunt pro substantiuo . . . . . IV 458, p. 131
cumque nisi cum relatiuis non coniungitur . . . . . II 745
cuneus . . . . I 728, p. 113
cursus παλμὸσ . . . . I p. 109 (v. 407)
Cyllenaeus, Cyllenius . . . . II 943

dactylicae mensurae uoces inter se confusae . . I 416, 631, 746, II 780
Daemonie . . . . II p. 130 (v. 897)
datiuus agentis . . . . II 535
datiuus diuersa cum ui duobus uerbis additus . . . . II 538
datiuus quartae declinationis . . . . III 98, IV 890, p. 134
datiuus quintae declinationis . . . . III 98
de elisum . . . . IV 46
decanica . . . . IV 298
decernere . . . . II 908
Deci . . . . I 789
deducere . . . . II 10, III 396
deicere . . . . III 371
deicere trisyllabum . . . . V 373
δεκανοί . . . . IV pp. vi–x
delphinus et *delphin* . . . . V 444
deminutiua . . . . IV 927
derigere . . . . IV 323
descendere . . . . IV 877
descendere pro *decrescere* . . . . . . III 478, p. 73
describere, discribere . . . . II 828, III 539
despicere, dispicere . . . . II 837, p. 129
dexter . . . . . I 380 (et p. 107), II 273, 293, III 599, V 37, 82
διὰ μέσου collocata uerba I 429 (et p. 110), p. 105 (v. 251), IV 534 (et p. 132), 552 (et p. 132)
dicor pro *sum* . . . . IV 314
digitus licitatoris . . . . V 318
dignus pro . . . . II 938

δισ ἤ τρίσ ταυτόν . . . . ι p. 111 (v. 504)
discedere et descendere confusa . . . . ιι 460
dispendia . . . . ιι 339
distributiua ab ordinalibus differunt . . . . . ι p. lxxiv, ιv 451
diuersus et diuisus confusa . . . . ιv 676
diuortia . . . . ιιι 384
dodecatemorium . . . . ιι pp. xxii–xxvi
δωδεκάτροποσ . . ιι p. xxix, 856–967 (et p. 129), p. 120, ιιι pp. xxvi-xxviii
δωδεκάωροσ . . . . v pp. xliv sq.
domui datiuus . . . . ιιι 98
dotalis . . . . ι 915, p. 117
dracontis . . . . v 389
ducere . . . . ιιι 279, 298, 423
ducito elisum . . . . ιιι 423
duō . . . . ι 792, p. 114
duplus . . . . ιι 174

e, ex . . . . ιι 182, 279, 395, 641, v p. 110
e in et mutatum . . . . ιv 634, 808
earum . . . . ιιι 157
ecliptica signa . . . . ιv 818
edere . . . . ιι 829, p. 128
effundere . . . . ι 335
effusus . . . . ιι 225, p. 123
eidem disyllabum . . . . ιιι 487
Einsidlensis bucolicus ιι 21–4 . . . . ι 414
eis . . . . ιι 542, 744
eisdem . . . . ιι 707
elegiae in Maecenatem ι 109 . . . . ιι 269
     ,,   ,,   ιι 32 . . . . v 663
elisio ι 171, 213, 323, 584, ιι 28, 372, 430, 747, 826, 937, ιιι 423, p. 73 (v. 589),
     ιv 46, 369, 445, 597 (et p. 132), 789, 799, 890, p. 129 (v. 53), v 87, 402,
     524, 735
elisio neglecta . . . . ι 795, p. 114
emendatio . . . . v pp. xxxiv-xxxvi
emendatores Manilii . . . . v pp. xvii sq.
emergere cum accusatiuo . . . . ι 116, p. 102
emeritus passiuo sensu . . . . . ι 414, ιι 251 (et p. 124), v 245
er pro ειρ . . . . ι 576, p. 112
Erigone pro Astraea . . . . ιv 542
Erigones genetiuus, non Erigonae . . . . ιv 469
erit, inuenietur . . . . ιι 432
-ĕrunt in perfecto . . . . ιι 877, p. 129
eruptus ab eripiendo . . . . ιιι 352, p. 73
esse ex abundanti additum . . . . ιι 622, 740
est a librariis additum . . . . ιι 413
     omissum . . . . ιι 471

est abundans . . . . I 858
et . . . . III 70, 604
et pro *sed* post negationem . . . . IV 909
et tertio loco positum . . . . I 619
et (etiam) ad distantia relatum . . . . . . I 780, p. 114
ἔτη pro gradibus aequatoris . . . . III pp. xxv sq.
ευ dipthongus resoluta . . . . I 350
Europa . . . . II 490
ex aratro dictator ueniens Taurus . . . . . . IV 149
excedere fidem . . . . II 617
externus pro alieno . . . . V 478
extremus . . . . III 232

facies mundi . . . . II 923
fallere pro *dissimulare* . . . . I 240, 676
falsi fallacia mundi . . . . III 311
fascia . . . . I p. 113 (vv. 681-3)
fastigia et *uestigia* confusa . . . . I 616 (et p. 112), 804, II 795
fastigium . . . . III 325
felix sidus . . . . I pp. 93 sq.
felix cui titulus . . . . II 888
fera substantiuum ad pronomina et adiectiua auditum . . . V 181
fera pro pecude et iumento . . . . V 353
ferre alatos umeros . . . . IV 581
feror pro *sum* . . . . II 188, p. 123
feruit . . . . II 775
fībras . . . . I p. 102 (v. 92)
fidēi . . . . II 605, p. 126
fidei datiuus . . . . III 98
fidem excedere . . . . II 617
fides . . . . II 130
fides Chelarum . . . . III 305, p. 72
Fidis signum a Lyra diuersum . . . . V 409 sqq.
figura δέμασ . . . . IV 701
figura σχῆμα γενέσεωσ . . . . II 856
figura σχῆμα λέξεωσ . . . . I 24
figura signum caeleste . . . . II 454, III 669
figurae numerorum . . . . IV 208
figurae orationis: uide adnominatio, ἀπὸ κοινοῦ, διὰ μέσου, ἐν διὰ δυοῖν,
                          hypallage, hyperbaton, ὑφ' ἕν, σχῆμα Χαλκιδικόν
fine cum genetiuo . . . . I 825
finis . . . . II 884
Firmicus a Manilio pendens . . . . V pp. xliii sq.
Firmicus math. I 4 4 . . . . IV 280
  ,,   ,,   II 11 . . . . III p. xxvi
  ,,   ,,   VIII 12 2 . . . . V p. xliv
  ,,   ,,   VIII 17 4 . . . . V 648

fixă ualidă cuspide uenabula . . . . v 202
fluctus irarum, non *fletus* . . . . v 221
fluitans insula . . . . iv 787
foedera et *pectora* confusa . . . . II 582, 676
forma . . . . I 60, III 178, 497, 604
fortuitus . . . . I 182
Fortunae locus . . . . III p. vi, 96
forum ponere quid sit . . . . v 322
freta maris . . . . v 192
frons . . . . III 115, IV 81
Fronto Nab. pp. 64 sq. . . . . v 640
frustra uerbis frustrationem significantibus adiectum . . III 108, p. 70
fuerant surgentia . . . . III 332
fugere . . . . IV 591
fugiens et *fulgens* confusa . . . . III 351
fulcrum pro pede . . . . v 166
funambuli . . . . v 650–5
fundens absolute positum . . . . II 464
furere . . . . v 660
fussus . . . . IV 890, p. 134
futura in praesentia mutata . . . . I 800, IV 505

garum . . . . v 671 sq.
geminae uires . . . . II 904
geminare . . . . III 605
genetiui in *ii* exeuntes . . . . II 3, 740
genetiuus nominum Graecorum in η exeuntium . . . . IV 469
genetiuus singularis primae declinationis non eliditur . II pp. 128 sq. (v. 831)
genitus cum datiuo agentis . . . . IV 896
genus pro genere humano . . . . I p. 103 (v. 145)
Germanicus frag. IV 22 . . . . I 657
   ,,   ,, IV 99 . . . . II 430
   ,,   ,, VI . . . . II 888
gerundii ablatiuus pro participio praesentis . . . . . IV 173
gerundiuum participium ex gerundio audiendum . . . . I 784
glaebas mittere uirgis . . . . v 295
glossemata . . . . II 38, 925
Grattius 452 . . . . II p. 127 (v. 679)
gyris in *signis* mutatum . . . . I 331

Haedus tertius imaginarius . . . . . v pp. xliv–xlvi, 311 sq.
hallex . . . . v 673–5
ἅπαξ εἰρημένα . . . . v 414
Heliacas oras . . . . I 217
ἐν διὰ δυοῖν . . . . IV 190, v 306, 399
hexametri caesura . . . . I 47, 194 (et p. 104), III 597
   ,,   clausula I 35, p. 106 (v. 285), p. 111 (v. 521), II 678, III 423, 535, IV 248

hexametri pes primus . . ɪ 173 (et p. 103), 549, ɪɪ p. 122 (v. 28), v 614

,,   pes secundus . . . . ɪɪɪ 604, v 87

,,   pes tertius . . . . ɪ 194

,,   pes quartus . ɪ p. 102 bis (vv. 102 et 118), ɪɪɪ p. 71 (v. 194),
                    p. 72 (v. 236), v 87, 295, 383, 634

,,   pes quintus . . . . ɪɪɪ 423, v 735

,,   syllaba finalis . . . . ɪ p. 102 (v. 84)

hiatus . . . ɪ 795, ɪɪ 629, 831 (et pp. 128 sq.), ɪv 43, 478, 661, v 524

hic, ille . . . . ɪɪ 872, p. 129

homoeomeson . . . . . ɪ p. 112 (v. 560), ɪɪɪ 188, p. 71 (v. 155)

hora . . . . ɪɪɪ 546

hora et umbra confusa . . . . ɪv 341

Horatius carm. ɪ 35 5-8 . . . . v 568

,,   serm. ɪ 4 102 . . . . ɪv 608

,,   ,,   ɪ 8 29 . . . . ɪɪ 567

,,   ,,   ɪɪ 8 15 . . . . v 151

,,   epist. ɪɪ 2 157 . . . . ɪ 226

horoscopantes signorum partes . . . . . . ɪv 502 sqq.

horoscopare . . . . ɪɪɪ 296, p. 72

horoscopus quomodo inueniatur . . . . . . ɪɪɪ pp. xi–xxii

hypallage . . . . ɪv 846

hyperbaton . . ɪ 58 (et p. 101), ɪɪ 84, 369, 814, ɪɪɪ 61, ɪv 269, 882, v 598

ὑφ' ἕν figura . . . . . ɪɪ 254, 291, 502, ɪv 64, 109, 508, v 466, 651

iactura . . . . ɪv 47

iamque pro iam . . . . ɪ 269 sq., p. 105

ignaua tempora uendit . . . . ɪv 174

ignes gemmarum . . . . v 512

ignotus . . . . ɪɪɪ 4

Ilias Latina 677 . . . . ɪ 78

illa pro te positum . . . . ɪ 698

ille ὁ δεῖνα . . . . ɪɪɪ p. 70 (v. 92)

illi, illic . . . . ɪɪɪ 309, p. 72

illius . . . . ɪɪɪ 92

Illyricum substantiuum . . . . ɪv 610, p. 132

imago pro signo caelesti . . . . ɪv 306

imago per periphrasin adhibitum . . . . v 625

imitari . . . . v 340

in cum ablatiuo . . . . ɪɪ 241, 748, ɪv 45, 833

in cum accusatiuo   ɪ 341, 476, ɪɪ 191, 246, 391, 557, ɪɪɪ 149, 243, 263, 342, 527,
               595, 644, ɪv 124, 508, 509, 667, 697, 752, 905, v 619

in auersum, in aduersum . . . . ɪɪɪ 679

in collibus nudus orbis . . . . ɪɪ 420

in fructu . . . . v 120

in horam, in hora, hora . . . . ɪɪɪ 458

in peruersum similis . . . . ɪɪ 891, p. 129

in quantum . . . . ɪɪɪ 249

in totum . . . . III 390
in uitio . . . . IV 200
incedere . . . . IV 519
incendia annonae . . . . IV 168, p. 130
incisio sensus post tertium trochaeum . . . . . . II 159
    post quintum . . . . II 284, IV 70
inclinis . . . . I 598
infinitiuus pro uerbi obiecto . . . . v 200
infinitiuus a praepositione pendens . . . . . . II 571
infinitiui et substantiua ex aequo posita . . . . IV 285, p. 131
ingratum substantiuum . . . . IV 350
inquit . . . . IV 869
interpolatio metrica . . . . I pp. lix–lxix
inuersus Romana per ora titulus . . . . II 898
inuidere bona sine datiuo . . . . IV 874
Iolcon in *Colchon* mutatum . . . . v 34
Ioniae – ◡ ◡ – pro 'Ιωνίασ . . . . IV 767
ipse pro *ille* . . . . II 330, IV 860
ipsum pro *se* . . . . I p. 109 (v. 420)
ire pro *esse* . . . . v 470
is pronomen apud poetas . . . . v 451
Isidorus orig. III 42 4 . . . . III p. xiii
iteratio uerborum   I 224, 261, 271, 743, II 38, 377, 523, 699, III 122, 458,
                IV 136, 214, 298, 448, 694
iterati uerbi mutata percussio . . . . v 292
itiner . . . . I 88
iuga Chelarum . . . . I 611
iugum in uineis . . . . v 239
Iugulae . . . . v 175
Iulius Paris epit. Val. Max. III 8 4 . . . . IV p. 132 (vv. 580 sq.)
iunctus et *cunctus* confusa . . . . . . I 439, II 337
Iuuenalis VI 495 . . . . I 270
  ,,   VII 22 . . . . I p. xxxvii
  ,,   XI 91 . . . . I p. xxxv
  ,,   XI 99 . . . . I p. xxxvii
  ,,   XI 148 . . . . I p. xxxvi
  ,,   XII 93 . . . . I 904
  ,,   XIII 179 . . . . I p. lxv
  ,,   XIV 269 . . . . I p. xxxvi
  ,,   XV 93 . . . . I p. xxxv
Iuuenis pro Aquario . . . . II 555, IV 385
iuuenis aequoreus, iuuenis rorans . . . . . II 558, v 487
iuuenique urnaeque . . . . II 406

καταρχαί . . . . III 154, IV p. 128 (vv. 481 sq.)

lacrimae silphii . . . . IV 780

laeuus . . . . I 380 (et p. 107), II 293

lampada nominatiuus . . . . I 352

lapis et *lapillus* pro margarita . . . . . . IV 399, V 531 (p. 51)

latere cum datiuo . . . . II 373

Latias in *Italas* mutatum . . . . IV 43, 661

latrare flammas . . . . V 207

Libra nascente Augusto horoscopans . . . . . . I p. 95, IV 547–52

Libra Tiberii sidus natale . . . I pp. lxx sq., p. 95, IV 764–6, 773–7

Librae facies humana . . . . II 529

Libyam, Libyan, Libyen . . . . IV 661

Liuius VI 31 5 . . . . IV 676

loca dodecatropi . . . . II 856–967 (p. 95)

Lucanus I 234 . . . . I 657

,, I 322 . . . . I p. xxxix

,, I 531 . . . . I p. xxxix

,, III 159 . . . . IV 75

,, III 183 . . . . V 50

,, III 276 . . . . IV 677

,, VII 317 . . . . IV 221

,, IX 531–7 . . . . III 304

Lucilius frag. 1191 ed. Marx. . . . . . . I p. 112 (v. 576)

Lucretius IV 87 . . . . I 616

,, V 1069 . . . . V 340

,, V 1261 . . . . I 616

,, VI 83 . . . . IV 796

,, VI 85 . . . . II 745

,, VI 198 . . . . III p. 73 (v. 535)

,, VI 285 sq. . . . . III 395

,, VI 574 . . . . I 245

,, VI 577–84 . . . . V 338

,, VI 1135 . . . . I p. lxviii

lues plurali numero . . . . II 640

Luna alata . . . . I 226

Luna in genituris . I pp. 93–5, II 726, IV 773, 776, p. 130 (vv. 122–291)

Luna umifica . . . . IV 501

lustrum . . . . III 321, 580

Lychni sidus . . . . V p. xliv

Maeotis Euxino fontem ministrat . . . . . . IV 618

Maeotis Latine declinatum . . . . IV 617

Magnus . . . . IV 53

magnus media significatione positum . . . . . III 341

manere . . . . III 604

Manetho III 419 . . . . III p. xxv

Manilius I 336 . . . . I p. xli

,, I 355 . . . . I p. 107

,, I 423 . . . . I pp. 109 sq.

Manilius	I 619	.	.	.	.	.	.	.	.	.	.	.	I p. 112
,,	I 797	.	.	.	.	.	.	.	.	.	.	.	I p. 114
,,	I 812	.	.	.	.	.	.	.	.	.	.	I p. 115, II 745
,,	I 825	.	.	.	.	.	.	.	.	.	.	II 884, III 377
,,	II 3	.	.	.	.	.	.	.	.	.	.	.	II p. 121
,,	II 5	.	.	.	.	.	.	.	.	.	.	.	II p. 121
,,	II 38	.	.	.	.	.	.	.	.	.	.	.	I 224
,,	II 225	.	.	.	.	.	.	.	.	.	.	.	I 156
,,	II 429	.	.	.	.	.	.	.	.	.	.	.	II p. 125
,,	II 507–9	.	.	.	.	.	.	.	.	.	I pp. 93–5, IV 776
,,	II 709	.	.	.	.	.	.	.	.	.	.	.	IV 101
,,	II 713	.	.	.	.	.	.	.	.	.	.	.	I p. xxix
,,	II 831	.	.	.	.	.	.	.	.	.	.	.	II pp. 128 sq.
,,	II 849	.	.	.	.	.	.	.	.	.	.	.	III 217
,,	II 905	.	.	.	.	.	.	.	.	.	.	.	I 245
,,	II 969	.	.	.	.	.	.	.	.	.	II pp. 131 sq., III p. 69
,,	III 67	.	.	.	.	.	.	.	.	.	.	.	I 83
,,	III 268–70	.	.	.	.	.	.	.	.	.	.	I p. lxxv
,,	III 325	.	.	.	.	.	.	.	.	.	.	.	III p. 72
,,	III 327	.	.	.	.	.	.	.	.	.	.	.	I 167
,,	III 364	.	.	.	.	.	.	.	.	.	.	.	I 576
,,	III 482	.	.	.	.	.	.	.	.	.	.	.	V 402
,,	III 521	.	.	.	.	.	.	.	.	.	.	.	I 245
,,	III 631	.	.	.	.	.	.	.	.	.	.	.	III p. 74
,,	III 644	.	.	.	.	.	.	.	.	.	.	.	II 739
,,	IV 162 sq.	.	.	.	.	.	.	.	.	.	.	.	I 573
,,	IV 248	.	.	.	.	.	.	.	.	.	.	.	III 423
,,	IV 283	.	.	.	.	.	.	.	.	.	.	.	I 335
,,	IV 451, 455, 461, 465, 478	.	.	.	.	.	.	.	I p. lxxiv
,,	IV 610	.	.	.	.	.	.	.	.	.	.	.	IV p. 132
,,	IV 637	.	.	.	.	.	.	.	.	.	.	.	IV p. 133
,,	IV 766	.	.	.	.	.	.	.	.	.	.	.	I p. lxxi
,,	IV 776	.	.	.	.	.	.	.	.	.	.	I pp. xxix, lxx
,,	IV 848	.	.	.	.	.	.	.	.	.	.	.	II 831
,,	V 10	.	.	.	.	.	.	.	.	.	.	.	IV 890
,,	V 44	.	.	.	.	.	.	.	.	.	.	.	I 426
,,	V 45	.	.	.	.	.	.	.	.	.	.	.	I p. lxiii
,,	V 117	.	.	.	.	.	.	.	.	.	.	.	I 136
,,	V 210	.	.	.	.	.	.	.	.	.	.	.	I 895
,,	V 219	.	.	.	.	.	.	.	.	.	.	.	I p. xxviii
,,	V 231	.	.	.	.	.	.	.	.	.	.	.	I 557
,,	V 245	.	.	.	.	.	.	.	.	.	.	.	I 414
,,	V 289	.	.	.	.	.	.	.	.	.	.	.	I p. liii
,,	V 404	.	.	.	.	.	.	.	.	.	.	.	IV 6
,,	V 418	.	.	.	.	.	.	.	.	.	.	.	II 231
,,	V 478–80	.	.	.	.	.	.	.	.	.	.	.	II 57
,,	V 530	.	.	.	.	.	.	.	.	.	.	.	IV 668

Manilius v 568 . . . . I 455
,, v 609 . . . . I p. xlviii
Manilii aetas . . . . I pp. lxix–lxxii, pp. 93–5
,, nomen . . . . I p. lxix, pp. 90–3
Martialis lib. spect. 15 8 . . . . I 792, p. 114
,, I 48 6 . . . . III 305
,, VII 47 6 . . . . I p. 105 (v. 269)
,, VIII 45 4 . . . . I p. lxxiv
,, IX 20 5 sq. . . . . IV 765
,, x 48 2 . . . . I p. 105 (v. 269)
,, x 80 6 . . . . IV 534
,, x 93 2 . . . . v 239
,, XI 21 3 . . . . v 442
Martianus Capella VIII 838 . . . . I 373
μάτην . . . . III 108
Mauritania . . . . IV p. 133 (v. 729)
meme . . . . I p. lxii
mens in mors mutatum . . . . IV 87
mens mundi . . . . IV 890
mergere, mersare . . . . II 949
messis in mensis mutatum . . . . III 598, p. 73
messis pro anno . . . . III 598, p. 73
metallorum inuentio . . . . v 522–30
,, perfectio . . . . v 533 sq.
metallum ad semina translatum . . . . v 276
metrica interpolatio . . . . I pp. lix–lxix
metuit et timuit confusa . . . . IV 837
μικρὸσ κόσμοσ . . . . IV 894
minus pro praepositione . . . . I 778, p. 114
minus et magis confusa . . . . II 621
miscere . . . . II 749, IV 719, p. 133
mixtura . . . . II 749, III 587
modo . . . . I 871 (et p. 116), 898 (et p. 116)
modus uerbi adsimilatus . . . . III 462
,, ,, commutatus . . . . . . II 731, III 420
,, ,, in pendenti oratione . . . . . . III 385
montes pro uno monte . . . . IV 28
monumenta plurale pro singulari . . . . IV 685
moris, modis . . . . III 415
mulcere . . . . v 264
mulomedicus . . . . v 354
munera, munia . . . . III 71
munera et nomina confusa . . . . III 71
mutare pro transferre . . . . IV 575

n et gn confusa . . . . I 408
nam quis pro quisnam . . . . v 640

namque postpositum . . . . v 255
natandi genera . . . . v 419–37
ne dubites . . . . iv 933
ne mirere, nec mirere, neu mirere . . . i 557 (et p. 112), 904, ii 201, 423, 951
nec et *neque* . . . . . i 137 (et p. 103), iii p. 72 (v. 238), v 719
nec pro *et...non* . . . . . i 656, ii 876, iv 738; ii 41, iv 736
nec et *sed* confusa . . . . iii 312
nec et *uel* confusa . . . . ii 216
necare . . . . v 23
Nemecius a *Nemea* . . . . iii 404
nemen . . . . v 663
Nemesianus buc. iv 30 . . . . i 270
  ,,   cyneg. 123 . . . . i p. lxxiv
nempe, namque . . . . ii 741
Nepa . . . . iv 356, v 339
neque et *nec* . . . . . i 137 (et p. 103), iii p. 72 (v. 238), v 719
nequiquam . . . . iii 108
neu . . . . ii 868, 882, 951, iv 502
ni, nisi . . . . i 173, p. 103
nihilum nominatiuus . . . . i 130, p. 102
nimium elisum . . . . iv 564
nise, nesi . . . . i 471, p. 110
nodus . . . . iii 228, 622, iv 190
nomen pro re nominata . . . . v 663
nota . . . . ii 944, p. 130
notae in libris pro uerbis positae . ii 290, 313, 555, 629, 935b (p. 113), p. 130
notae iuris . . . . iv 210
notarii . . . . iv 197–9
nubes Cancri . . . . iv 530
numeralia permutata . . . . v 716
numerare . . . . ii 622
numeratio uersuum . . . . v pp. xxxii sq.
numeri sing. et plur. uariatio . . . . v 527
numerosus . . . . iii 172
nunc . . . . iv 119–21
nutricia . . . . iii 133

o finalis correpta . . . . iii 423
octotropos et ὀκτάτροπος . . . . . ii 969, pp. 131 sq., iii p. 69
olympias . . . . iii 596
onus ὄνους . . . . v 350
Ophiuchus nomine ὁ καλούμενος Ὀφιοῦχος . . . . i p. 106 (v. 331)
ora in *hora* mutatum . . . . iii 537
orationis ambiguitas . . . . v 92
  ,,   breuitas . . . . iv 933, v 57, 299
  ,,   neglegentia . . i 846 (et p. 116), ii 377, 964 (et p. 131), iv 448
orbis ἤπειρος . . . . iv 677
ordinalia a distributiuis differunt . . . . . . i p. lxxiv, iv 451

ordo enuntiatorum secundariorum . . . . v 338
ordo uerborum perplexus . ɪ 455, 759, 780, 800, 844, ɪɪ 176, 441, 804, ɪɪɪ 483,
ɪᴠ 220, 534, 638, 728, 732, ᴠ 568, 713-5

orsa . . . . ɪɪ 57
-*os* Graecum in -*on* mutatum . . . . ɪᴠ 217
Ouidius amor. ɪɪ 5 5 . . . . ɪ 240
,, ,, ɪɪ 16 25 . . . . ᴠ 24
,, ,, ɪɪɪ 1 58 . . . . ɪɪ 949
,, art. ɪ 131 . . . . ɪ 226
,, her. xɪ 46 . . . . ɪᴠ 451
,, ,, xɪᴠ 19 . . . . ɪ p. xxxiv
,, ,, xɪᴠ 42 . . . . ɪ p. xlvii
,, ,, xɪᴠ 94 . . . . ɪ p. li
,, ,, xx 178 . . . . ɪ p. xlvi
,, met. ɪɪ 9 sq. . . . . ɪ p. 106 (v. 340)
,, ,, ɪɪ 80 . . . . ɪ 264
,, ,, ɪɪ 531 sq. . . . . ɪ p. 107 (v. 363)
,, ,, ɪɪ 774 . . . . ɪ 245
,, ,, x 637 . . . . ɪ p. xlviii
,, ,, xɪɪɪ 751 . . . . ɪ 226
,, ,, xɪᴠ 24 . . . . ɪɪ p. 126 (v. 479)
,, ,, xɪᴠ 467 . . . . ɪᴠ 217
,, ,, xᴠ 126 . . . . ɪɪɪ 24
,, fast. ɪ 331 . . . . ɪɪ 969
,, ,, ɪɪɪ 124 . . . . ɪᴠ 451
,, ,, ɪᴠ 566 . . . . ɪᴠ 767
,, ,, ᴠɪ 346 . . . . ᴠ 350
,, trist. ɪ 5 15 . . . . ɪ p. xxxviii
,, ,, ɪ 8 35 . . . . ɪᴠ 743
,, ,, ɪ 8 38 . . . . ɪ p. xxxviii
,, ,, ɪ 10 32 . . . . ɪᴠ 616
,, ,, ɪ 11 12 . . . . ɪ p. lx
,, ,, ɪɪ 553 . . . . ᴠ 458
,, ,, ɪɪɪ 2 24 . . . . ɪɪɪ p. 72 (v. 245)
,, ,, ᴠ 7 17 . . . . ɪᴠ 87
,, ,, ᴠ 7 65 . . . . ɪ p. lxi
,, ,, ᴠ 10 12 . . . . ɪɪ 737
,, ,, ᴠ 13 1 . . . . ɪᴠ 610
,, ex Pont. ɪ 2 101 . . . . ɪ p. 117 (v. 926)
,, ,, ɪ 6 23 . . . . ɪɪ p. 128 (v. 745)

p ex *s* ortum . . . . ɪ 843
pacare metu siluas . . . . ɪᴠ 182
pacis bella . . . . ᴠ 124
pantomimus . . . . ᴠ 477-85
par in *pars* mutatum . . . . ɪᴠ 455
παρανατέλλοντα . . . . ᴠ pp. xxxviii-xl

parere ὑπακούειν . . . . ii 504
pariter quam . . . . v 402
pars . . . . i 594, 681, iv 298, 321, 448
pars maxima caeli . . . . v 12
partes damnandae . . . . iv pp. x–xii
parti ablatiuus . . . . i 779, ii 726
participium praesentis . . . . i 329
participium pro substantiuo . . . . iii 114, 115, v 179
participium pro uerbo finito . . . . i 86, 270
patior . . . . ii 694, p. 127
pectus et *corpus* confusa . . . . iv 923
pectus amicitiae . . . . ii 582
pendere . . . . iv 288, 881
pentasyllaba in exitu hexametri . . . . i 285, p. 106
per . . . . . ii 352, 696, 741, 922, iv 204, 357, 899, v 270, 483
per annos censeri . . . . iii 597
per omnia . . . . ii 503
per signa . . . . iii 212
percipe paucis, non *perspice* . . . . ii 738
perfectum in -ĕrunt exiens . . . . ii 877
perinde . . . . iv 650
Perseus trisyllabum . . . . i 350
Persius i 23 . . . . i p. xliv
  ,,   v 45–8 . . . . iii p. xxiii
  ,,   vi 79 . . . . iii 486
personae secunda et tertia commutatae . . . . . . i 698
perspice . . . . ii 693
petaurum . . . . v 438–45
Petronius frag. 15 . . . . v 440 sq.
Phaethon disyllabum . . . . i 736, p. 113
Phasis maris terminus . . . . v 44
Phorcus . . . . iv 644 (et p. 133), v 585
pignora . . . . ii 780
pilae lusus . . . . v 165–7
pilarius . . . . v 168–71
planetae . . . . . ii 890, 961, iii 101, 268, 585, iv 500 sq., 554
Plinius n.h. ii 110 . . . . v 742
pluralis uerborum numerus pro singulari scriptus . . . . iv 890
plusquamperfectum . . . . i p. 103 (v. 188), p. 106 (vv. 327 sq.)
pondus mentis . . . . i 771 (et p. 114), ii 956, v 451
pontus homines distinguit et alligat . . . . i 246
pontus pro fluminis aqua . . . . v 528
populi et terrae notiones confusae . . . . . . iv 602, 674
Porphyrius isag. p. 194 . . . . ii 732–4
Posidonius ante lectitatus quam natus . . . . . . ii 93
positio debilis . . . . . i p. 102 (v. 92), iv p. 134 (v. 806), v 542
positio neglecta in Graecis . . . . iii 319, 364, p. 73

positis flammis . . . . ɪ p. 100 (v. 20)

postus . . . . ɪɪ 303

potiris . . . . ɪv 759

praecingere, praecidere . . . . ɪɪɪ 307

praepositio ex priore membro auditur . . . . . ɪɪɪ 260, 291

         ex posteriore . . . . v 494

praepositio numerorum gratia postponitur . . . . . v 634

praepositionis uis uariata . . . . ɪv 697

praepositionum collocatio

        ɪ 245 (et p. 105), ɪɪ 44, 541 (et p. 126), 905, ɪɪɪ 521, ɪv 605

praetextum . . . . ɪɪɪ 131

Priapea 68 4 . . . . ɪɪ 944

primus pro aduerbio positum . . . . ɪ 226

priuus et *primus* confusa . . . . ɪɪ 126

profugit in undas Typhona . . . . . . ɪv p. 132 (vv. 580 sq.)

pronus . . . . ɪɪɪ 359

Propertius ɪ 1 11–14 . . . . ɪ 898

,,   ɪ 3 20 . . . . ɪɪɪ 4

,,   ɪ 17 3 . . . . ɪ 344

,,   ɪ 21 4 . . . . ɪɪɪ 97

,,   ɪɪ 4 9 sq. . . . . v 338

,,   ɪɪ 13 48 . . . . ɪ p. xlv

,,   ɪɪ 20 27 . . . . ɪ 226

,,   ɪɪ 25 43 sq. . . . . ɪv 722

,,   ɪɪ 34 50 . . . . ɪv 413

,,   ɪɪɪ 1 4 . . . . ɪ 245

,,   ɪɪɪ 5 15 . . . . ɪɪɪ 369

,,   ɪɪɪ 13 33 sq. . . . . v 568

,,   ɪɪɪ 17 17 . . . . ɪɪɪ 663

,,   ɪɪɪ 19 21 sq. . . . . ɪɪ 594, ɪɪɪ 9

,,   ɪɪɪ 21 5 sq. . . . . ɪɪ 745

,,   ɪv 3 10 . . . . ɪv 602

,,   ɪv 6 77 . . . . ɪɪ 224

,,   ɪv 9 60 . . . . ɪ 226

proprius pro Graeco . . . . ɪɪ 830, ɪɪɪ 42

προσθαφαιρεσισ . . . . ɪɪɪ p. xviii, p. 69

pyropum non *pyropus* . . . . v 711

qua, locus ubi . . . . v 24

quaerere neque inuenire . . . . v 275

quam fugit pro *ut fugit* . . . . v 588

quam maximus . . . . ɪ 37, p. 101

quandoque . . . . ɪɪ 745 (et p. 128), ɪɪɪ 484

quanto propius, tam magis . . . . ɪv 344

que et *pe* confusa . . . . ɪɪ 5

que in *a* mutatum . . . . ɪv 610

que metri causa insertum . . . . . . ɪv 776, pp. 133 sq.

que negationem continuans . . . . ɪ 475, v 52
que pro *sed* post negationem . . . . ɪ 877
que secundo loco positum . . . . ɪ 11
   tertio non item . . . . ɪ 847, ɪv 726, 776
que uocibus breui *e* terminatis adiectum . . . . . ɪɪ 479, p. 126
qui eodem cum *quicumque* uel *quisquis* ordine positum . ɪɪɪ 68, 103, p. 70
quicumque interrogatiuum non est . . . . . . ɪɪ 745, p. 128
quicunque = *quilibet* . . . . ɪ 657, p. 113
Quintilianus inst. ɪ 1 24 . . . . ɪɪ 756
quis, quibus . . . . ɪ 173, p. 103
quis putet, quis putat . . . . ɪv 922
quisque . . . . ɪɪ 737, 819
quod pro *quot* . . . . ɪ 83, ɪɪɪ 67, v p. 102
quoi . . . . ɪɪ 7, v p. 114
quoque loco non suo positum . . . . . . ɪ p. 107 (v. 346)
quota scriptum *quoda* . . . . ɪɪ 740

rabidus et *rapidus* confusa . . . . . . ɪ 396, ɪɪ 211, p. 123
radix silphii . . . . ɪv 780
rapere et *rabere* . . . . ɪv 461
ratio praebentis semina terrae . . . . ɪ 865, p. 116
rectum in axem . . . . ɪ 606, p. 112
relatiuum enuntiatum ab interrogatiuo non ualde diuersum . ɪɪ 435, p. 125
relatiuum enuntiatum pronominis sui oblitum . . . . ɪv 695
relatiuum pronomen alio casu ex praecedenti intellegendum . ɪ 136, ɪv 184
relatiuum pronomen numerorum gratia postpositum . . ɪɪ 169, v 383
reliquus trisyllabum . . . . ɪɪ 732–4
requirit se . . . . ɪɪɪ 531
res publica in caelo . . . . v 738
reuocare . . . . ɪɪɪ 486
rostra fluitantia . . . . v 51
ruber . . . . v 711
rubor flauo colori uicinus . . . . ɪv 716

Sagittarii uestis . . . . ɪv 560
Sagittifer pro Sagittario . . . . ɪɪ 560
Salamis . . . . v 50
salinae . . . . v 682–92
salus rerum . . . . ɪɪɪ 124
sanctus . . . . ɪɪ 122
sanguineae animae . . . . ɪv 892
scaeuus . . . . ɪɪ 284
σχῆμα Χαλκιδικόν . . . . ɪ 858, ɪɪɪ 332
scopulosus . . . . ɪɪ 224
Scythicos sinuatus in arcus Euxinus . . . . . . ɪv 755
se diuersam rem significans . . . . ɪv 70, 540
secare . . . . ɪv 610

secretus . . . . II 540
secunda decimae uel *a decima* . . . . IV 445
secure ablatiuus . . . . v 626
sed per anaphoram repetitum . . . . II 138
sed et *nec* confusa . . . . III 312
segmina . . . . I 719, p. 113
semel . . . . I 228
semet capere nec complere . . . . IV 540
Seneca apoc. 3 2 . . . . III 204, 537
,, nat. quaest. I 8 2 et II 55 2 . . . . . . I 821
,, Ag. 506 . . . . IV 767
,, H. f. 553 . . . . II p. 126 (v. 556)
,, H. O. 1309 sq. . . . . . . II p. 129 (v. 880)
,, Phaed. 1022 . . . . IV 635
,, Tro. 45, 46 . . . . II 3
sepulcrum homo appellatus . . . . v 461
sequi . . . . IV 796, 880
Seruius . . . . IV 213
seu et *sed* confusa . . . . I 657, p. 113
seu quocumque tulerit erit nouus . . . . . . I 657, p. 113
sidus quid sit . . . . I 465
sidus de homine dictum . . . . I 385, p. 108
sigmatismus . . . . IV 780
signa pro signo . . . . . . II 196 (et p. 123), IV 454
significationes uerborum diuersae . . . . II 617, pp. 126 sq.
signis subiectae terrae . . . . IV pp. xii–xvii
signum quid sit . . . . I 465
Silius VI 277 sq. . . . . IV p. 132 (v. 534)
,, VIII 624 . . . . I p. 105 (v. 269)
,, x 568 . . . . I 270
,, XII 55–9 . . . . IV 534
,, XIII 291 . . . . I p. 105 (v. 269)
similis quam . . . . v 402
similitudo cum primario enuntiato confusa . . . . . I 704
sinister . . . . I 380, p. 107
sol pro anno . . . . III 547, p. 73
soliuagus . . . . II 71
solus pro simplici non dicitur . . . . II 570
Sophocles Ai. 1100 . . . . I p. lxxiii
sorbere et *soluere* confusa . . . . IV 830
sors . . . . I 110, II p. 95 ad fin., III p. v
sorte et *lege* permutata . . . . II 958
sortem et *noctem* confusa . . . . II 222
sortiri . . . . I 895
sp praecedente breui . . . . III 364
spera . . . . I 576
sphaera barbarica . . . . v pp. xl–xliii

spondeus in principio hexametri . . . . ɪ 173, 549

stadia . . . . ɪɪɪ p. xiv

Statius Theb. vɪ 372 . . . . ɪ 792

,, ,, xɪ 153 . . . . ɪv 890

,, silu. ɪ 1 28 . . . . ɪ p. lxvii

,, ,, ɪ 2 62 . . . . ɪ p. l

,, ,, ɪ 2 140 . . . . ɪ p. l

,, ,, ɪ 3 45 . . . . v 24

,, ,, ɪ 4 23 . . . . ɪ p. xlviii

,, ,, ɪ 4 39 . . . . ɪ p. li

,, ,, ɪ 4 120 . . . . ɪ p. xlix

,, ,, ɪɪ 1 223 . . . . ɪ p. xlix

,, ,, ɪɪ 2 109 sq. . . . . ɪɪ 42

,, ,, ɪɪ 5 1 . . . . ɪ p. xlix

,, ,, ɪɪ 6 16 . . . . ɪɪ 852

,, ,, ɪɪ 6 50 . . . . ɪ p. li

,, ,, ɪv 3 28 . . . . v 552

stella quid sit . . . . ɪ 465

stellae, planetae . . . . ɪɪ 401, 961

stellae fixae aequis spatiis a terra distant . . . ɪ 394 (et p. 108), v 742

stellatus . . . . v 24

Στίλβων . . . . ɪɪ 944

sub cum ablatiuo ɪ p. lxxi, 845, ɪɪ 3, 187, 552, 623, 672, 680, ɪɪɪ 172, 245
(et p. 72), 303, 571, 606, 671, p. 73 (v. 338), ɪv 24, 295,
733, 741, 756, 766, 821, v 475, 522, 646

sub arcu τὸν ὑπὸ τοῦ τόξου . . . . ɪɪ 552

subitus pro aduerbio . . . . ɪ 834

subiunctiuus . . . . ɪɪ 814, ɪv 250, 888, 890, 922

subruptus a subripiendo . . . . ɪɪɪ 352

subscribere . . . . ɪɪ 551, 681, 835

substantiuum ex posteriore membro alio casu praecipitur ɪ p. xli, p. 106 (v. 336),
ɪɪɪ 158 (et p. 71)

substantiua et infinitiui ex aequo posita . . . . . ɪv 285, p. 131

summus . . . . ɪv 122

supinus . . . . ɪɪ 872

suus . . . . ɪɪ 72, 646, ɪv 912

suus pro *sui* . . . . ɪɪ 533

tam magis, quanto propius . . . . ɪɪɪ 344

tamen . . . . ɪv 413, 636, v 553

tantum quod . . . . ɪɪɪ 660

tantum aduerbium ad distantia relatum . . . . ɪ p. 100 (v. 13)

tantus ad insequentia spectans . . . . . . ɪv 134, p. 130

temet . . . . ɪɪɪ 324, p. 72

templum . . . . ɪɪ 354, 668

templa dodecatropi . . . . ɪɪ 856–967 (p. 95)

temporum dominium . . . . ɪɪɪ pp. xxii sq.

tempus uerbi commutatum . . . . . . ɪ 469, ɪɪ 256 sq., 328

tempus medendi . . . . ɪɪɪ 142

tenui discrimine mortis . . . . ɪᴠ 570

tenus . . . . ɪɪɪ 377

tepor ueris et autumni . . . . ɪɪ 430, p. 125

terga pro corpore . . . . ɪ 340, p. 106

terminationes adsimilatae . . . . ᴠ 238

terrae signis subiectae . . . . ɪᴠ pp. xii–xvii

tetrasyllaba in exitu hexametri . . . . ɪ 35, ɪɪ 678

thesaurus linguae Latinae . ɪ 233, 245, p. 104 (v. 199), p. 105 (vv. 246 et 251),
   p. 110 (v. 460), p. 115 (v. 825), ɪɪ 571, 582, 756,
   757, 825, p. 127 (vv. 658 et 663), p. 129 (v. 837),
   ɪɪɪ 38, 114, 371, 458, 468, 597, ɪᴠ 122, 323–7,
   400, 470, 659, 687, p. 131 (v. 314), ᴠ 25, 77, 162,
   180, 202, 221, 229, 266, 273, 318, 333, 353, 404,
   490, 498, 549, 552, 568, 633, 665, 710, 726, 733

Thraecia . . . . ɪ 769, p. 114

thynni . . . . ᴠ 663–75

Tiberii genitura . . . . . ɪ pp. lxx sq., pp. 95 sq., ɪᴠ 776

Tigris . . . . ɪᴠ p. 134 (v. 806)

timere cum infinitiuo . . . . ɪ 424, p. 110

timuit et *metuit* confusa . . . . ɪᴠ 837

timuit sponsorem, ne solueret . . . . ɪɪ 588

tmesis . . . . ɪ 355

tortus in cornua . . . . ɪɪ 246

toto datiuus . . . . ɪ 229, p. 104

tŏtus . . . . ɪɪɪ 420

transire . . . . ɪɪ 327

transpositio foliorum . . . . . ɪ 529, 564, ɪɪɪ 399, ᴠ pp. xviii–xxiii

transpositio litterarum . . . . ɪ pp. liv–lix (et p. 90), ɪɪ 44, 412,
   937, ɪɪɪ 172, 324, 414, 450, ɪᴠ 43, 848

transpositio syllabarum . . . . . ɪ pp. lvii sq., ɪᴠ 173, 402

transpositio uerborum . ɪ pp. lix–lxix, ɪɪ 39, 831, 908 sq., ɪɪɪ 172, 353, 545,
   ɪᴠ 257, 474, 619, p. 133

transpositio uersuum . ɪ 30, 154, 167, 260, 805–8 (et p. 115), ɪɪ 18, 232, 570–8,
   651, 684–6, ɪɪɪ 7, 399, 407, p. 71 (v. 155), ɪᴠ 727,
   ᴠ 30 sq., 514, 531 sq.

Trebia cuius sit generis . . . . ɪᴠ 660

trigintā . . . . ɪɪ 322

triquetra . . . . ɪɪ 474

triumphus homo de quo triumphatur . . . . . . ɪᴠ 136

truncus pro membro trunco . . . . ɪ p. 114 (v. 779)

tum, tunc . . . . ɪɪ 213, ɪɪɪ 315, ᴠ pp. 115 sq.

tumulus belli uitaeque . . . . ɪɪ 879

uadimonia operum . . . . ɪ 244

uagus mundus non est . . . . ɪɪ 71

Valerius Flaccus ɪ 17–20 . . . . ɪ 657

,,   ɪ 63 . . . . v 478

,,   ɪ 305 . . . . ɪ 471

,,   ɪ 356 . . . . ɪ 576

,,   ɪ 563–5 . . . . ɪv 695

,,   ɪ 699 . . . . ɪ 877

,,   ɪɪ 448 . . . . v 282

ue interrogationem continuans . . . . ɪɪ 713

ue in *que* mutatum . . . . ɪɪɪ 18

ue pro *siue* . . . . ɪɪɪ 151, p. 71

uel et *nec* confusa . . . . ɪɪ 216

uel...uel pro *et...et* . . . . ɪɪ p. 123 (v. 216)

uenire pro *esse* . . . . v 620

uenti quot sint . . . . ɪv 593

uerbum simplex pro composito iteratum . . . . . . ɪɪɪ 328

Vergilius buc. ɪv 24 . . . . ɪɪ 582

,,   ,,   x 65 sq. . . . . ɪ 455

,,   ,,   x 67 . . . . ɪɪɪ 662

,,   Aen. vɪ 586 . . . . v 93

,,   ,,   vɪɪ 598 . . . . ɪɪ 303

,,   ,,   vɪɪ 604 sq. . . . . ɪɪɪ p. 71 (v. 151)

,,   ,,   ɪx 67 sq. . . . . ɪɪ 132

,,   ,,   ɪx 403 . . . . ɪ p. lxviii

,,   ,,   ɪx 579 . . . . ɪ p. lxiv

uerte uias . . . . ɪɪɪ pp. viii–xi, 196

uestigia et *fastigia* confusa . . . . . ɪ 616 (et p. 112), 804, ɪɪ 795

uestis Sagittarii . . . . ɪv 560

Vettius Valens p. 9 28 . . . . v 234–50

uia et *ratio* . . . . ɪɪ 132

uices et *uias* confusa . . . . ɪ 226

uicesimus et alter pro *alter et u.* . . . . . ɪv 466, v 197 sq.

uicinus cum genetiuo . . . . ɪ p. 106 (v. 311)

uindex cum genetiuo . . . . v 410

uinearum genera . . . . v 238–44

Virginis facies duplex . . . . ɪɪ 176

uiridis Phoebus . . . . ɪɪ 941

uisus . . . . ɪɪ 356

ulmus cuius sit generis . . . . v 238

ultima pro *ultimos* non dicitur . . . . ɪ 226

umbra gemmarum . . . . v 512

umbra et *hora* confusa . . . . ɪv 341

una ad decimam . . . . ɪv 470

Vnda pro Aquario . . . . ɪɪ 542

uotum . . . . ɪɪɪ 527, ɪv 127

urbis Romae genitura . . . . ɪv 773

urbs pro terra . . . . ɪv 734

Vrna pro Aquario . . . . ɪɪ 561, p. 126

ut postpositum . . . . ɪᴠ 608
ut pro *ubi* positum . . . . ɪɪ 273
ut et *in* confusa . . . . ɪᴠ 608
utraque aduerbium . . . . ɪɪ 904, p. 130

z praecedente breui . . . . ɪɪɪ 319
zona pro circulo . . . . ɪɪɪ 319

www.ingramcontent.com/pod-product-compliance
Ingram Content Group UK Ltd.
Pitfield, Milton Keynes, MK11 3LW, UK
UKHW042153280225
455719UK00001B/308